Reinhard Hiltscher
Einführung in die Philosophie des deutschen Idealismus

Reinhard Hiltscher

Einführung in die Philosophie des deutschen Idealismus

Die Deutsche Nationalbibliothek verzeichnet diese Publikation
in der Deutschen Nationalbibliografie;
detaillierte bibliografische Daten sind im Internet über
http://dnb.de abrufbar.

Das Werk ist in allen seinen Teilen urheberrechtlich geschützt.
Jede Verwertung ist ohne Zustimmung des Verlags unzulässig.
Das gilt insbesondere für Vervielfältigungen,
Übersetzungen, Mikroverfilmungen und die Einspeicherung in
und Verarbeitung durch elektronische Systeme.

© 2016 by WBG (Wissenschaftliche Buchgesellschaft), Darmstadt
Die Herausgabe dieses Werkes wurde durch
die Vereinsmitglieder der WBG ermöglicht.
Satz: Lichtsatz Michael Glaese GmbH, Hemsbach
Einbandgestaltung: schreiberVIS, Bickenbach
Gedruckt auf säurefreiem und alterungsbeständigem Papier
Printed in Germany

Besuchen Sie uns im Internet: www.wbg-wissenverbindet.de

ISBN 978-3-534-26738-5

Elektronisch sind folgende Ausgaben erhältlich:
eBook (PDF): 978-3-534-74014-7
eBook (epub): 978-3-534-74015-4

Inhalt

Vorwort 7

Einleitung. 9

1 Kants Erkenntnislehre 12
   1.1 Die problemgeschichtlichen Wurzeln von Kants Erkenntnislehre 12
      1.1.1 Kant und die Metaphysik 12
      1.1.2 Mathematik und Naturwissenschaft als Modelle für die Möglichkeit synthetischer Urteile a priori 20
   1.2 Grundskizze von Kants Lösungskonzept. 27
      1.2.1 Der Kern des Lösungskonzeptes 27
      1.2.2 Der apriorische Gegenstandsbezug der „reinen Verstandesbegriffe". 30
      1.2.3 Der apriorische Inhalt der reinen Verstandesbegriffe/ Kategorien (B) 34
      1.2.4 Grundsätze als synthetische Urteile a priori 38
      1.2.5 Die ursprünglich synthetische Einheit der Apperzeption 44

2 Fichtes Erkenntnislehre 56
   2.1 Die problemgeschichtlichen Wurzeln von Fichtes früher Wissenschaftslehre 56
      2.1.1 Das Problem einer letzten Begründung 57
      2.1.2 Kants verfehlte Theorie des Selbstbewusstseins 64
      2.1.3 Die intellektuelle Anschauung 66
      2.1.4 Das Reflexionsproblem 68
   2.2 Grundskizze von Fichtes Lösungskonzepts 73
      2.2.1 Die Tathandlung 74
      2.2.2 Die drei Grundsätze der Wissenschaftslehre von 1794/95. 79
      2.2.3 Anhang 90

3 Schellings Erkenntnislehre 92
   3.1 Die problemgeschichtlichen Wurzeln von Schellings Wendung zur Naturphilosophie 92
      3.1.1 Schellings Fehlverständnis der funktionalen Erkenntnistheorie Kants und Fichtes 92
      3.1.2 Das Problem besonderer Gegenständlichkeit 96
   3.2 Grundskizze von Schellings „früher" Natur- und Transzendentalphilosophie 101
      3.2.1 Verschiedene Aspekte von Schellings Philosophie . . . 101
      3.2.2 Blick durch Schellings Thesen zu Natur und Transzendentalphilosophie 102

4 Hegels Erkenntnislehre 108
   4.1 Die problemgeschichtlichen Wurzeln von Hegels „Absolutem Idealismus" 108
      4.1.1 Die neue Konzeption der Reflexivität. 108
      4.1.2 Die absolute Elenktik 112
   4.2 Skizze von Hegels grundsätzlichen gnoseologischen Ansätzen 117
      4.2.1 Die Phänomenologie des Geistes 118
      4.2.2 Wissenschaft der Logik 124

Zitierte Primärliteratur. 143

Zitierte Sekundärliteratur 144

Auswahlbibliographie. 146

Empfohlene Studienausgaben 148

Sachregister 149

Vorwort

Dem Andenken meiner Mutter Maria Ursula Hiltscher

Kant und der Deutsche Idealismus gehören immer noch zum wichtigsten Inventar der Philosophiegeschichte. In der aktuellen Situation des akademischen Lehr- und Forschungsbetriebes in Deutschland finden sich zwei Weisen, wie mit der großen Epoche der Deutschen Philosophie gewöhnlich umgegangen wird. Entweder werden die Ansätze der Protagonisten der Epoche in einer eher philosophiehistorisch-textexegetischen Manier philologisch kommentiert – oder aber es wird der Versuch unternommen, Kant und die großen Vertreter des Deutschen Idealismus als Propheten der kommenden angloamerikanischen (analytischen) Philosophie zu preisen.

Beide Zugangsweisen erklären trotz ihrer wissenschaftlichen Legitimität damit implizit Kant und den Deutschen Idealismus zu eher antiquierten Liebhaberstücken der Philosophiegeschichte und sind mithin systematisch unbefriedigend. Denn in beiden Herangehensweisen wird das genuine philosophische Begründungspotential des Idealismus für heutige philosophische Problemstellungen weder genügend ernst genommen, geschweige denn ausgeschöpft. Dies ist bei der eher philologisch-historischen Interpretationsmethode natürlich besonders evident. Aber auch eine systematische Interpretation, die nur darlegt, dass und inwiefern Lehrstücke Kants, Fichtes, Schellings und Hegels mit den Theorien angloamerikanischer Philosophen kompatibel sind, trägt nicht wirklich etwas Essentielles zur systematischen Aufwertung des Deutschen Idealismus in der Gegenwartsdebatte bei.

Das vorliegende Lehrbuch zur Philosophie des Deutschen Idealismus versucht einen Ausweg aus diesem Dilemma aufzuzeigen. Es legt als systematischen Bezugspunkt aller hier verhandelten Autoren den Gedanken einer funktionalen Letztbegründung des Wissens zugrunde. Besagter Theorieansatz einer funktionalen Letztbegründung der Geltungsbestimmtheit des Wissens vermag sehr wohl mit dem philosophischen Angebot der zeitgenössischen analytischen Philosophien in Konkurrenz zu treten und hat nichts von seiner philosophischen Aktualität eingebüßt. (Der Terminus der „Geltungsbestimmtheit" stammt von Werner Flach.) Das bei Kant und im Deutschen Idealismus entwickelte Konzept der funktionalen Erkenntnislehre haben die Neukantianer systematisch zu vertiefen gewusst. Nur der Neukantianismus steht in der echten ungebrochenen Tradition des Deutschen Idealismus und vermag ein Interpretationsvokabular zur Verfügung zu stellen, das die systematische Tiefe der Gnoseologie des Idealismus angemessen auslotet.

Die Monographie basiert auf meiner turnusmäßig an der TU Dresden zu haltenden Einführungsvorlesung „Deutscher Idealismus und 19. Jahrhundert". Eingearbeitet sind in den Text die Ergebnisse all meiner Arbeiten, die im Verzeichnis der zitierten Literatur und/oder in der Auswahlbibliographie angeführt sind.

Das Bändchen versteht sich ausschließlich als eine Einführung in die Erkenntnislehre des „Deutschen Idealismus". Andere philosophischen Motive des „Idealismus" darzustellen, war dem Autor aufgrund der beschränkten Anzahl von Seiten, die er zur Verfügung hatte, nicht möglich. Herrn Benjamin Landgrebe sei Dank für seine professionelle Geduld ausgesprochen, die er beim Warten auf mein Manuskript aufbringen musste und für die Umstellung auf die vorliegende Zitierweise. Constanze Demuth, Eva-Maria Horvath, Sebastian Böhm, Stefan Dreischer und Uwe Scheffler haben mir bei Gelegenheit auf dem Gang des Instituts Trost gespendet, wenn mir die Arbeit am Lehrbuch (wie oftmals) nicht allzu gut ‚von der Hand gehen' wollte. Der Autor weiß ihnen Dank für diese gute Betreuung. Insbesondere meiner Lebensgefährtin Susann Schmutzer danke ich für den ‚sanften Druck', mit dem sie mich zur Arbeit am Manuskript motiviert hat – sowie für ihre technische Unterstützung. Der WBG gilt mein Dank für die Aufnahme des Lehrbuches in ihr Programm.

3. Juli 2015   Reinhard Hiltscher

Einleitung

Die philosophiegeschichtliche Epoche von Kant bis Hegel wird oftmals als „Klassische Deutsche Philosophie" bezeichnet. Dieses Etikett beinhaltet nicht sonderlich viel an Information zu dieser Phase der Philosophiegeschichte. Der Terminus „Deutscher Idealismus", mit welchem besagter ‚Zeitabschnitt' zumeist beglückt wird, sagt eigentlich fast noch weniger Präzises aus. Umgangssprachlich hindert uns nichts daran, ein Mitglied der Freiwilligen Feuerwehr von Zettmannsdorf schlicht aus dem Grunde für einen „Idealisten" zu halten, weil seine herausragenden Löschanstrengungen nicht mit einer Bezahlung verbunden sind, sondern ausschließlich durch das Gefühl einer sozialen Mitverantwortung für das Gemeinwohl der Dorfgemeinschaft motiviert sind. Auch macht der Besitz der deutschen Staatsbürgerschaft Kemal und Holm keineswegs zu Vertretern des Deutschen Idealismus, auch dann nicht, wenn beide – wie üblich – im Dorfgasthaus bei Fernsehübertragungen die Deutsche Fußballnationalmannschaft bei deren Spielen heftig und ebenfalls ohne den Erhalt eines Entgelts anfeuern. Weder die Nationalität, weder ein besonders wohlmeinendes Sozialengagement innerhalb deutscher Lande noch die ausgesprochen seltene Kombination beider Aspekte können einen zu einem „Deutschen Idealisten" im philosophischen Sinne machen. Es dürfte sich deshalb vor dem Hintergrund dieser Problemlage als eine gelingende Hypothese erweisen, den Begriff des Deutschen Idealismus anhand der von seinen Vertretern behandelten Problemen und Problemlösungsstrategien aus zu bestimmen.

Die Geschichte der Philosophie in Deutschland in der Zeit von Kant bis Hegel (wobei Kant eigentlich noch nicht zu den Vertretern des Deutschen Idealismus zu zählen ist) hat zwei signifikante Hauptthemen. Das erste Thema ist das der Freiheit. Kants Versuch, eine echte autonome Selbstbestimmung des Willens darlegen zu können, die sich diese Autonomie auch angesichts einer kausalmechanischen Natur bewahren kann, wird Basis und Bezugspunkt der philosophischen Entwicklung ausgehend von Fichtes Wissenschaftslehre und Sittenlehre über Schellings Freiheitsschrift bis hin zu Hegels absolutem Idealismus, der die eigentliche und ursprüngliche Freiheit in der Idee verortet. Dieses erste Hauptthema beschäftigt uns in der vorliegenden Monographie jedoch nicht.

Das zweite gemeinsame Hauptthema der Epoche liegt in der Entfaltung des Gedankens der Letztbegründung unseres Wissens. Kant legt erstmals dar, dass Wissen nur dann notwendigerweise empirisch gültig oder ungültig (= geltungsdifferent) sein kann, wenn es sich aus den Prinzipien seiner eigenen Form heraus letztbegründet. Dabei ist für Kant der Gedanke einer Letztbegründung der Geltung unseres Wissens stets mit der Konzeption einer Konstitution der Gegenstände unseres Wissens durch dieses Wissen selbst verbunden. So in etwa sollte Kants Auffassung verstanden werden, die Gegenstände hätten sich nach der Erkenntnis, nicht aber die Erkenntnis nach den Gegenständen zu richten. Oder anders gesagt: Geltungskonstitution des Wissens ist Gegenstandskonstitution durch das Wissen.

Dabei ergibt sich aber das Problem, dass die Konstitution der Gegenstände des Wissens ausschließlich den gemeinsamen gegenständlichen Charakter aller Gegenstände betreffen kann, nicht jedoch deren je besonderen gegenständlichen Charakter. Besondere Gegenständlichkeit ist für eine Konstitution durch das Denken und Wissen unverfügbar. Fichte hat dieses Problem begriffen. Deshalb legt er im ersten Grundsatz ein inbegriffliches Gefüge von Prinzipien des Wissens vor, das noch nicht auf die gegenstandsgebundene endliche Erkenntnisform des Menschen präzisiert ist. Doch muss auch er in den nachfolgenden zwei weiteren Grundsätzen der Wissenschaftslehre der vermeintlich unausweichlichen Gegenstandsgebundenheit unserer Erkenntnis seinen Tribut zollen. Die systematische Konstellation, die er im zweiten und dritten Grundsatz annimmt, zwingt ihn wenig später zur Einführung der berühmt-berüchtigten „Intellektuellen Anschauung". Diese bezeichnet philosophisch eine sehr umstrittene Eigenschaft unseres Wissens, deren Realmöglichkeit sich nur schwer dartun lässt.

Schellings Frühphilosophie zieht hieraus einen gewichtigen Schluss. Der Letztbegründungsgedanke scheitere aus seiner Sicht nur dann nicht an der besonderen Gegenständlichkeit, wenn die selben rationalen Prinzipien, die den Prozess der Natur steuerten, zugleich Prinzipien unseres Wissens seien. Mit dieser Einsicht führt Schelling Naturphilosophie und Transzendentalphilosophie als gleichwertige und gleichursprüngliche philosophische Grundlagenwissenschaften der Letztbegründungsreflexion ein. Allerdings führt diese Operation, wie Karen Gloy und insbesondere Christian Iber ausführen, zu einer Ontologisierung des Letztbegründungsgedankens. Denn nun haben wir es mit einem Absoluten zu tun, das zugleich einer ansichseienden Natur wie dem erkennenden Subjekt zugrundeliegt. Der hohe spekulative Grad dieser Philosophie mag die Phantasie von Literaten, Künstlern, Naturschützern und Schöngeistern beflügeln, ein methodisch sauberer Gültigkeitsbeweis für die Fundamente der Schelling'schen Frühphilosophie lässt sich jedoch kaum erbringen.

Hegels Genialität lässt ihn den ‚Gordischen Knoten des systematischen Problems' durchschlagen. Er sagt sich: Wenn jede Letztbegründungsreflexion auf die Geltung unseres Wissens daran scheitern muss, dass sie sich zugleich als eine Konstitutionsreflexion der Gegenstandsbezogenheit unseres Wissens durchführen muss, dann ist eine echte Geltungsreflexion unseres Wissens nur dann möglich, wenn sie sich von der Gegenstandskonstitution entkoppeln kann. In der Tat legt Hegel in der Wissenschaft der Logik eine Theorie vor, in der das Wissen seine Geltungskategorien ohne Bezug auf ihm fremde Gegenständlichkeit selbst erzeugt. Negativität wird hier von Hegel als ursprüngliche Bestimmungsfunktion des Denkens entfaltet, weil sie die ursprünglich sinnerzeugende Selbstbezüglichkeit des Denkens darstellt. Doch dekretiert Hegel nicht schlicht jene Unabhängigkeitserklärung der Geltungsselbstkonstitution des Wissens von der Gegenstandskonstitution des Wissens. In der Phänomenologie des Geistes legt er eine propädeutische Wissenschaft vor, die den Nachweis erbringt, dass jeder Begriff, den das Wissen von einem ihm externen Gegenstand bildet, nicht geeignet ist, die Geltungsselbstkonstitution des Wissens zu erklären und zu begründen. Diese skeptische Destruktionsgeschichte der vermeintlichen Unausweichlichkeit der Annahme einer gegenständlichen Fremdgebundenheit des Wissens ist uno actu die Einleitung in die autochthonen Geltungsselbstreflexion des Wissens in der Wissenschaft der Logik.

Dass der Gedanke einer letzten Begründung der Geltungsfähigkeit des Wissens in unserer Zeit in Verruf geraten ist, verdankt sich u. a. Hans Albert. Das berüchtigte „Münchhausentrilemma" (siehe S. 59 dieser Arbeit) scheint die Vergeblichkeit jedes Letztbegründungsversuches zu belegen. Doch verstehen „Idealismus" und „Transzendentalphilosophie" Letztbegründung nicht im Sinne von inhaltlichem Wissen. Gerold Prauss ((35), bes. S. 81–101) etwa spricht mit ‚Blick auf Kant' von einer letzten Begründung der Wahrheits*differenz* (bzw. Geltungs*differenz*) des empirischen Urteils. Die Transzendentale Logik lege Prinzipien des Wissens dar, kraft derer unsere Urteile einen empirischen Gegenstandsbezug aufwiesen und deshalb überhaupt erst *kontingenterweise empirisch* wahr *oder* falsch sein könnten. Transzendentalphilosophie strebe keine ‚nur wahre' inhaltliche Letztbegründung des Wissens an, sondern eben – so Prauss – eine Letztbegründung der Wahrheitsdifferenz. 1985 hat Wolfgang Kuhlmann (Reflexive Letztbegründung. Freiburg/München) Albert vorgehalten (z. B. S. 64), die Konstruktion des Münchhausentrilemmas setze eine Sicht voraus, nach der es für „Begründungsbedürftiges" stets nur „externe Gründe" geben könne. Nach einer solchen Sicht wäre evidenterweise Letztbegründung ausgeschlossen. Alberts verborgenes Missverständnis liegt darin, wenn wir Kuhlmanns ‚Albertkritik' auf die hier zu verhandelnde Thematik ‚idealistischer Gnoseologie' anwenden, die Prinzipien des Wissens als Sätze bzw. Urteile aufzufassen. Da jeder Satz des Wissens, sofern er Wissen sein soll, begründet werden muss, könnte ein „letzter Satz", von dem alle weiteren Sätze abzuleiten wären, nicht viel mehr als eine willkürliche Erschleichung sein. Doch sind die Prinzipien der Geltung für die Transzendentalphilosophie und die ‚idealistische Gnoseologie' gerade keine Sätze, sondern stellen die funktionale Eigenbestimmtheit des Wissens *selbst* dar. So hatte insbesondere Ernst Cassirer in *„Substanzbegriff und Funktionsbegriff: Untersuchungen über die Grundfragen der Erkenntniskritik"* (siehe Auswahlbibliographie) eindringlich und zutreffend den engen Zusammenhang zwischen eigenbestimmter funktionaler Invarianz der Prinzipien der Erkenntnis und deren Apriorität dargelegt. Diesen Zusammenhang von ‚Invarianz' und ‚Apriorität' erachten wir für einen Schlüssel zum Verständnis der ‚idealistischen Gnoseologien' und übernehmen bei den nachfolgenden Darstellungen der Philosophie Kants, Fichtes, Schellings und Hegels diese grundsätzliche ‚funktionale Perspektive' Cassirers.

1 Kants Erkenntnislehre

1.1 Die problemgeschichtlichen Wurzeln von Kants Erkenntnislehre

1.1.1 Kant und die Metaphysik

Martin Heideggers Kantbuch trägt den Titel „Kant und das Problem der Metaphysik". Damit benennt der Titel von Heideggers bekanntem Kantbuch in zutreffender Weise die Frage nach der Möglichkeit der Grundlegung einer wissenschaftlichen Metaphysik als eine der Grundmotivationen, die Kant dazu veranlasst haben, die Transzendentalphilosophie zu konzipieren. (Vgl. zu Sicht Kants auf das „Problem der Metaphysik" Heidegger (15). Mein Referat von Kants ‚Metaphysiksicht' auf den Seiten 12–20 orientiert sich an Heidegger (15), S. 5–18)

Was ist Metaphysik?

Der Terminus der Metaphysik bezeichnet in etwa jene philosophische Wissenschaft, welche die letzten Gründe und Prinzipien des Seins zu klären habe. Dabei gibt es laut Aristoteles eine erste (sozusagen) fundamentalmetaphysische Wissenschaft, welche die schlechthin ursprünglichsten Fundierungsprinzipien des gesamten (!) Seins aufzudecken habe: des Seins als Sein. Aufgrund dieses Themas ist diese erste Wissenschaft nach Aristoteles gegenüber den weiteren „nichtersten Teilwissenschaften" privilegiert. Denn die anderen, „nichtersten Wissenschaften" hätten nur bestimmte Regionen des Seins zum Gegenstand. In der weiteren historischen Entwicklung der Philosophiegeschichte wurde diese Erste Wissenschaft des Aristoteles häufig als Ontologie interpretiert. Ob diese Einschätzung wirklich berechtigt ist (vgl. Aristoteles (1), S. 123–177) bleibe hier dahingestellt.

Metaphysica generalis und Metaphysica specialis

In dieser bezeichneten Deutungstradition standen jedenfalls auch die Vertreter des sogenannten Deutschen Schulphilosophie, auf deren Werke Kant unmittelbar Bezug nahm und nach deren Schriften er teilweise sogar seine Vorlesungen gehalten hat:

> „Ontologia seu *Philosophia prima* est scientia entis in genere, seu quatenus est ens." (Wolff (44), S. 1) „*Metaphyscia* est scientia primorum in humana cognitione principiorum. […] Ad metaphysicam referuntur ontologia, cosmologia, psychologia et theologia naturalis." (Baumgarten (4), S. 1)

Christian Wolff und Alexander Baumgarten unterschieden in der Tradition des Aristoteles zwischen einer Metaphysica Generalis (entspricht in etwa der Ontologie) und einer Metaphysica Specialis. Die Metaphysica Generalis widmet sich im Sinne der genannten Autoren in etwa dem Themenbereich der Allgemeinen Ontologie. Die Metaphysica Specialis jedoch untersucht die Probleme bestimmter Seinsregionen.

Grundfragen der Metaphysica Specialis sind beispielsweise: Gibt es ein Leben nach dem Tod? [Rationale Psychologie]

Ist ein Gott? [Rationale Theologie] (Die Frage lautet nicht: Existiert Gott? Eine solche Formulierung wäre für jeden „alten Metaphysiker" absurd, da Gott die Existenz **ist** – und deshalb nicht wie jedes einzelne Seiende „bloß existiert")
Hat unsere Welt einen Anfang in der Zeit – oder hat sie einen solchen nicht?
Gibt es eine erste Ursache des Kosmos – oder gibt es diese nicht?
Gibt es Willensfreiheit – oder ist unser Wille durchgängig determiniert?
Etc. etc.

Was die Metaphysica Specialis von den sogenannten empirischen Einzelwissenschaften – wie etwa Physik und Chemie – unterscheidet, ist der Umstand, dass die Metaphysica Specialis eine Wissenschaft sein soll, die ohne direkten, mit empirischer Wahrnehmung verbundenem Erfahrungsbezug operiert. Denn Physik und Chemie sind Experimentalwissenschaften und begründen ihre Sätze durch direkte Erfahrungsreferenz, d. h. „empirische Beobachtung". (In den Metaphysischen Anfangsgründen der Naturwissenschaft macht Kant allerdings deutlich, dass die Chemie keine eigentliche Wissenschaft sein könne. Eine solche eigentliche Wissenschaft sei nur die Physik, die anders als die Chemie ihren Grundbegriffen durch mathematisch-metaphysische Konstruktion objektive Realität verschaffen könne.) Die Sätze und die Gegenstände der Metaphysica Specialis sind hingegen nicht Teil unserer Erfahrungswirklichkeit. Gott als Thema der Philosophie ist überhaupt nicht in unserer „sinnlichen Erfahrung" gegeben. (Religiöse Gotteserfahrungen können hier nicht angeführt werden, da sie nicht allgemein intersubjektiv überprüft werden können. Nur intersubjektive und überprüfbare Erfahrung kann wissenschaftliche Erfahrung sein). Der Zustand der Seele nach dem Tod ist natürlich auch kein Erfahrungsgegenstand. Die Frage nach dem kausalen und temporalen Anfang der Welt bezieht sich zwar teilweise auf Erfahrung, das temporale und räumliche Ganze der Welt ist aber niemals in der Erfahrung gegeben und anzutreffen. So können z. B. das Totum der Zukunft der Welt und das Totum der Vergangenheit der Welt evidenterweise keine Gegenstände einer sinnlichen „Augenblickserfahrung" sein.

Metaphysica specialis und Einzelwissenschaft

Gibt es also ein begründbares Wissen von Gegenständen, welches ohne eigene persönliche Erfahrung auskommt? Die Antwort ist ein klares JA! Genauer besehen, gilt dieser Befund sogar überraschenderweise für die größten Teil unseres Alltagswissens in Hinsicht auf Einzeldinge.

Wissen ohne eigene Erfahrung

„Denn man pflegt wohl von mancher aus Erfahrungsquellen abgeleiteten Erkenntniß zu sagen, daß wir ihrer a priori fähig oder theilhaftig sind, weil wir sie nicht unmittelbar aus der Erfahrung, sondern aus einer allgemeinen Regel, die wir gleichwohl selbst doch aus der Erfahrung entlehnt haben, ableiten. So sagt man von jemand, der das Fundament seines Hauses untergrub: er konnte es a priori wissen, daß es einfallen würde, d. i. er durfte nicht auf die Erfahrung, daß es wirklich einfiele, warten. Allein gänzlich a priori konnte er dieses doch auch nicht wissen. Denn daß die Körper schwer sind und daher, wenn ihnen die Stütze entzogen wird, fallen, mußte ihm doch zuvor durch Erfahrung bekannt werden." (B 2)

Ziehen wir einmal die Aussage „Pflanzen fressen kein Fleisch" trotz ihrer erwiesenen empirischen Verfehltheit als Beispiel heran. Wären wir nämlich aufgrund mangelnden Wissens der Ansicht, Pflanzen fräßen kein Fleisch, so könnten wir, ohne die Erfahrung zu bemühen, folgende Alltagsschlüsse ziehen: Pflanzen töten kein Leben, um Nahrung zu gewinnen. Pflanzen beenden zum Zwecke der Nahrungsaufnahme kein Leben gewaltsam. Besonders wichtig in diesen Zusammenhängen ist es aber natürlich, dass wir u. a. sofort wissen können, falls wir ein bestimmtes Lebewesen als Pflanze identifiziert haben, dass dieses pflanzliche Lebewesen keinesfalls unseren Kanarienvogel fräße, wenn wir es in den Vogelbauer stellten. Solcherlei, vom direkten Erfahrungsbezug unabhängiges Folgerungswissen ermöglicht uns beständig das Überleben im Alltag.

Führen wir deshalb ein weiteres Beispiel an:

Wenn wir auf einer Straße stehen und ein Auto auf uns zurast, springen wir zur Seite. Wir müssen für diese sinnvolle Reaktion keine speziellen direkten Erfahrungen gemacht haben. Weder müssen wir gesehen haben, wie dieses Auto bereits eine andere Person verletzt oder gar getötet hat, noch wie ein beliebiges anderes Auto eine Person verletzt hat – und wir müssen schon gar nicht selbst einen bestimmen schweren Körper beobachtet haben, der Verletzungsunheil hervorgerufen hat. Derartiges Wissen, das wir beständig bezüglich einzelner, uns begegnender Dinge in Anspruch nehmen, verlangt keine direkte eigene Wahrnehmungserfahrung. Es resultiert aus logischen Schlüssen. Gemeint ist hier natürlich keine ‚ausgefuchste' Logikeroperation, sondern einfach die Fähigkeit kompetenten ‚Navigierens' innerhalb des Systems der von uns anerkannten Alltagsbegriffe (im Genre der sogenannten Analytischen Philosophie hat insbesondere Sellars (48), z. B. S. 213 f., diese Zusammenhänge dargelegt und den sogenannten „Mythos des Gegebenen" bekämpft. Brandoms Inferentialismus macht dieses ‚Navigieren' stark, siehe Auswahlbibliographie S. 146).

Im Falle der Pflanze würde der Alltagsschluss lauten:

P I	Pflanzen fressen kein Fleisch.
P II	Dieses Lebewesen ist eine Pflanze.
Konklusio	Also frisst dieses Lebewesen kein Fleisch.
P I*	Tiere bestehen aus Fleisch.
PII*	Kanarienvögel sind Tiere.
Konklusio*	Also bestehen Kanarienvögel aus Fleisch.
P I**	Dieses Lebewesen ist eine Pflanze – und frisst daher kein Fleisch.
PII**	Dieses Lebewesen ist ein Tier (Kanarienvogel) – und besteht somit aus Fleisch.
Konklusio **	Also wird dieses Lebewesen (mein Kanarienvogel) nicht von jenem Lebewesen (Pflanze) gefressen werden.

Im Falle des Autos würde gelten:

P I	Schwere Körper verletzen bei Aufprall den menschlichen Leib.
P II	Autos sind schwere Körper.
PIII	Dies ist ein Auto – und mithin ein schwerer Körper.
Konklusio	Also wird dieses Auto mich verletzen, wenn es auf meinen Leib prallt.

Neben der hohen Alltagsrelevanz solcher Schlüsse bemerken wir aber auch sofort, dass die zugrundeliegenden Prämissen falsch sein können. Denn es gibt ja fleischfressende Pflanzen. Unseren Alltagsschlüssen liegen stets Begriffe von Gegenstandstypen zugrunde. Diese Begriffe können sich aber beständig ändern, indem wir neue einzelne, anschauungsbedingte Erfahrungen machen. Aufgrund einer Einzelerfahrung wird z. B. dem Begriff von Pflanze hinzugefügt, dass es auch Pflanzen gibt, die Fleisch fressen. Dies geschieht dann, wenn die erste fleischfressende Pflanze beobachtet worden ist. Da die empirischen Begriffe dieser Gegenstandstypen bei den „Alltags-Schlüssen" in die Prämissen eingehen, ist erkennbar, dass die obersten Prämissen solcherlei Schlüsse letztlich nur durch anschauliche fundierte, ständig revidierbare Erfahrung gerechtfertigt werden können.

Gültige Schlüsse aus falschem empirischen Hintergrundwissen

Die empirischen Begriffe der Gegenstandstypen artikulieren nur unser aktuelles empirisches ‚Momentanwissen' von den Gegenstandstypen – und deshalb kann dieses Wissen und insbesondere der jeweilige empirische Begriff dieser Gegenstandstypen immer wieder verändert werden.

Empirische Begriffe können ihre Elementarmerkmale ändern

Kant bemerkt hierzu:

> „Von den **Definitionen**. *Definiren* soll, wie es der Ausdruck selbst giebt, eigentlich nur so viel bedeuten, als den ausführlichen Begriff eines Dinges innerhalb seiner Grenzen ursprünglich darstellen. Nach einer solchen Forderung kann ein *empirischer* Begriff gar nicht definirt, sondern nur *explicirt* werden. Denn da wir an ihm nur einige Merkmale von einer gewissen Art Gegenstände der Sinne haben, so ist es niemals sicher, ob man unter dem Worte, das denselben Gegenstand bezeichnet, nicht einmal mehr, das anderemal weniger Merkmale desselben denke. So kann der eine im Begriffe vom *Golde* sich außer dem Gewichte, der Farbe, der Zähigkeit noch die Eigenschaft, daß es nicht rostet, denken, der andere davon vielleicht nichts wissen. Man bedient sich gewisser Merkmale nur so lange, als sie zum Unterscheiden hinreichend sind; neue Bemerkungen dagegen nehmen welche weg und setzen einige hinzu, der Begriff steht also niemals zwischen sicheren Grenzen. Und wozu sollte es auch dienen, einen solchen Begriff zu definiren, da, wenn z. B. von dem Wasser und dessen Eigenschaften die Rede ist, man sich bei dem nicht aufhalten wird, was man bei dem Worte Wasser denkt, sondern zu Versuchen schreitet, und das Wort mit den wenigen Merkmalen, die ihm anhängen, nur eine *Bezeichnung* und nicht einen Begriff der Sache ausmachen soll, mithin die angebliche Definition nichts anders als Wortbestimmung ist. Zweitens kann auch, genau zu reden, kein *a priori* gegebener Begriffe definirt werden, z. B. Substanz, Ursache, Recht, Billigkeit etc. Denn ich kann niemals sicher sein, daß die deutliche Vorstellung eines (noch verworren) gegebenen Begriffs ausführlich entwickelt worden, als wenn ich weiß, daß dieselbe dem Gegenstande adäquat sei. Da der Begriff desselben aber, so wie er gegeben ist, viel dunkele Vorstellungen enthalten kann, die wir in der Zergliederung übergehen, ob wir sie zwar in der Anwendung jederzeit brauchen: so ist die Ausführlichkeit der Zergliederung meines Begriffs immer zweifelhaft und kann nur durch vielfältig zutreffende Beispiele vermuthlich, niemals aber apodiktisch gewiß gemacht werden. Anstatt des Ausdrucks Definition würde ich lieber den der Exposition

brauchen, der immer noch behutsam bleibt, und bei dem der Kritiker sie auf einen gewissen Grad gelten lassen und doch wegen der Ausführlichkeit noch Bedenken tragen kann." (B 755 f.)

Spezifischer Sinn der Erfahrungsunabhängigkeit der Metaphysik: Die apriorische Erkenntnisart

Und damit kann die Metaphysik diese Art von Erfahrungsunabhängigkeit (im Sinne von korrekten Alltagsschlüssen) nicht zur Grundlage haben. Denn es kann ja zu den Urteilen über Gott, über die unsterbliche Seele und über das Totum der Welt auf gar keinen Fall eine Prämisse zugrundegelegt werden, die sich konkreten Anschauungen, bzw. konkreten Erfahrungen verdankt. Wir können angesichts der Lage auf alle Fälle festhalten: Die Urteile über die Gegenstände der Metaphysik können keineswegs durch Bezugnahme auf empirische Beispiele begründet werden. Das heißt nach Kant aber gerade auch, dass diese Urteile nicht durch Schlüsse aus basalen erfahrungsfundierten Erkenntnissen gewonnen werden dürfen, die als Prämissen fungieren. Die Urteile über die Gegenstände der Metaphysik müssen vielmehr ohne jede Abhängigkeit von der sinnlichen Erfahrung begründet werden. Eine Urteilsbegründung, die ohne direkte Abhängigkeit von der Erfahrung vorgenommen wird, nennt Kant „a priori". Wie könnten nun Urteile aussehen, die ohne direkte Abhängigkeit von der Erfahrung begründet werden?

Urteile ohne direkte Begründung durch Erfahrung sind Urteile a priori

Kommen wir auf unser Pflanzenbeispiel zurück: Natürlich gibt es fleischfressende Pflanzen. Das wissen wir aus der Erfahrung. Dennoch ist folgender, bereits angeführter Schluss formal absolut korrekt:

[P I]   Pflanzen fressen kein Fleisch.
[P II]   Dieses Lebewesen ist eine Pflanze.
[Konkl.]   Also frisst dieses Lebewesen kein Fleisch.

Aber nicht nur dies: Folgender Schluss, der einen unter empirisch-inhaltlicher Betrachtung durchaus wahren Konklusionssatz besitzt, wäre formal (!) in sich sogar widersprüchlich:

[P I*]   Pflanzen fressen kein Fleisch.
[P II*]   Dieses Lebewesen ist eine Pflanze.
[Konkl.*]   Möglicherweise frisst dieses Lebewesen gerade eine Fliege.

Der empirische Wahrheitsgehalt eines Satzes und seine logisch korrekte Herleitung in „Alltagsschlüssen" können also durchaus betreffs ihrer Geltung differieren. Dennoch gibt es Fälle, bei denen auch der empirische Wahrheitsgehalt eines Urteils allein von seiner Form her beurteilt werden kann. Wenn Hermann Kunigunde gegenüber den Satz äußern würde: „Am Freitag den 13. Februar 2012 habe ich eine Logikklausur geschrieben – habe jedoch im gesamten Februar 2012 keine Klausur geschrieben" wüsste Mechthild, die das Gespräch belauscht hat sofort, dass dieser Satz auch inhaltlich unwahr sein muss. Beide Sätze – die angeführte Konkl.* zu fleischfressenden Pflanzen und die Aussage Hermanns – verstoßen gegen das logische Widerspruchsprinzip des Denkens. Offensichtlich gilt folgender Befund: Bei (Alltags-)Schlüssen mit empirisch-bedingten Prämissen sagen weder die logisch-formale Korrektheit noch die logisch formale Unkorrektheit der Schlüsse etwas Definitives über den empirischen Wahrheitsgehalt von deren Konklusionssätzen aus, sofern diese Konklusionssätze „isoliert-empirisch" außerhalb des Schlusses beurteilt werden. Bei einzelnen Urteilen folgt zwar aus der logischen Widersprüchlichkeit bereits auch deren inhaltliche Verfehltheit – aus der formallogischen Korrektheit (= Widerspruchsfreiheit) eines Urteils folgt andererseits jedoch keinesfalls sofort die inhaltliche Wahrheit dieses Urteils. Das Widerspruchsprinzip ist nun kein Prinzip der empirischen Erfahrung, der Welt oder der äußeren Natur – sondern es ist ein Prinzip unseres Denkens selbst. Egal, welche Gedanken wir über die Welt fassen, niemals dürfen diese Gedanken mit dem Widerspruchsprinzip konfligieren. Dafür, dass wir in sich widersprüchliche Aussagen als falsch klassifizieren können, benötigen wir keine Erfahrung. Dies wissen wir a priori. Das bedeutet im Falle Hermanns, dass man sofort und unabhängig von jeder Erfahrung wissen kann, dass Hermanns Kunigunde gegenüber geäußerter Satz inhaltlich falsch sein muss. Man kann dies a priori wissen, da die Verfehltheit dieses Satzes vollständig und ausschließlich aufgrund der formalen Eigenbestimmtheit unseres Denkens feststeht. Den Begriff der „Eigenbestimmtheit" in diesen Zusammenhängen hat Werner Flach geprägt. (Vgl. Flach (10), S. 277.)

Deshalb nennt Kant als Charakteristikum a priori begründeter Urteile deren Notwendigkeit und Allgemeinheit. Man kann gar nicht anders, als Hermanns Aussage für falsch zuhalten – sie ist notwendigerweise falsch. Jedes denkende Subjekt wird sie für falsch halten müssen – und sie ist in jeder empirisch-bedingten Situation, in der sie geäußert wird, falsch. Die Aussage ist also allgemeingültig falsch. Kommen wir in diesen Zusammenhängen zunächst auf empirische Begriffe zurück – also auf Begriffe, die aus unserer Erfahrung entwickelt werden. Empirische Alltagsbegriffe (im Unterschied zu wissenschaftlichen Grundbegriffen, etwa der Physik) sind nach Kant keine irreversiblen, „betonierten" Sinnstrukturen. Elementare Gehalte empirischer Begriffe artikulieren den Minimalkonsens der Sprachgemeinschaft in Hinblick auf diejenigen Grundmerkmale, welche zur hinreichenden Identifikation eines Gegenstandes (oder Gegenstandstypes) durch (s)einen jeweiligen empirischen Begriff benötigt wird. Diese identifizierenden Merkmale empirischer Begriffe sind jedoch – und das ist das „punctum saliens" – solange der Begriff gemäß diesen Merkmalen gebraucht wird, durch das Widerspruchsprinzip des Denkens geschützt. Vielleicht hat ja Gold nicht grundsätzlich eine gelbe Farbe. Wenn jedoch ein solcher sprachgemeinschaftlicher Begriff von Gold die gelbe Farbe zu den minimalen *gegenstandsidentifizierenden* Merkmalen dieses Begriffes rechnet, so ist das Urteil „Dieser Körper ist aus Gold, er ist jedoch nicht gelb" a priori falsch. Urteile, welche die minimal-konstitutiven und deshalb zugleich identifizierend wirkenden Merkmale eines empirischen Begriffes artikulieren, gehören nach Kant zur Klasse der analytischen Urteile.

„In allen Urtheilen, worin das Verhältniß eines Subjects zum Prädicat gedacht wird (wenn ich nur die bejahende erwäge, denn auf die verneinende ist nachher die Anwendung leicht), ist dieses Verhältniß auf zweierlei Art möglich. Entweder das Prädicat *B* gehört zum Subject *A* als etwas, was in diesem Begriffe *A* (versteckter Weise) enthalten ist; oder *B* liegt ganz außer dem Begriff *A*, ob es zwar mit demselben in Verknüpfung steht. Im ersten Fall nenne ich das Urtheil *analytisch*, in dem andern *synthetisch*. Analytische Urtheile (die bejahende) sind also diejenige, in welchen die Verknüpfung des Prädicats mit dem Subject durch Identität, diejenige aber, in denen

Charakteristikum apriorischer Urteile: Allgemeinheit und Notwendigkeit

diese Verknüpfung ohne Identität gedacht wird, sollen synthetische Urtheile heißen. Die erstere könnte man auch *Erläuterungs-*, die andere *Erweiterungsurtheile* heißen, weil jene durch das Prädicat nichts zum Begriff des Subjects hinzuthun, sondern diesen nur durch Zergliederung in seine Theilbegriffe zerfällen, die in selbigem schon (obgleich verworren) gedacht waren: da hingegen die letztere zu dem Begriffe des Subjects ein Prädicat hinzuthun, welches in jenem gar nicht gedacht war und durch keine Zergliederung desselben hätte können herausgezogen werden. Z.B. wenn ich sage: alle Körper sind ausgedehnt, so ist dies ein analytisch Urtheil. Denn ich darf nicht über den Begriff, den ich mit dem Wort Körper verbinde, hinausgehen, um die Ausdehung als mit demselben verknüpft zu finden, sondern jenen Begriff nur zergliedern, d. i. des Mannigfaltigen, welches ich jederzeit in ihm denke, mir nur bewußt werden, um dieses Prädicat darin anzutreffen; es ist also ein analytisches Urtheil. Dagegen, wenn ich sage: alle Körper sind schwer, so ist das Prädicat etwas ganz anderes, als das, was ich in dem bloßen Begriff eines Körpers überhaupt denke. Die Hinzufügung eines solchen Prädicats giebt also ein synthetisch Urtheil." (B 10 f.)

Gegenstandsreferente analytische Urteile apriori – empirische synthetische Urteile aposteriori

Auch wenn ein empirischer Begriff nachweislich auf Erfahrungsgegenstände referiert, ist das Urteil, das über seine analytischen Grundmerkmale gefällt wird, ein apriorisches Urteil. Es ist ein a priorisches Urteil, da es einzig und allein mit dem Widerspruchsprinzip des Denkens „letztbegründet" wird. Analytische Urteils sind apriorische Urteile, auch wenn sich ihre Begriffe auf empirische Gegenstände beziehen. Sie sind es, weil nicht der Bezug auf den Erfahrungsgegenstand für diese Urteile entscheidend ist, sondern einzig und allein die Tatsache, dass sie über die „anerkannten minimalen Merkmale" des empirischen Begriffes selbst gefällt werden. Wer diese Merkmale in einem Urteil „wegdächte", verstieße gegen das Widerspruchsprinzip. Ein synthetisches aposteriorisches Urteil hingegen fügt dem analytischen „Minimalmerkmalsbestand" weitere neue (prinzipiell kontingente und reversible) Bestimmungen hinzu. Für ein synthetisches Urteil, sofern es einzig und allein auf empirischen Begriffen beruht, ist der Bezug von dessen Begriffen auf in der Anschauung gegebene empirische Gegenstände gerade der entscheidende Punkt. Nur dieser anschauliche Gegenstandsbezug begründet das synthetische Urteil, d. h. die gültige Verbindung von dessen Begriffen im Urteil. Synthetische Erfahrungs-Urteile erweitern aufgrund dieser empirischen Begründung durch den Gegenstandsbezug des Denkens den empirischen Begriff vom Gegenstand. Sie können deshalb aber nur a posteriori [= aus Erfahrung] begründet werden.

„*Erfahrungsurtheile als solche sind insgesammt synthetisch*. Denn es wäre ungereimt, ein analytisches Urtheil auf Erfahrung zu gründen, weil ich aus meinem Begriffe gar nicht hinausgehen darf, um das Urtheil abzufassen, und also kein Zeugniß der Erfahrung dazu nöthig habe. Daß ein Körper ausgedehnt sei, ist ein Satz, der *a priori* feststeht, und kein Erfahrungsurtheil. Denn ehe ich zur Erfahrung gehe, habe ich alle Bedingungen zu meinem Urtheile schon in dem Begriffe, aus welchem ich das Prädicat nach dem Satze des Widerspruchs nur herausziehen und dadurch zugleich der Nothwendigkeit des Urtheils bewußt werden kann, welche mir Erfahrung nicht einmal lehren würde. Dagegen ob ich schon in dem Begriff eines Körpers überhaupt das Prädicat der Schwere gar nicht einschließe, so bezeichnet jener doch einen

Gegenstand der Erfahrung durch einen Theil derselben, zu welchem ich also noch andere Theile eben derselben Erfahrung, als zu dem ersteren gehörten, hinzufügen kann. Ich kann den Begriff des Körpers vorher *analytisch* durch die Merkmale der Ausdehnung, der Undurchdringlichkeit, der Gestalt etc., die alle in diesem Begriffe gedacht werden, erkennen. Nun erweitere ich aber meine Erkenntniß, und indem ich auf die Erfahrung zurücksehe, von welcher ich diesen Begriff des Körpers abgezogen hatte, so finde ich mit obigen Merkmalen auch die Schwere jederzeit verknüpft und füge also diese als Prädicat zu jenem Begriffe synthetisch hinzu. Es ist also die Erfahrung, worauf sich die Möglichkeit der Synthesis des Prädicats der Schwere mit dem Begriffe des Körpers gründet, weil beide Begriffe, obzwar einer nicht in dem andern enthalten ist, dennoch als Theile eines Ganzen, nämlich der Erfahrung, die selbst eine synthetische Verbindung der Anschauungen ist, zu einander, wiewohl nur zufälliger Weise, gehören." (B 12 f.)

Machen wir uns das Verhältnis zwischen „analytisch" und „synthetisch" anhand empirischer Begriffe klar, wird überdies lucide, dass Urteile der Metaphysik große Probleme aufweisen müssen. Denn eines steht grundsätzlich bei empirischen Begriffen, über deren Minimalmerkmale analytisch-apriorische Urteile gefällt werden, fest: die Gegenstandsreferenz dieser Begriffe. Denn diese werden ja, sofern es elementare empirische Begriffe sind, sozusagen aus vorgegebenem empirischen Material gewonnen. Nun ist noch denkbar, dass solche empirischen Begriffe, die elementar gegenstandsreferent sind, willkürlich kombiniert werden: etwa im fiktiven Begriff „geflügelter Pferde". Der Begriff „Flügel" sowie der Begriffe „Pferd" haben offenkundig einen empirischen Gegenstandsbezug. Die Kombination dieser beiden empirischen Begriffe zum Begriff des Flügelpferdes hat jedoch keinerlei Gegenstandsbezug. Allerdings besteht bei solchen kombinatorischen Begriffen immer die Möglichkeit, deren empirischen Gegenstandsbezug misslingend oder aber gelingend nachzuweisen. Anders sieht dies bei metaphysischen Begriffen – wie etwa dem von Gott – aus. Dieser Begriff hat keinen sicheren Gegenstandsbezug. Zwar mag es so sein, dass in einem konsistenten Begriff Gottes das Merkmal der Allmacht notwendig enthalten ist. Ein Urteil „Gott ist allmächtig" ist somit in einem spezifischen analytischen, begriffsexplizierenden Sinn notwendig wahr. Das heißt jedoch nicht, dass sich der Gottesbegriff auf irgendeinen „wirklichen" Gegenstand bezieht. Die Notwendigkeit besagt hier nur, dass der Gottes-Begriff nur dann konsistent sein kann, wenn in ihm das Merkmal der Allmacht enthalten ist. Anders gesagt: Das bezeichnete analytische Urteil, das nur ein begriffsexplikatives Urteil sein kann, wäre in dieser Form einer „schlichten" Begriffsexplikation auch dann notwendig wahr, wenn es Gott gar nicht geben sollte. Denn dieses Urteil behauptete nur: „In einem konsistenten Begriff Gottes ist die Allmacht notwendig enthalten."

<small>Urteile der (traditionellen) „dogmatischen Metaphysik" stellen analytisch-apriorische Urteile *ohne* nachgewiesenen Gegenstandsbezug dar</small>

Kant sagt dies so:
> „Gott ist allmächtig; das ist ein nothwendiges Urtheil. Die Allmacht kann nicht aufgehoben werden, wenn ihr eine Gottheit, d.i. ein unendliches Wesen, setzt, mit dessen Begriff jener identisch ist. Wenn ihr aber sagt: *Gott ist nicht*, so ist weder die Allmacht, noch irgend ein anderes seiner Prädicate gegeben; denn sie sind alle zusammt dem Subjecte aufgehoben,

und es zeigt sich in diesem Gedanken nicht der mindeste Widerspruch. Ihr habt also gesehen, daß, wenn ich das Prädicat eines Urtheils zusammt dem Subjecte aufhebe, niemals ein innerer Widerspruch entspringen könne, das Prädicat mag auch sein, welches es wolle. Nun bleibt euch keine Ausflucht übrig als, ihr müßt sagen: es giebt Subjecte, die gar nicht aufgehoben werden können, die also bleiben müssen. Das würde aber eben so viel sagen als: es giebt schlechterdings nothwendige Subjecte; eine Voraussetzung, an deren Richtigkeit ich eben gezweifelt habe, und deren Möglichkeit ihr mir zeigen wolltet." (B 623)

Die Kernfragen müssen also lauten: Beziehen sich die Begriffe der Metaphysik überhaupt auf Gegenstände? Oder aber expliziert die Metaphysik in analytischen Urteilen nur Begriffe ohne jede Gegenstandsreferenz? Gilt die zweite Möglichkeit, wäre das Konzept einer Metaphysik als Wissenschaft unmöglich.

Synthetische Urteile apriori als Bedingungen der Möglichkeit der Metaphysik als Wissenschaft

Für Kant müssen vier Kriterien erfüllt sein, soll Metaphysik eine echte Wissenschaft sein: Metaphysische Begriffe müssen nachweislich einen Gegenstandsbezug besitzen (i). Auch ihre analytischen Urteile müssten sich somit nachweislich auf Gegenstände beziehen (ii). Metaphysik als Wissenschaft darf in ihren Fundamenten aber nicht *ausschließlich* aus analytisch-begriffsexplizierenden Urteilen bestehen. Denn Wissenschaft entfaltet ein Wissen von Gegenständen. Deshalb müssten die Sätze einer wissenschaftlichen Metaphysik kraft ihres zu postulierenden Gegenstandsbezugs „synthetischen Charakters" sein und beständig unser Wissen von den Gegenständen der Metaphysik erweitern (iii). Da Metaphysik per definitionem eine „erfahrungsunabhängige" Wissenschaft sein soll, müssten ihre Urteile deshalb auch erfahrungsunabhängig begründet werden – d. h. a priori (iv). Diese vier Kriterien machen nach Kant die Beantwortung folgender Frage zur Basis der Möglichkeit, eine Entscheidung darüber treffen zu können, ob Metaphysik als Wissenschaft möglich ist: „Wie sind synthetische Urteile a priori möglich?"

1.1.2 Mathematik und Naturwissenschaft als Modelle für die Möglichkeit synthetischer Urteile a priori

Kommen wir auf einen Punkt zurück, den wir bereits besprochen haben. Zwei der exklusiven Merkmale, um feststellen zu können, dass und ob ein Urteil apriorisch begründet werden kann, bestehen in Notwendigkeit und Allgemeinheit. Aus der Sicht Kants muss nun jede eigentliche Wissenschaft in ihren Kernbereichen aus allgemeinen und notwendigen Urteilen bestehen [= z. B. Gesetzesaussagen].

Eigentliche Wissenschaften haben allgemein und notwendige Sätze zu ihren Fundamenten

Wenn aber die Allgemeinheit und Notwendigkeit der Urteile aus ihrer apriorischen Begründung resultieren soll, so muss auch das Fundament der allgemeinen und notwendigen Sätze einer eigentlichen Wissenschaft durch apriorische Begründung gestiftet werden. Nach Kant sind nun Mathematik und Physik in ihren Fundamenten erwiesenermaßen eigentliche Wissenschaften. Ist dies so, dann müssten sich in diesen Fundamenten gültige synthetische Urteile a priori nachweisen lassen. Aus der Beantwortung der Frage, wie synthetische Urteile a priori in Mathematik und Physik möglich seien, ließe sich ggf. auch die Frage klären, ob solche synthetische Urteile a priori auch in der Metaphysik möglich seien. Ein geradezu idealtypisches Beispiel echter Wissenschaft ist nach Kant die Mathematik. Ist sie dies, dann muss sie zumindest in ihren Kernbereichen aus apriorischen allgemeinen und notwendigen Urteilen bestehen.

1.1.2.1 Die Mathematik

Die Apriorität analytischer Urteile verdankt sich einer Eigenschaft unseres Denkens selbst, nämlich der, dass Gedanken niemals gegen das logische Widerspruchsprinzip verstoßen dürfen. Diese Eigenart unseres Denkens wollen wir nach Werner Flach als „Prinzipienmoment seiner Eigenbestimmtheit" bezeichnen.

Kant ist nun der Ansicht, dass auch unsere Sinnlichkeit – wie er die Fähigkeit, den Sinneseindruck zu empfangen, nennt – eine genuin eigene Struktur aufweist [= Eigenbestimmtheit], welche gerade nicht in ihren Grundstrukturen von der äußeren Welt geprägt ist. „Sinnlichkeit" bezeichnet nach Kant deshalb auch eine Fähigkeit unserer Subjektivität. Kant nennt diese Fähigkeit Rezeptivität. Seiner Ansicht nach werden die Daten der Außenwelt nicht einfach „plump" gegeben – etwa in der Weise des Abdruckes in einer Knetmasse –, sondern die Rezeptivität ordnet die äußeren Daten allererst in einer geeigneten Weise vor, sodass unser Denken sie weiter verarbeiten und strukturieren kann (zu dieser Vorstrukturierungsfunktion der Prinzipien der Sinnlichkeit (der Anschauungsfomen von Raum und Zeit) ist Flach (9) überaus instruktiv). Kant behauptet genauerhin, dass alle Daten, die wir „von außen" empfangen, durch unsere eigenbestimmte Rezeptivität in räumlichen und zeitlichen Verhältnissen überhaupt erst für das Denken vorstrukturiert würden. Kant nennt Raum und Zeit in dieser rezeptiven Vorordnungsfunktion reine Anschauungsformen. Von diesen reinen Anschauungsformen können wir zudem etwas a priori wissen, weil diese Anschauungsformen immer schon im wahrnehmenden Subjekt fungieren müssen, damit dieses (dann noch) überhaupt etwas empirisch wahrnehmen kann. Die Strukturen dieser reinen Anschauungsformen (= Raum und Zeit) lernen wir also nicht von der empirischen Welt selbst, sondern die reinen Anschauungsformen sind Strukturen der erkennenden Subjektivität selbst. Räumliche und zeitliche Strukturen sind der menschlichen Erkenntnis also nicht empirisch vorgegeben, sondern basieren auf einer Eigenbestimmtheit unserer Rezeptivität [unseres „Anschauungsvermögens"]. Deshalb kann man ohne jeden vorherigen Erfahrungsbezug a priori wissen, dass grundsätzlich jede sinnliche Wahrnehmung immer in Strukturen von Raum und Zeit erfolgen muss. Analytische Urteile sind zwar apriorisch begründet, aber im strengen Sinne nicht wirklich wissenserweiternd. Wenn sie gültige Sätze sind, beziehen sie sich zwar auf Gegenstände, erzeugen neben der Gegenstandsidentifikation ab kein neues Wissen von diesen Gegenständen. Sie explizieren nur Begriffsinhalte und werden durch das Widerspruchsprinzip geschützt.

Die Urteile (Sätze der Mathematik) sind nun laut Kant sogar durch a priori gegenstandsbezogene Begriffe ausgezeichnet. Den Begriffen der Mathematik können nämlich Gegenstände a priori durch Konstruktion beigefügt werden. Da die Formen der sinnlichen Anschauung (= Raum und Zeit) die stets gleichbleibende Eigenbestimmtheit unserer Sinnlichkeit darstellen, ist deren

Auch die Funktionen der Sinnlichkeit weisen eine Eigenbestimmtheit auf

Mathematik erzeugt die ihren Begriffen korrespondierenden Gegenstände durch Konstruktion in der reinen Anschauung

Struktur nicht abhängig von mehr oder wenigen zufälligen empirischen Wahrnehmungen, sondern die Kenntnis der räumlich-zeitlichen sinnlichen Ordnungsstrukturen ist apriorisch „gegeben", weil sie jeder Wahrnehmung zugrundeliegt. Deshalb kann sich die Mathematik einen apriorischen Begriff und eine apriorische Vorstellung dieser Strukturen selbst bilden. Letztere bezeichnet Kant als reine Anschauung (des Raumes und der Zeit). Innerhalb dieser reinen Anschauung vermag die Mathematik ihre Gegenstände zu erzeugen.

Logische Möglichkeit und Realmöglichkeit eines Begriffes

Um dies genauer zu verstehen, sollten wir uns Kants Differenzierung zwischen Logischer Möglichkeit und Realmöglichkeit vergegenwärtigen (diese Differenz arbeiten vorzüglich Plaass (34), S. 48–65 (bes. S. 56 ff. und S. 62) und Cramer (5), z. B. S. 26 f. und S. 54 heraus). Kant unterscheidet bei der „Möglichkeit" von Begriffen zwischen logischer Möglichkeit und Realmöglichkeit. Ein Begriff ist dann logisch möglich, wenn das Ensemble der in ihm verbunden gedachten Merkmale nicht gegen das Widerspruchsprinzip verstößt. Auch der Begriff geflügeltes Pferd ist ein logisch möglicher Begriff, da er in sich nicht widersprüchlich ist. Der Begriff eines sechseckigen Dreieckes wäre ein logisch unmöglicher Begriff. Von einem realmöglichen Begriff ist darüber hinaus zusätzlich zu zeigen, dass er sich auf einen Gegenstand bezieht. Der Begriff Pflanze ist ein realmöglicher Begriff, denn man kann zeigen, dass er sich auf Gegenstände bezieht. Der Begriff „Geflügeltes Pferd" ist ganz offenkundig kein realmöglicher Begriff. Die Mathematik hat nun in der Sicht Kants den Vorteil, dass sie ihren Begriffen durch Konstruktion in der reinen Anschauung a priori die Realmöglichkeit sichern kann. Sie fügt ihren Begriffen a priori Anschauung und Gegenstand bei. Mathematische Definitionen können demzufolge niemals irren, weil der der Begriff und der korrespondierende Gegenstand erst auf Basis einer Definition erzeugt werden.

(1) Die Geometrie

In der Geometrie kann z. B. der Begriff eines Dreieckes sofort (d. h. a priori) „konstruktiv" in der Anschauung dargestellt werden.

Geometrie erzeugt Gegenstände in der reinen Anschauung

Das bedeutet, dass der Gegenstand, der dem Begriff des Dreieckes entspricht, in der reinen Anschauung „willkürlich" erzeugt wird. Da Geometrie nur auf die invariant-stabile (daseinsfreie) Form der Anschauung bezogen ist, erzeugt die Konstruktion „in der reinen Anschauung" des Raumes nicht nur die Anschauung des Gegenstandes, sondern sogar auch den Gegenstand selbst. Von diesem apriori erzeugten Gegenstand kann nun die Geometrie weiteres Wissen erwerben, das ebenso als apriorisch zu qualifizieren ist. Urteile nun, die sich einerseits auf einen Gegenstand beziehen und anderseits nicht nur Begriffe analytisch explizieren, sind synthetisch. Also müsste die Geometrie auf synthetisch apriorischen Sätzen basieren.

„Eben so wenig ist irgend ein Grundsatz der reinen Geometrie analytisch. Daß die gerade Linie zwischen zwei Punkten die kürzeste sei, ist ein synthetischer Satz. Denn mein Begriff vom *Geraden* enthält nichts von Größe, sondern nur eine Qualität. Der Begriff des Kürzesten kommt also gänzlich hinzu und kann durch keine Zergliederung aus dem Begriffe der geraden Linie gezogen werden. Anschauung muß also hier zu Hülfe genommen werden, vermittelst deren allein die Synthesis möglich ist. Einige wenige Grundsätze, welche die Geometer voraussetzen, sind zwar wirklich analytisch und beruhen auf dem Satze des Widerspruchs; sie dienen aber auch nur wie identische Sätze zur Kette der Methode und nicht als Principien, z. B. $a=a$, das Ganze ist sich selber gleich, oder $(a+b)>a$, d. i. das Ganze ist größer als sein Theil. Und doch auch diese selbst, ob sie gleich nach bloßen Begriffen gelten, werden in der Mathematik nur darum zugelassen, weil sie in der Anschauung können dargestellt werden. Was uns hier gemeiniglich glauben macht, als läge das Prädicat solcher apodiktischen Urtheile schon in unserm Begriffe, und das Urtheil sei also analytisch, ist bloß die Zweideutigkeit des Ausdrucks. Wir *sollen* nämlich zu einem gegebenen Begriffe ein gewisses Prädicat hinzudenken, und diese Nothwendigkeit haftet schon an den Begriffen. Aber die Frage ist nicht, was wir zu dem gegebenen Begriffe hinzu *denken sollen*, sondern was wir *wirklich* in ihm, obzwar nur dunkel, *denken*, und da zeigt sich, daß das Prädicat jenen Begriffen zwar nothwendig, aber nicht als im Begriffe selbst gedacht, sondern vermittelst einer Anschauung, die zu dem Begriffe hinzukommen muß, anhänge." (B 16 f.)

Wenn in der reinen Anschauung der Begriff des Dreieckes konstruiert wird und damit der Gegenstand „Dreieck" erzeugt wird, ist damit keineswegs sofort das Wissen verbunden, die Winkelsumme betrage allgemein und notwendig bei allen Dreiecken 180°. Durch „rein anschauliche" Bezugnahme auf den Gegenstand kann und muss dieses Wissen erst a priori neu erworben werden. Aus dem isolierten Begriff des Dreieckes könnte man niemals in analytischer Weise die konstante Winkelsumme des Dreieckes ableiten. Auch folgt nach Kant aus dem Begriff einer dreiseitigen Figur nicht analytisch, dass diese dreiseitige Figur 3 Winkel besäße.

„So ist z. B. der Satz: Eine jede dreiseitige Figur ist dreiwinklicht (figura trilatera est triangula), ein synthetischer Satz. Denn obgleich, wenn ich drei gerade Linien, als einen Raum einschließend denke, es unmöglich ist, daß dadurch nicht zugleich drei Winkel gemacht würden, so denke ich doch in jenem Begriffe des Dreiseitigen gar nicht die Neigung dieser Seiten gegen einander, d. i. der Begriff der Winkel wird in ihm wirklich nicht gedacht." ((PR), S. 323)

Für Kant ist bereits das Urteil „Dreiseitige Figuren besitzen 3 Winkel" ein synthetisches Urteil a priori. Erst dann, wenn der Begriff des Dreieckes a priori durch Konstruktion in der reinen Anschauung Realmöglichkeit erhält, indem die Konstruktion dem Begriff des Dreieckes a priori einen Gegenstand in der Anschauung „beifügt", kann die „erweiternde" Bestimmung „alle Dreiecke haben eine Winkelsumme von 180°" oder „alle dreiseitige Figuren haben 3 Winkel" synthetisch neu gefunden werden. Das anschaulich konstruierte und damit apriori ‚vergegenständlichte' Dreieck ermöglicht nun beständig weitere synthetisch-apriorische Erkenntnisse über sein „Wesen".

„Man gebe einem Philosophen den Begriff eines Triangels und lasse ihn nach seiner Art ausfindig machen, wie sich wohl die Summe seiner Winkel zum rechten verhalten möge. Er hat nun nichts als den Begriff von einer Figur, die in drei geraden Linien eingeschlossen ist, und an ihr den Begriff von eben so viel Winkeln. Nun mag er diesem Begriffe nachdenken, so lange er will, er wird nichts Neues herausbringen. Er kann den Begriff der geraden Linie oder eines Winkels oder der Zahl drei zergliedern und deutlich machen, aber nicht auf andere Eigenschaften kommen, die in diesen Begriffen gar nicht liegen. Allein der Geometer nehme diese Frage vor. Er fängt sofort davon an, einen Triangel zu construiren. Weil er weiß, daß zwei rechte Winkel zusammen gerade so viel austragen, als alle berührende Winkel, die aus einem Punkte auf einer geraden Linie gezogen werden können, zusammen, so verlängert er eine Seite seines Triangels und bekommt zwei berührende Winkel, die zwei rechten zusammen gleich sind. Nun theilt er den äußeren von diesen Winkeln, indem er eine Linie mit der gegenüberstehenden Seite des Triangels parallel zieht, und sieht, daß hier ein äußerer berührender Winkel entspringe, der einem inneren gleich ist, u.s.w. Er gelangt auf solche Weise durch eine Kette von Schlüssen, immer von der Anschauung geleitet, zur völlig einleuchtenden und zugleich allgemeinen Auflösung der Frage." (744 f.)

(2) Die Algebra

Algebra und Arithmetik werden von Kant als apriorisches, jedoch synthetisches Operieren im Medium der reinen Anschauung der Zeit verstanden.

Arithmetik und Algebra als synthetisches Operieren im Medium der reinen Zeit

Nehmen wir die Rechenoperation $7 + 5 = 12$. Dass Kant diesen Satz für synthetisch und nicht nur analytisch halten kann, wird verständlich, wenn man begreift, dass das Verhältnis von 12 zu $7 + 5$ nicht analog dem Verhältnis zwischen den Begriffen Körper und Ausdehnung ist. Der Begriff Körper ist nach Kant hinlänglich für seinen Gebrauch exponiert. Es gibt eine eindeutige begriffliche Charakterisierung von ‚Körper'. Überall wo der Begriff Körper steht, könnte man auch reales Ausgedehntes schreiben. Die Zahl 12 ist nicht im selben Sinne durch $7 + 5$ substituierbar. Sondern $12 = 8 + 4$ oder $3 + 9$ oder $2 + 10$ etc. Kant glaubt, dass die arithmetischen Operationen synthetische Operationen seien, die Zeit (genauer gesagt, die reine Anschauung „Zeit") in Anspruch nähmen. Summenbildung etwa sei ein Modus des Zählens und Zählen beanspruche eo ipso Zeit. Das +-Zeichen stelle eine Aufforderung zu „zeitraubender" Operation dar – artikuliere also kein Ist, sondern vielmehr ein Sollen. Es soll aus gegebenen Grundgrößen eine Summe allererst gebildet werden. Bei größeren Zahlen – so Kant – werde es völlig deutlich, dass die Summe erst durch eine synthetische Operation erzeugt werde. Der genaue Wert einer Summe liege eben nicht schon analytisch im abstrakten Begriff der Summe z. B. zweier einzelner Zahlen vor. Aus dem Begriff der Summe zweier Zahlen folge nicht schon der exakte Wert dieser Summe, sondern man habe immer erst synthetisch zu operieren (= zu rechnen), um diesen Wert zu ermitteln. Machen wir dies mit einer Veranschaulichung deutlich, die ich von Gottfried Martin übernehme (vgl. Martin (33), S. 30 f.):

$7 + 5 = X$; $7 + 5 = 7 + (4 + 1)$; $7 + 5 = 7 + (1 + 4)$; $7 + 5 = (7 + 1) + 4$; $7 + 5 = 8 + 4$; $7 + 5 = 8 + (3 + 1)$; $7 + 5 = 8 + (1 + 3)$; $7 + 5 = (8 + 1) + 3$; $7 + 5 = 9 + 3$; usw. bis $7 + 5 = 12$

Dieses beschriebene Operieren benötigt Zeit. Nur in einer zeitlich-sukzessiven Operation kann der bestimmte Wert der Summe erzeugt werden. Zeit ist nach Kant eine reine Anschauungs*form*, die alle empirische Wahrnehmung prinzipiiert und deshalb zugleich in der Arithmetik eine *reine Anschauung* von sich ermöglich. (Reine Anschauungsform und reine Anschauung sind nicht dasselbe!) Kant behauptet somit, dass Algebra und Arithmetik auf dem Fundament synthetisch-apriorischer Sätze und Urteilen stünden.

1.1.2.2 Die Fundamente der Naturwissenschaft

Wir haben lernen können, dass alle eigentlichen Wissenschaften zumindest ein Fundament allgemeiner und notwendiger Sätze aufweisen. Dieser Charakter der Allgemeinheit und Notwendigkeit basiert auf der apriorischen Begründbarkeit von deren Sätzen. Zudem wird die gegenständliche Relevanz der apriorisch fundierten Sätze der Mathematik dadurch gesichert, dass deren Anschauungsbezug sie zu synthetisch-apriorischen Sätzen macht. Die Annahme liegt nahe, allgemeiner und notwendiger Charakter von Sätzen der Naturwissenschaft verdanke sich ebenfalls einer synthetischen Apriorität. Doch worin sollte diese bestehen? Bekanntlich werden Gesetze (bzw. Gesetzeshypothesen) in der Physik mit Mitteln des mathematischen Formalismus artikuliert. Doch dies allein verleiht den Sätzen der Naturwissenschaft noch nicht den allgemein und notwendigen Charakter. Denn allein die Tatsache, dass ich evtl. eine bestimmte Wirkung einer konkreten empirischen Ursache auf einen ebenso konkreten empirischen Gegenstand mit mathematischen Mitteln formulieren kann, weist diese Formulierung keineswegs als allgemein und notwendig aus. Denn es geht ja bei empirischen Kausalverhältnissen darum, dass eine Ursache a eine bestimmte Wirkung b unter den selben Randbedingungen in allgemeiner und notwendiger Weise stets in identischer Weise hervorbringen müsste. Dies kann mir immanenten Mitteln der Mathematik nicht gezeigt werden.

Nehmen wir einen Bleistift an, der mir aus der Hand fällt und zu Boden gleitet. Das deskriptive [= das den Vorgang protokollierende] Urteil „Der Bleistift fällt zu Boden, nachdem er meiner Hand entglitten ist" ist objektiv gültig, sofern ich nicht halluziniere etc. Wenn Kausalstrukturen aber allgemein und notwendig gelten sollen, müssten prognostische Urteile möglich sein, z. B.: „Wenn mir der Stift der Hand entgleitet, wird er zu Boden fallen" Mit diesem *wird* drücken wir die Unvermeidlichkeit, also die vermeintliche (!) Allgemeinheit und Notwendigkeit dieses Satzes aus (diesen Prognosecharakter der Naturgesetze, die ihre vermeintliche „Allgemeinheit und Notwendigkeit" zur Folge hat, hat u. a. Raimund Popper in seinen Schriften akzentuiert, und als systematische Crux der Erkenntnistheorie aufgewiesen (siehe S. 147 der Auswahlbibliographie. Doch wollen wir hier die Ansätze des „Kritischen Rationalismus" unberücksichtigt lassen). Derlei Notwendigkeit, das haben wir gelernt, könnte sich aus Schlüssen ergeben:

[P I]   Alle Körper fallen aufgrund der Schwerkraft zu Boden.
[P II]   Der Bleistift ist ein Körper
[Konkl.]   Also ...

Allgemeinheit und Notwendigkeit in Form der Prognose

David Hume hat die aporetische Situation, mit der man durch die Annahme eines durchgängig gültigen Kausalgesetzes kommen kann, mustergültig dargelegt. Stellen wir diese Problematik weiter in seinem Sinne auf den Seiten 25–27 dar: Wenn wir die Prämisse [P I] akzeptieren und damit auch ‚so etwas' wie das Schwerkraftgesetz annehmen, dann ist es allerdings [geschützt durch das Widerspruchsprinzip] notwendig, die Geltung der Konklusion zu behaupten. (Den Terminus ‚Schwerkraftgesetz' verstehen wir hier so lax wie nur möglich. Er drückt nur die Annahme von [PI] aus, alle Körper fielen ‚alternativlos' zu Boden. Er beinhaltet aber keinerlei spezifisch physikalische

Humes Kritik an der Annahme des Kausalprinzips

Annahmen.) Aber was bedeutet diese Allgemeinheit und Notwendigkeit genau? Denn nach dem Schlussschema könnten wir uns auch absurde Prämissen ausdenken und dann in Folge – fundiert durch das Widerspruchsprinzip – noch absurdere Konklusionen mit formaler Notwendigkeit generieren. Die Allgemeinheit und Notwendigkeit, um die es hier geht, soll ja primär den Vorgang des Herunterfallens des Bleistiftes betreffen und nicht ein logisch-formales Verhältnis von Sätzen beschreiben. Der Prognosecharakter bedeutet also, dass in Sätzen die Allgemeinheit und Notwendigkeit des Vorgangs selbst behauptet wird – aber keine nur formale Interrelation von Sätzen zum Ausdruck gebracht wird. Nach Lage der Dinge verwenden wir, um solche allgemeinen und notwendigen Prognoseaussagen treffen zu können, Sätze, welche die allgemeinen und notwendigen Gesetze einer Gegenstandsregion zum Ausdruck bringen, als erste Prämisse eines Schlusses (1), erklären dann ein Einzelding oder einen Einzelvorgang in einer zweiten Prämisse zu Teilen dieser Region (2) – und ziehen dann mit logischer Notwendigkeit unsere prognostischen Konklusionen (3). Dies setzt aber evidenterweise voraus, dass die erste Prämisse inhaltlich ein allgemein und notwendiger Satz ist, *eben weil* dieser Satz eine allgemeine und notwendige Struktur der Wirklichkeit oder eines ihrer Teilbereiche selbst zum Ausdruck bringt.

Wenden wir dies auf unser Beispiel an:

[P I]   müsste dann lauten:
"Alle Körper fallen aufgrund der Schwerkraft notwendigerweise zu Boden" (Die „Allgemeinheit" wird durch das „Alle" artikuliert!)

Wie kann aber der Anspruch auf Allgemeinheit und Notwendigkeit dieses Satzes gerechtfertigt werden? Wir müssten das schwerkraftbedingte Herunterfallen aller Körper unter identischen Randbedingungen beobachtet haben, um durch Folgerung eine prognostische Aussage zum Herunterfallen unseres Bleistiftes treffen zu können. Dies ist offenkundig eine ziemlich absurde Forderung. Aber selbst dann, wenn wir in logisch inkonsequenter Weise behaupten würden, dass man durch bisherige Kenntnis und bisherige Beobachtung des Herunterfallens einiger Körper eine allgemeine „Schwerkraftprämisse" aufstellen dürfe, könnte diese Prämisse schon „per definitionem" nur für alle bisherigen Vorgänge gelten. In der Prognose wollen wir aber mit Allgemeinheit und Notwendigkeit den Eintritt eines mit Allgemeinheit und Notwendigkeit ablaufenden Vorgangs in der Zukunft behaupten.

Also sähe der Schluss so aus:

[P I]   Ausnahmslos alle Körper, die bisher schwerkraftbedingt zu Boden fielen, müssen deshalb auch in Zukunft (unter identischen Randbedingungen) zu Boden fallen.
[P II] Der Bleistift ist ein Körper.
[Konkl.] Deshalb wird der Bleistift notwendig zu Boden fallen, wenn ich ihn aus der Hand loslasse.

[P I] behauptet einen notwendigen Zusammenhang zwischen vergangenen und zukünftigen Ereignissen. Dieser Zusammenhang kann in dieser Prämisse selbst aber gar nicht begründet werden. Denn klarerweise sind die zukünftigen Ereignisse und Vorgänge vor ihrem Eintritt nicht beobachtungsfähig. Das zukünftige Herunterfallen von Körpern, von Bleistiften, von diesem Bleistift ist jetzt vor der Prognose noch kein Gegenstand der Beobachtung. Eine allgemeine und notwendige Aussage über das „zukünftige Herunterfallen" ist deshalb nicht durch vergangene Ereignisse zu begründen und kann damit nicht legitim als erste Prämisse dienen.

Allerdings könnte [P I] ggf. als Folgerung eines höheren Schlusses begründet werden.

So könnte man etwa schließen:

[P I]	Alle Geschehnisse und Dinge innerhalb der materiellen Welt sind notwendig und durchgängig durch verschiedene Naturgesetze kausal bestimmt.
[P II]	Das Schwerkraftgesetz ist eine solche Funktion der durchgängigen Kausalität.
[P III]	Der Bleistift gehört zu den Dingen und Ereignissen der materiellen Welt.
[Konkl.]	Also ist der Bleistift notwendig durch Kausalgesetze – in diesem Fall durch das Gesetz der Schwerkraft – bestimmt.

Der Bleistift wird deshalb notwendig zu Boden fallen, wenn ich ihn aus der Hand entlasse. Aber auch hier entstehen haargenau die identischen Probleme wie vorhin. Um zu wissen, dass die Kausalität durchgängig gilt, müssten wir alle vergangenen Geschehnisse und aktuellen Geschehnisse der Natur beobachten können. Nehmen wir aber wie vorhin an, die Beobachtung einzelner Fälle kausaler Verknüpfung ließe einen legitimen Schluss auf alle Geschehnisse der Vergangenheit zu, könnte dennoch keine Prämisse begründet werden, welche die Kausalität als notwendige Struktur auch künftiger Naturereignisse annehmen dürfte. Damit scheinen die Sätze und Gesetzesaussagen der Naturwissenschaft nicht legitimerweise als allgemein und notwendig behauptet werden zu können. Was wir hier mit Blick auf Kants Einschätzung der Naturwissenschaften auf den Seiten 25–27 beschrieben haben, ist, wie gesagt, nichts anderes als die berühmte Kritik David Humes ((27), S. 74–95) an der naiven Annahme von allgemeinen Naturgesetzen, die notwendig objektiv gelten. Bekanntlich hat diese Kritik Kant aus seinem dogmatischen Schlummer erweckt.

1.2 Grundskizze von Kants Lösungskonzept

1.2.1 Der Kern des Lösungskonzeptes

In diesem zweiten Hauptabschnitt wollen wir nun Kants Lösungskonzeption diskutieren. Wir erinnern uns an die Problemlage: Offenkundig sind Gesetzesaussagen der Naturwissenschaft, sofern diese als ausschließlich empirische Wissenschaft betrachtet wird, nicht wirklich als allgemein und notwendige Sätze zu rechtfertigen. Doch genau hierin liegt nach Kant der Kern des Problems. Solcherlei allgemeine und notwendige Sätze der Physik sind eben genau dann nicht zu rechtfertigen, wenn dies (nur) empirisch versucht wird. Die von uns skizzierte „Hume'sche Problematik" macht die Gründe hierfür klar. Dennoch sieht Kant außerhalb der Mathematik durchaus eine Möglichkeit dazu, allgemeine und notwendige Urteile (im nachfolgenden Zitat fasst

Kant die geforderte Allgemeinheit und Notwendigkeit mit dem Terminus apodiktisch zusammen) über Gegenstände der Erfahrung – synthetische Urteile a priori also – zu rechtfertigen.

„Analytische Urtheile lehren uns eigentlich nichts *mehr* vom Gegenstande, als was der Begriff, den wir von ihm haben, schon in sich enthält, weil sie die Erkenntniß über den Begriff des Subjects nicht erweitern, sondern diesen nur erläutern. […] Nun enthält die ganze reine Vernunft in ihrem bloß speculativen Gebrauche nicht ein einziges direct synthetisches Urtheil aus Begriffen. […] Durch Verstandesbegriffe aber errichtet sie zwar sichere Grundsätze, aber gar nicht direct aus Begriffen, sondern immer nur indirect durch Beziehung dieser Begriffe auf etwas ganz Zufälliges, nämlich *mögliche Erfahrung*; da sie denn, wenn diese (etwas als Gegenstand möglicher Erfahrungen) vorausgesetzt wird, allerdings apodiktisch gewiß sind, an sich selbst aber (direct) *a priori* gar nicht einmal erkannt werden können. So kann niemand den Satz: alles, was geschieht, hat seine Ursache, aus diesen gegebenen Begriffen allein gründlich einsehen. […] Ob er gleich in einem anderen Gesichtspunkte, nämlich dem einzigen Felde seines möglichen Gebrauchs, d. i. der Erfahrung, ganz wohl und apodiktisch bewiesen werden kann. Er heißt aber *Grundsatz* und nicht *Lehrsatz*, ob er gleich bewiesen werden muß, darum weil er die besondere Eigenschaft hat, daß er seinen Beweisgrund, nämlich Erfahrung, selbst zuerst möglich macht und bei dieser immer vorausgesetzt werden muß." (B 764 ff.)

Synthetische Grundsätze a priori

Synthetische Sätze apriori scheinen gemäß dieser Aussage Kants dann und nur dann möglich zu sein, wenn sie das Zusammenspiel apriorischer Funktionen der Eigenbestimmtheit des Erkennens als Grund der Möglichkeit der Erfahrung entfalten. Synthetische Grundsätze apriori sind somit notwendigerweise erfahrungsbezogen, weil sie Bedingungen (wenn auch apriorische) der Möglichkeit der Erfahrung artikulieren. Einen derartigen Erfahrungsbezug scheinen die Sätze der Metaphysik nicht haben zu können. Die Metaphysik krankt daran, dass ihre Begriffe selbst dann, wenn sie apriorischen Inhaltes sein sollten, nicht nachweislich einen Gegenstandsbezug aufweisen. Somit scheint die Metaphysik nur analytischer (wenn auch apriorischer) Erläuterungsurteile fähig zu sein. Metaphysik ist daher keine echte Wissenschaft.

Inhalts- und Referenzapriori

Bei Begriffen ist nun zwischen deren Inhalt und ihrem Gegenstandsbezug zu unterscheiden. Der Begriff „Flügelpferd" hat zwar einen Begriffsinhalt, jedoch keinen Gegenstandsbezug. Den Begriffen ‚Flügel' und ‚Pferd' eignet jedoch ein Gegenstandsbezug, weil man empirische Gegenstände nachweisen kann, auf die sie sich beziehen. Das Kompositum beider Begriffe verfügt allerdings nicht über den erforderlichen Gegenstandsbezug.

Der Terminus der Apriorität von Begriffen kann nun auch den Inhalt und/oder den Gegenstandsbezug dieser Begriffe charakterisieren. (Plaass (34), z. B. S. 48–65 bes. S. 56 ff. und S. 62) und Cramer (5), z. B. S. 26 f. und S. 54 stellen die Differenz zwischen Inhalts- und Referenzapriori klar heraus). Mathematische Begriffe beinhalten aufgrund ihrer willkürlichen Erzeugung einen apriorischen Begriffsinhalt [z. B. Dreieck] und besitzen hierdurch zudem eine apriorische Gegenstandsbeziehung, weil sie durch Konstruktion ihre Gegenstände selbst in der reinen Anschauung hervorbringen. Das heißt: Die Mathematik verfügt nicht nur über apriorische Begriffe und einen apriorischen Gegenstandsbezug dieser Begriffe, sondern erzeugt sogar obendrein apriorische Gegenstände. Konkrete, einzelne Gegenstände der empirischen Natur kann man jedoch selbstverständlich nicht durch Begriffe und Konstruktionen erzeugen, da diese ein „Realdasein" besitzen. Die Tatsache aber, dass es evidenterweise nicht möglich sein kann, empirische Gegenstände ihrem Dasein nach durch Begriffe zu erzeugen, schließt es für Kant keineswegs aus, dass es apriorische (reine) Begriffe dem Inhalt nach geben könnte, die sich obendrein noch a priori auf empirische Gegenstände (Erfahrung) bezögen.

Die reinen Anschauungsformen von Raum und Zeit ordnen alle empirischen Wahrnehmungsdaten in solchen Strukturen vor, sodass das Denken mit diesen Daten weiter erfolgreich zu operieren vermag. Da diese reinen Anschauungsformen erstens nicht erst empirisch aus dem Weltbezug erlernt werden müssen, sondern wie das Widerspruchsprinzip der Eigenbestimmtheit der erkennenden Subjektivität entstammen (i) und weil zweitens diese Anschauungsformen immer schon fungieren müssen, wenn wir überhaupt etwas empirisch wahrnehmen können sollen (ii), können wir uns zudem diese Anschauungsformen von Raum und Zeit auch „isoliert" a priori in der reinen Anschauung vorstellen. Diese reine Anschauung ist das Medium der Mathematik und der in ihr erzeugten mathematischen Gegenstände. Das bedeutet nichts anderes, als dass die reinen Anschauungsformen des Raumes und der Zeit, obgleich sie in einer reinen Anschauung a priori vorgestellt werden können, dennoch einen apriorischen Bezug auf empirische Wahrnehmungsgegenstände aufweisen, weil sie diese empirischen Wahrnehmungsgegenstände erst (mit)ermöglichen.

Die reinen Anschauungsformen referieren auf Empirisches

Somit könnte es auch reine Begriffe geben, die wie das Widerspruchsprinzip der Eigenbestimmtheit des Denkens entstammten (i) und die zudem prinzipiell bei jedem empirischen Urteil fungieren müssten, weil sie jeden empirischen Gegenstand des Denkens erst als Gegenstand ermöglichten (ii) (Vgl. Cramer (5), z. B. S. 26 f. und S. 54). Diese reinen Begriffe hätten kraft ihrer Begründungsleistung für empirische Gegenstände einen apriorischen Bezug auf empirische Gegenstände – und könnten deshalb in der Reflexion a priori gewusst werden (iii). Den postulierten reinen Begriffe eignete also ein reiner (a priori wissbarer) Begriffsinhalt – und diese reinen Begriffe besäßen zudem eine apriorische Referenz auf empirische Gegenstände. Sätze, welche die Begründungsleistung dieser Begriffe für unsere Erfahrung artikulierten, wären dann jene Grundsätze, von denen Kant im zitierten Text gesprochen hat. Sie sind nach Kant nicht nur apriorische Sätze, sondern stellen sogar die von Kant programmatisch eingeforderten allgemein und notwendigen Sätze (qua synthetische Urteile a priori) dar. Besagte Grundsätze können nach Kant nämlich nur dann synthetische Grundsätze sein, wenn sie nicht nur begriffsanalytisch beim apriorischen Inhalt ihrer Fundamentalbegriffe „stehen bleiben", sondern vielmehr diesen Inhalt als das Fundament der Gegenständlichkeit der begriffsunabhängigen sinnlichen Erfahrung artikulieren. Alle diese Bemerkungen bringen nichts anderes als die berühmte „Kopernikanische Wende" zum Ausdruck, in der Kant behauptet hat, die Gegenstände hätten sich nach der Erkenntnis und nicht die Erkenntnis nach den Gegenständen zu richten. In dieser „Schlagwortartigkeit" ist das alles aber nicht recht verständlich. Was unterscheidet denn genau die mathematische, aprio-

Reine Begriffe, die sich apriori auf empirische Gegenstände beziehen

rische Erzeugung der Gegenstände von der apriorischen Ermöglichung realdaseiender empirischer Gegenstände durch reine Begriffe?

1.2.2 Der apriorische Gegenstandsbezug der „reinen Verstandesbegriffe"

Wir haben bisher stillschweigend einen doppelten Erfahrungsbegriff strapaziert:

Zweifache Bedeutung des Erfahrungsbegriffes

Erfahrung im Sinne einer konkreten Einzelwahrnehmung (1) und Erfahrung im Sinne eines intersubjektiv als gültig anerkannten empirischen „begrifflichen Hintergrundwissens" (2), aus dem wir Folgerungen für Einzeldinge ziehen können. Zwei Aspekte in dieser Konstellation sind von Bedeutung: Nur durch Erfahrung im Sinne von (1) kann der empirische Begriff von einem Gegenstandtyp, der im Sinne von Erfahrung (2) als Prämisse von Alltagsschlüssen dienen kann, erweitert oder aber korrigiert werden. Das setzt aber mindestens voraus, dass auch die sinnliche Einzelwahrnehmung, welche einen einzelnen realen Gegenstand zur „Erkenntnis gibt", intersubjektiv kommuniziert werden kann. Auch Erfahrung (1) ist immer schon begrifflich strukturiert und bezieht sich auf einen einzelnen Gegenstand. Erfahrung (1) beinhaltet erkenntnisrelevante Wahrnehmungen nur dann, wenn sie immer auch und zugleich auf einem Urteil über einen einzelnen, anschaulich gegebenen Gegenstand beruht. Denn nur durch ein begriffliches strukturiertes Urteil über einen einzelnen empirischen Gegenstand kann ggf. der Begriff von dessen Gegenstandstyp korrigiert werden. Nicht die nackte individuelle Wahrnehmung der fleischfressenden Pflanze verändert das intersubjektiv gültige begriffliche empirische Hintergrundwissen [bzw. den Begriff] von Pflanzen, sondern nur das einzelne Beobachtungsurteil: „Diese Pflanze verspeist eine Fliege." Nehmen wir als ganz simples Beispiel im Sinne von (1) die Wahrnehmung eines Hauses an. Die empirische Wahrnehmung eines Hauses heißt in Kants Terminologie „Apprehension" eines Hauses.

„Unsere *Apprehension* des Mannigfaltigen der Erscheinung ist jederzeit successiv und ist also immer wechselnd. Wir können also dadurch allein niemals bestimmen, ob dieses Mannigfaltige als Gegenstand der Erfahrung zugleich sei oder nach einander folge, wo an ihr nicht etwas zum Grunde liegt, *was jederzeit* ist, d. i. etwas *Bleibendes* und *Beharrliches*, von welchem aller Wechsel und Zugleichsein nichts, als so viel Arten (*modi* der Zeit) sind, wie das Beharrliche existirt." (B 225 f.) „So ist z. E. die Apprehension des Mannigfaltigen in der Erscheinung eines Hauses, das vor mir steht, successiv. Nun ist die Frage, ob das Mannigfaltige dieses Hauses selbst auch in sich successiv sei, welches freilich niemand zugeben wird." (B 235 f.) „Ich sehe z. B. ein Schiff den Strom hinab treiben. Meine Wahrnehmung seiner Stelle unterhalb folgt auf die Wahrnehmung der Stelle desselben oberhalb dem Laufe des Flusses, und es ist unmöglich, daß in der Apprehension dieser Erscheinung das Schiff zuerst unterhalb, nachher aber oberhalb des Stromes wahrgenommen werden sollte. Die Ordnung in der Folge der Wahrnehmungen in der Apprehension ist hier also bestimmt, und an dieselbe ist die letztere gebunden. In dem vorigen Beispiele von einem Hause konnten meine Wahrnehmungen in der Apprehension von der Spitze desselben anfangen und beim Boden endigen, aber auch von unten anfangen und oben endigen, imgleichen rechts oder links das Mannigfaltige der empirischen Anschauung apprehendiren. In der Reihe dieser Wahrnehmungen war also keine bestimmte Ordnung, welche es nothwendig machte, wenn ich in der Apprehension anfangen müßte, um das Mannigfaltige empirisch zu verbinden. Diese Regel aber ist bei der Wahrnehmung von dem, was geschieht, jederzeit anzutreffen, und sie macht die Ordnung der einander folgenden Wahrnehmungen (in der Apprehension dieser Erscheinung) *nothwendig*. Ich werde also in unserm Fall die *subjective Folge* der Apprehension von der *objectiven Folge* der Erscheinungen ableiten müssen, weil jene sonst gänzlich unbestimmt ist und keine Erscheinung von der andern unterscheidet. Jene allein beweiset nichts von der Verknüpfung des Mannigfaltigen am Object, weil sie ganz beliebig ist." (B 237 f.)

Kant macht in diesen Zitaten geltend, dass die schlichte Wahrnehmung einer gegenständlichen Struktur stets zeitlich sukzessive sei. Diese subjektive zeitliche Sukzession der Wahrnehmungselemente repräsentiere aber einmal einen Gegenstand [= Haus], dessen Teile gleichzeitig in der objektiven Zeit vorhanden seien – und einmal gegenständliche Strukturen [Schiff], in denen es eine gültige Folge auch in der objektiven Zeit gebe. Das punctum saliens hierbei besteht nun nach Kant in der Tatsache, dass wir selbst es sind, die zu unseren Wahrnehmungen Gegenstände erst „hinzudenken" (dieses begriffliche Hinzu-Denken-Müssen der Gegenstände zur sinnlichen Wahrnehmung haben zuerst glänzend herausgearbeitet: [1.] Prauss (35), durchgängig durch die gesamte Monographie – [2.] Zocher (46), S. 39 und [3.] Cramer (6), S. 216 f. Meine nachfolgende Analyse des Verhältnisses zwischen sinnlicher Wahrnehmung und objektivem Gegenstand bei Kant stimmt der Interpretation dieser Autoren zu).

Objektive Gegenständlichkeit wird begrifflich zu Anschauungssequenzen hinzugedacht

Für Kant besteht nämlich folgendes reziproke Verhältnis (in die folgenden Passagen auf den Seiten 31–33 habe ich Hiltscher (21), S. 123–159 eingearbeitet): Fasse ich eine zeitlich sukzessive Wahrnehmungssequenz als Wahrnehmung eines Gegenstandes auf, so fasse ich diese Sequenz selbst als eine innerlich zusammenhängende Sinnkontinuität auf. Fasse ich eine Wahrnehmungsfolge als innerlich zusammenhängende Sinnkontinuität auf, beziehe ich sie hierdurch auf einen Gegenstand, sodass diese Sequenz den Gegenstand repräsentiert. Betreffs unseres Hausbeispiels heißt dies etwa, dass die sukzessive Wahrnehmungssequenz den auch (!) wahrnehmungsunabhängig gedachten Gegenstand repräsentiert – und sich damit auf diesen Gegenstand bezieht. Dies bedeutet weiterhin z. B., dass die Wahrnehmung der Vorderseite des Hauses als „innerlich" zusammenhängend mit der Wahrnehmung der Rückseite des Hauses und dessen anderen Seiten erfasst wird, wie später auch Husserl in seinen „Logischen Untersuchungen" darlegen wird. Kant nennt diese Sinnkontinuität „Synthesis des Mannigfaltigen einer Anschauung". Aber wodurch kommt diese Sinnkontinuität nun zustande? Kant ist hier eindeutig: Die Kontinuität kommt durch den Begriff „Haus" zustande. Der Begriff „Haus" gibt eine Sinnregel vor, welche Wahrnehmungsaspekte zusammengenommen werden müssen und in welcher Ordnung und ggf. auch in welcher Reihenfolge dies zu geschehen hat. Durch den Begriff des „Hauses" fassen wir die Wahrnehmungsfolge als Repräsentation eines Gegenstandes auf, der in der objektiven Zeit „gleichzeitig" besteht. Die prinzipielle subjektive Sukzessivität aller Wahrnehmung, welche zu-

Die reziproke Struktur der gegenständlichen Repräsentation

gleich eine subjektive Folge der Wahrnehmungsinhalte hervorruft, beinhaltet letztlich eine Art Wahrnehmungswillkür des konkreten empirischen Subjekts. Es bleibt mir überlassen, ob ich meinen Rundgang um das Haus an der Vorder- oder der Rückseite beginne. Aber auch wenn ich direkt vor einer Hauswand stehe, ändert sich bereits die Folge der Eindrücke schlicht durch das beliebige und willkürliche Drehen meines Kopfes, ohne dass diese „Wahrnehmungskopfdrehsequenz" irgendeine gegenständliche Relevanz ausdrückte. Welche Teile meiner Wahrnehmung zwingend zur Repräsentation meines Gegenstandes erforderlich sind, ergibt sich aus der subjektiven Wahrnehmungsfolge selbst nicht. Man kann sich dies klarmachen, wenn man überlegt, was für ein empirisches Bild die Wahrnehmung einer Häuserwand eigentlich ergibt. Die Häuserwand nehmen wir nie isoliert wahr, sondern es stehen vielleicht Fahrräder oder Autos etc. vor dieser. Erst wenn wir die Begriffe „Haus", „Fahrrad" und „Auto" gebrauchen, können wir die entsprechenden Gegenstände aus unserem Bild sozusagen ausgliedern und zuordnen. Erst durch den Begriff „Haus" wird klar, welche Aspekte unseres empirischen Gesamtbildes der Hauswand nur zum Gegenstand „Haus" gehören – und welche eben nicht. Ähnliches gilt aber auch für noch nicht gedachte „Wahrnehmungsbestimmungen" des Hauses selbst. Unser Farbeindruck des Hauses könnte blau sein. Dieser Eindruck wäre zunächst genauso privat wie der Wohlgeschmack einer Speise, der nur für uns persönlich gilt, nicht aber für andere Menschen. Erst dann, wenn ich begrifflich das einzelne Urteil fälle „Das Haus ist blau" wird diese Blaubestimmung intersubjektiv – und meine Blauwahrnehmung wird als anschauliche Repräsentation eines objektiven empirischen Gegenstandes [= eines Hauses] aufgefasst. In dieser Weise fügen wir durch fortlaufende begriffliche Urteilsbestimmungen im Denken dem konkreten Gegenstand Haus neue objektiv relevante Bestimmungen bei – und können nach dieser begrifflichen Urteilsbestimmung die Wahrnehmungskorrelate dieser begrifflichen Bestimmungen als anschauliche Repräsentationen des objektiven Gegenstandes ‚Haus' selbst auffassen. Durch den empirischen Begriff „Haus" ist deshalb zweierlei festgelegt:

(1) Welche Wahrnehmungsmerkmale vorhanden und verbunden sein müssen, damit die Wahrnehmung diesen objektiven Gegenstand repräsentieren kann – und

(2) dass die zeitliche Reihenfolge der Wahrnehmungen notwendig subjektiv beliebig und nicht nur zufällig subjektiv beliebig ist, weil der korrespondierende Gegenstand Haus ein beharrlicher Gegenstand in der objektiven Zeit ist. (Hierzu ist natürlich die Funktion des Schematismus erforderlich, die im Sinne Kants die Anwendung von Begriffen auf Anschauungen/Wahrnehmungen ermöglicht. Den Unterschied zwischen Begriff und seinem Schema wollen wir hier aber nicht aufrufen, um die Sache nicht zu verkomplizieren.)

Im Falle des Schiffes ist das anders. Hier denken wir begrifflich eine objektive Folge in der Zeit hinzu, indem wir die Bewegung des Schiffes als verursacht denken – und fassen unsere subjektive Zeitfolge in der Wahrnehmung zugleich als Repräsentation der objektiven gegenständlichen Zeitfolge des Gegenstandes selbst auf. Das hat die Konsequenz, dass auch die subjektive

Ordnung und Reihenfolge unserer Wahrnehmungen (als zeitlich nacheinander) als notwendig gedacht wird.

Doch reichen empirische Begriffe allein nicht dazu aus, durchgängig Gegenstände zu unseren Wahrnehmungen hinzuzudenken. Einmal gilt trivialerweise, dass nicht jede Person alle empirischen Begriffe kennen und beherrschen muss, wie Kant über den Wilden in der „Streitschrift" sagt:

Empirische Begriffe reichen nicht aus, zu Wahrnehmungsfolgen mit sich identische Gegenstände hinzuzudenken

> „[s]o wie die, wenn ein *neuholländischer* Wilder zuerst ein Haus zu sehen bekäme und ihm nahe genug wäre, um alle Theile desselben zu unterscheiden, ohne doch den mindesten Begriff davon zu haben. [...]" (ENT, S. 217/FN)

Wichtiger ist jedoch der Umstand, dass empirische Begriffe allein nur dazu taugen können, zu einem einzelnen Wahrnehmungsvorgang einen mit sich identischen Gegenstand hinzuzudenken (in den nachfolgenden Passagen, S. 33–34 ist Hiltscher (20), S. 281 ff. eingearbeitet.) Der empirische Begriff allein erlaubt es aber nicht, objektive Gegenstände hinzuzudenken, die bei verschiedenen Wahrnehmungsakten mit sich identisch bleiben, weil sie qua Gegenstände unabhängig von denen auf sie gerichteten Wahrnehmungsakten konzipiert werden müssen. Jeder Begriff ist eine Vorstellung, die für viele unterschiedliche Gegenstände gilt, die unter ihn fallen. Auch der Begriff „Haus" gilt nicht nur für dieses Haus, sondern ist eben auf alle Häuser anwendbar. Nur deshalb kann es ja ein Wissen von Gegenstandstypen geben, unter die jeweils viele, auch verschiedene Einzeldinge fallen. Wenn ich den empirischen Begriff „Haus" auf ein bestimmtes Haus anwende und nach ca. 4 Wochen zu diesem Haus zurückkehre, so kann ich aus der erneuten gelingenden Anwendung des bloßen Begriffes „Haus" nicht entnehmen, dass es sich dabei noch um den selben Gegenstand handelt. Mit dem empirischen Begriff „Haus" kann ich das Haus, zu welchem ich nach 4 Wochen zurückkehrt bin, nur wieder als ein Haus erkennen, aber nicht als das identisch gebliebene Haus. Der bloße empirische Begriff „Haus" als solcher ermöglicht es mir nicht, das Haus als selbigen Gegenstand zu denken und zu erfassen, den ich bereits vor 4 Wochen „gesehen" habe. (Ich gebrauche hier im Sinne Kants kein ontologisches Argument. Es geht nicht darum, ob ein umgebautes Haus ontologisch identisch mit seiner „Ursprungserscheinung" ist – sondern es geht ausschließlich darum, unter welchen Bedingungen man beide „Hausvarianten" als identisch denken *kann*!) Dies wird noch einsichtiger, wenn wir etwa annähmen, das Haus sei zwischenzeitlich mit einer anderen Farbe gestrichen oder gänzlich umgebaut worden. Weder der empirische Begriff, weder die empirische Wahrnehmung noch das Zusammenfungieren von einzelner Wahrnehmung und empirischen Begriff können eine Reidentifikation des identischen Hauses ermöglichen. Man könnte nun evtl. daran denken, den konkreten Gegenstand Haus dadurch als mit sich identischen Gegenstand zu identifizieren, indem man nachweist, dass er sich am selben Ort befindet wie vor 4 Wochen. Doch auch diese Identifikationsmöglichkeit hat ihre Grenzen. Denken wir z. B. an ein verschrottetes Auto. Weder haben das Wahrnehmungsbild des Autos noch das des Schrotthaufens, der aus diesem Auto entsteht, irgendeine Ähnlichkeit miteinander. Auch eine Identifikation durch den identischen Ort kann ausgeschlossen werden, wenn mir der Schrotthaufen an völlig unbekannter Stelle und zeitlich überraschend präsentiert würde.

In allen Varianten der Philosophiegeschichte indiziert der Terminus Substanz zumindest einen Merkmalskomplex, der invariant und konstant bleibt, während dagegen akzidentielle Bestimmungen als variable Bestimmungen betrachtet werden. Nach Kant ist es nun nur möglich, Auto und Schrotthaufen als Aspekte der objektiven „Geschichte" eines mit sich identischen Gegenstandes zu denken, wenn wir die gegenständliche Selbigkeit – die Dingidentität – ursprünglich selbst hinzudenken. Das tun wir nach Kant insbesondere durch Anwendung der Kategorie der Substanz und der Kategorie der Kausalität. Indem wir den reinen Begriff (= Kategorie) der Substanz a priori auf eine empirische Wahrnehmungssequenz anwenden, denken wir zu dieser Wahrnehmungssequenz einen Gegenstand hinzu, der in der objektiven Zeit als mit sich identischer „beharrlich kontinuiert". Indem wir die Kategorie der Kausalität auf eine empirische Wahrnehmungsfolge anwenden, denken wir zu dieser einen Gegenstand hinzu, der objektive Veränderungen in der objektiven Zeit erfährt, obgleich ein Teil seiner „substantialen Bestimmungen" identisch bleibt. Nur durch die Kategorien – exemplarischerweise durch die Kategorien der Substanz und Kausalität – vermögen wir es, zu empirischen Wahrnehmungsfolgen stabile empirische Gegenstände hinzuzudenken und in Folge ein empirisches Begriffsschema zu errichten. Und nur ein solches empirisches Begriffsschema lässt die oben beschriebenen Alltagsschlüsse zu. Da die Kategorien (insbesondere, die der Substanz und Kausalität) immer schon angewandt sein müssen, wenn wir empirische Gegenstände zu unseren Wahrnehmungen hinzudenken können sollen, haben die(se) Kategorien einen apriorischen Gegenstandsbezug auf empirische Gegenstände. Und wir können a priori in der Reflexion auch wissen, dass immer dann, wenn wir empirische Gegenstände „hinzugedacht haben", wir dies letztlich (!) mit den Kategorien getan haben müssen. So ist plausibel, wie sich die reinen Begriffe [= Kategorien] a priori auf empirische Gegenstände beziehen können. Sie können es, weil sie diese empirischen Gegenstände erst möglich machen.

Primär die Kategorie der Substanz macht es möglich, zu Wahrnehmungsfolgen mit sich identische, in der Zeit beharrende Einzeldinge hinzuzudenken

1.2.3 Der apriorische Inhalt der reinen Verstandesbegriffe/Kategorien (B)

Zunächst hat Kant bekanntlich die Tafel seiner Kategorien aus der Tafel der sogenannten Urteilsfunktionen gewonnen. Die Urteilsfunktionen werden eingeteilt nach folgenden Urteilsformen (B 95):

	1. Quantität	
	Allgemeine	
	Besondere	
2. Qualität	Einzelne	**3. Relation**
Bejahende		Kategorische
Verneinende	**4. Modalität**	Hypothetische
Unendliche	Problematische	Disjunctive
	Assertorische	
	Apodiktische	

Diese Urteilsfunktionen transformiert er in folgende reine Begriffe (B 106):

Tafel der Kategorien
1. Quantität
Einheit
Vielheit
Allheit

2. Qualität
Realität
Negation
Limitation

3. Relation
Inhärenz und Subsistenz
substantia et accidens
Causalität und Dependenz
Ursache und Wirkung
Gemeinschaft
Wechselwirkung
Zwischen dem Handelnden und
Leidenden

4. Modalität
Möglichkeit – Unmöglichkeit
Dasein – Nichtsein
Nothwendigkeit – Zufälligkeit

Die Urteilsfunktionen begründen invariante Urteilsformen (= erste Tabelle), gemäß denen jedes Urteil gefällt werden muss. Sie sind reine und apriorisch erfassbare Funktionen und Formen, da gilt: Egal, welchen empirischen Inhalt ich beurteile, es muss unabdingbar mit diesen Funktionen bzw. Formen geschehen. Diese Funktionen sind als Momente der Eigenbestimmtheit unseres Denkens in ähnlicher Weise apriorisch wissbar, wie es das logische Widerspruchsprinzip ist.

Zur Erläuterung befassen wir uns besonders mit der Funktionsgruppe 3 – und hier insbesondere mit dem kategorischen und dem hypothetischen Urteil. Das kategorische Urteil stellt eine elementare Verbindung von Subjekts und Prädikatsbegriff dar. Es behauptet eine gültige Verknüpfung des Prädikatsbegriffes des Urteils mit dessen Subjektsbegriff. Ein solches Urteil könnte etwa lauten: „Das Haus (Subjektsbegriff) ist blau (Prädikatsbegriff)." Die kategorische Urteilsform kann potentiell unendlich in invarianter Weise auf alle Verknüpfungen von Begriffen angewandt werden. Das hypothetische Urteil behauptet eine begründende Relation zweier Teilurteile.

Die kategorische und die hypothetische Urteilsfunktion

Kant führt als Beispiel an (B 98):
„Wenn eine vollkommene Gerechtigkeit da ist (begründendes Teilurteil), wird der beharrlich Böse bestraft (begründetes Teilurteil)."

Auch die hypothetische Urteilsform (wie selbstverständlich auch die anderen Urteilsfunktionen und Urteilsformen) kann potentiell unendlich in invarianter Weise angewandt werden – nämlich im Falle des hypothetischen Urteils auf alle hypothetischen Verknüpfungen von Teilurteilen. Aus der Urteilsfunktion des kategorischen Urteils gewinnt Kant nun die Kategorie der Substanz (Akzidenz). Die hypothetische Urteilsfunktion erzeugt die Kategorie der Ursache (Wirkung). Da die Urteilsfunktionen reine und apriorische Strukturen des Denkens sind, so ist es auch der Inhalt der Begriffe, der aus ihnen entsteht. Doch was rechtfertigt diese Transformation? (Den Zusammenhang zwischen (kategorischer) Urteilsform und „komplexer Gegenständlichkeit" weist Henrich (18) in Abschnitt II, S. 16–53 der bezeichneten Monographie brillant nach. Siehe auch Henrichs Fazit S. 49 f. Meine nachfolgenden Interpretationen auf den Seiten 36–38 orientieren sich ein Stück weit an Henrichs Deutung.)

Transformation der kategorischen Urteilsfunktion zur Substanzkategorie

Die kategorische Urteilsform, die durch die kategorische Denkfunktion fundiert wird, subsumiert den Subjektbegriff des Urteils unter dessen Prädikatbegriff. Diese Subsumtion erzeugt *einen* Gedanken. Zugleich muss diese im Urteil erzeugte synthetische Sinneinheit auch Geltung beanspruchen. Das kategorische Urteil fordert also bei seiner Anwendung auf *empirische Erscheinungen* für den durch es erzeugten Sinn Geltung ein. Denn schon ausschließlich kraft seiner Form muss es zwangsläufig den Anspruch erheben, dieser Sinn gelte zutreffend von einem intendierten empirischen Gegenstand(styp). Relevanter Sinn kann vom kategorischen Urteil aber nur dann erzeugt werden, wenn das Urteil zwei sinnunterschiedene Begriffe aufweist. „Blau ist Blau" oder „Philosophen sind Philosophen" wären tautologische Urteile, die keinen echten bestimmungsrelevanten Sinn erzeugten (die nachfolgenden Zusammenhänge habe ich in etwas anderer Weise bereits dargelegt in: „Der ontologische Gottesbeweis als kryptognospologische Traktat", S. 196–199). Das wirklich bestimmungtüchtige kategorische Urteil unterscheidet seine Begriffe immer auch, gerade indem es sie zu einem Sinn verbindet. Ein kategorisches Urteil könnte lauten: „Körper sind ausgedehnt." Die Begriffe „Körper" und „reales Ausgedehntes" könnte man wechselseitig in jedem Urteil durch einander ersetzen. Diese Unterscheidung im bezeichneten kategorisch-analytischen Urteil hieße dann: Alles empirisch Reale, das wir begrifflich als Körper identifizieren, müssen wir immer auch zugleich als Ausgedehntes identifizieren. Es artikulieren sich hier zwei verschiedene Bestimmungsmöglichkeiten für den identischen empirischen Sachverhalt. Nun könnte das kategorische Urteil auch lauten: „Hunde sind Tiere." Die unausweichliche notwendige Unterscheidung beider Begriffe bei ihrer gültigen und zugleich gegenstandsrelevanten Sinnverbindung im kategorischen Urteil bringt hier die ‚Navigation' bzw. Navigationsrichtungen in einem empirischen Begriffsschema zum Ausdruck. Diese Begriffsdihairese artikuliert in der indirekten Unterscheidung der beiden Begriffe innerhalb des kategorischen Urteils nämlich auch, dass diese Begriffe jeweils innerhalb eines empirischen Begriffsschemas mit anderen ‚verwandten' Begriffen verbunden werden könnten. Genau gesagt, heißt dies nicht nur, dass der subsumierte bestimmtwerdende Begriff und der bestimmende Begriff, unter den subsumiert wird, auch unterschieden werden müssen, soll das Urteil ‚informativ' sein können, sondern diese Unterscheidung artikuliert auch die bestimmungslogische Struktur, dass beide Begriffe stets mit anderen, ihnen nicht logisch oder semantisch widersprechenden Begriffen eine Synthesis eingehen können. Etwa: „Hunde sind nicht nur Tiere, sondern auch Lebewesen. Tiere sind nicht nur Hunde, sondern auch Katzen, Schweine, Dohlen, Delphine etc. Die absteigende Richtung würde zum Ausdruck bringen, dass Hunde nicht nur Tiere sind, sondern auch in bestimmte Rassen wie Schäferhunde, Dackel oder Westies zerfallen. Klar ist es jedoch für Kant, dass ein empirisches Begriffssystem nicht nur eines sein darf, das bloße analytische Begriffsmomente miteinander relationiert. Wir erweitern und korrigieren beständig unser Wissen von Gegenstandstypen, indem wir unsere empirischen Begriffe mit Blick auf Gegenstände „erweitern". „Erweitern" heißt, dass wir zu jenen minimalen Merkmalen eines empirischen Begriffes, ohne die wir nicht die unter ihn fallenden Gegenstände identifizieren können, neue (durch Anschauung) erworbene Merkmale hinzusetzen. Dieses „Erweitern" setzt letztlich voraus, dass man sich mit einem einzelnen bejahenden kategorischen Urteil auf einen einzelnen Gegenstand beziehen kann. Nur vermittels unseres Wissens von einzelnen Gegenständen können wir das Hintergrundwissen über Gegenstandstypen erweitern und korrigieren, indem wir deren empirische Begriffe erweitern. Letztlich erfordert also jedes empirische erkenntniserweiternde Urteil nach Kant einen einzelnen, empirischen Gegenstand, der die Verknüpfung von Subjekt und Prädikat des Urteils begründet.

Somit ist das bejahende (1), kategorische (2) einzelne (3) Urteil von herausragender Bedeutung (den auf den Seiten 37–38 folgenden Aufweis, dass einzelne kategorische Urteile nur dann wahr oder falsch sein können, wenn sie auf komplexe, substantiale Gegenstände referieren, hat auch Henrich (18), in Abschnitt II, S. 16–53 (exemplarisch S. 29f. und S. 49f.) dargelegt). Analysieren wir im Sinne Henrichs das Urteil „Das Haus ist blau". Es handelt sich evidenterweise um kein analytisches Urteil, denn zu dem minimal identifizierenden Merkmalsbestand von ‚Haus' gehört ganz offensichtlich nicht ‚blau'. Die Verbindung beider Begriffe kann deshalb nur objektiv gültig sein, wenn sie als Bestimmung eines einzelnen *Gegenstandes* verstanden wird. Was bedeutet systematisch hier aber die gleichzeitig erfolgen müssende Unterscheidung beider Begriffe im Urteil? Diese Unterscheidung kann ebenso wie die Synthesis nur respektiv auf den Gegenstand erklärt werden. Das heißt, die Prädizierung von ‚blau' (die gültige empirische Begriffssynthesis von ‚Haus' und ‚Blau') und die Sinnunterscheidung beider Begriffe in dieser Synthesis ist nur möglich, sofern der Gegenstand ‚Haus' durch die Bestimmung ‚blau' prinzipiell zugleich als ein solcher gedacht werden muss, der über die Bestimmung von ‚blau' hinaus noch durch weitere Prädikate bestimmbar ist. Kurz: Der Gegenstand muss als komplex gedacht werden. Mit dem einzelnen bejahenden kategorischen Urteil kann man sich ausschließlich auf komplexe empirische Gegenstände beziehen, wenn dessen Geltungsanspruch die Werte wahr oder falsch aufweisen soll. Aber diese Komplexität allein ist nicht ausreichend. Gültiges Wissen von Gegenständen kann es nur geben, wenn grundsätzlich ein Element der Komplexität sinnstabil bleibt, während die anderen variabel sein können.

Machen wir dies deutlich. Das Urteil „Das Haus ist blau" behauptet Wissen von seinem Gegenstand. Das Urteil behautet m.a.W. seine Wahrheit mit Blick auf den Gegenstand. Nun ist es uns allen klar, dass wir häufig (wenn nicht sogar meistens) falsche Urteile von Gegenständen fällen, obgleich wir durch die Urteilsform (insbesondere des einzelnen, bejahenden kategorischen Urteils) gar nicht anders können, als den im Urteil erzeugten Sinn als wahr zu behaupten. Wer die Form des kategorischen Urteils benutzt, muss allein aufgrund von dessen Form Wahrheit und Wissen behaupten. Diese Geltungsprätention ist natürlich inhaltlich fallibel. Es muss aber in jedem Falle möglich sein, eine im Urteil verfehlt erhobene Geltungsprätention entlarven zu können. Denn wer über den Begriff ‚wahr' verfügt, muss sinnvol-

> Das kategorische bejahende, einzelne Urteil hat eine überragende erkenntnistheoretische Bedeutung

> Nur ein einzelner sinnstabiler Gegenstand ermöglicht auf ihn bezogene falsche Urteile

lerweise auch wissen, was ‚falsch' bedeutet. Somit ließe sich auch formulieren: ‚Es ist wahr, dass das Haus blau ist – und unwahr, dass es nicht blau ist.' Wenn ich nun vor einem blau gestrichenen Haus stünde und das Urteil „Das Haus ist grün" artikulierte, hätte ich ein falsches Urteil gefällt. Es müsste aber in jedem Falle ein Korrektururteil möglich sein, das so lauten könnte: „Es ist unwahr, dass das Haus grün ist, es ist vielmehr blau." Damit dieses Korrektururteil und das ihm vorausliegende falsche Urteil möglich sind, muss der Gegenstand selbst erhalten bleiben, auch dann, wenn ihm Bestimmungen abgesprochen oder falsch attribuiert würden.

Nur einzelne beharrliche Gegenstände erklären die Möglichkeit falscher Erfahrungsurteile

Der einzelne Gegenstand darf durch einzelne falsche Urteile nicht als Bezugspunkt von Urteilen liquidiert werden. Denn sonst läge überhaupt kein Gegenstand mehr vor, von dem die Urteile überhaupt falsch sein könnten (vgl. Henrich (18), Abschnitt II, S. 16–53, exempl. S. 29 f. und 49 f.). Ohne konstante, beharrliche, substantiale Bestimmung könnte sich das eben angeführte Korrektururteil nicht auf denselben, identischen Gegenstand beziehen. Der Anspruch des kategorischen Urteils auf Wahrheit und Wissen, der ausschließlich seiner eigenbestimmten Form entstammt, macht es erforderlich, dass der Gegenstand, der mit ihm gedacht wird, als komplex und mit sich identisch gefasst werden kann. Diese invariante Bestimmung repräsentiert und „erhält" den Gegenstand, über den verfehlt geurteilt wird. Erwiese sich auch diese substantiale Bestimmung als variabel – oder gar als nicht zutreffend –, gäbe es keinen Bezugspunkt mehr, über den falsch geurteilt werden könnte (vgl. Henrich (18), a.a.O.). Paradoxerweise wäre dann das falsche Urteil gar nicht falsch, weil kein Gegenstand mehr vorläge, über den es falschen Sinn behauptete. Insofern man mit dem kategorischen Urteil unausweichlich Wissen und Wahrheit von einem Gegenstand behaupten muss, ist zur Möglichkeit dieses ‚Urteilsanspruches' invariant zu denkende Gegenständlichkeit vonnöten. Könnte also die kategorische Urteilsform nicht auf einen komplexen und substanzhaft geordnet gedachten Gegenstand bezogen werden, könnte sie überhaupt nicht auf empirische Gegenstände bezogen werden (vgl. Henrich (18), a.a.O.). Die Möglichkeit der Anwendung des kategorischen Urteils auf die empirische Welt macht es nötig, dass die einzelnen empirischen Gegenstände als komplex und substanzhaft gedacht werden können. Deshalb muss diese Urteilsform in die Kategorie der Substanz transformiert werden, mittels deren zu jeder empirischen Wahrnehmungsfolge ein substantial und komplex strukturierter Gegenstand hinzugedacht werden kann.

1.2.4 Grundsätze als synthetische Urteile a priori

Wir begreifen nun, wie die Kategorien [= die reinen Verstandesbegriffe] sich a priori auf Gegenstände beziehen können (i) – und woraus sich ihr reiner Begriffsinhalt (ii) ableitet, der a priori gewusst werden kann. Wie ermöglichen nun aber diese Kategorien die postulierten „synthetischen Urteile/Sätze a priori"? Wie wir wissen, sollen die Kategorien die empirische Erfahrung ermöglichen – und sich deshalb a priori auf Gegenstände der Erfahrung beziehen können. Die Grundsätze haben diese Begründungsfunktion zu artikulieren. Wir wissen, dass Kant die gesuchten synthetischen (auf den Kategorien basierenden) apriorischen Urteile als Grundsätze bezeichnet hat. Der

Grundsatzcharakter bringt zum Ausdruck, dass diese Grundurteile Bedingungen dafür angeben müssen, wann eine empirische Erscheinung, wie Kant in seiner Terminologie zum (noch) unbestimmten Gegenstand einer empirischen Anschauung [= Wahrnehmung] sagt, unter eine bestimmte Kategorie subsumiert werden kann. Es geht also darum, welche ganz bestimmte inhaltliche Struktur eine empirische Wahrnehmungssequenz aufweisen muss, damit ihr z. B. mit der Substanzkategorie ein stabiler Gegenstand hinzugedacht werden kann. Wir wollen Kants Doktrin am Beispiel der Substanzkategorie weiter plausibel machen.

Dabei können wir drei Stufen der gegenständlichen Relevanz des begrifflichen Inhaltes der Substanzkategorie ausmachen:

<small>3 Stufen der Substanzkategorie</small>

Kant schreibt:

<small>Logischer Gehalt der Substanzkategorie</small>

> „Lasse ich die Beharrlichkeit (welche ein Dasein zu aller Zeit ist) weg, so bleibt mir zum Begriffe der Substanz nichts übrig, als die logische Vorstellung vom Subject, welche ich dadurch zu realisiren vermeine: daß ich mir Etwas vorstelle, welches bloß als Subject (ohne wovon ein Prädicat zu sein) stattfinden kann. Aber nicht allein, daß ich gar keine Bedingungen weiß, unter welchen denn dieser logische Vorzug irgend einem Dinge eigen sein werde: so ist auch gar nichts weiter daraus zu machen und nicht die mindeste Folgerung zu ziehen, weil dadurch gar kein Object des Gebrauchs dieses Begriffs bestimmt wird, und man also gar nicht weiß, ob dieser überall irgend etwas bedeute." (B 300 f.)

Ohne Bezug auf unsere Sinnlichkeit besteht laut dem Königberger Philosophen der rein begriffliche – also von der sinnlichen Wahrnehmung abstrahierte – Begriffsinhalt der Substanzkategorie nur darin, dass etwas, das unter diese Kategorie subsumiert wird, ausschließlich die Subjektstelle eines Urteils einnehmen dürfe, jedoch niemals als Prädikat zu fungieren vermöge. Kant macht deutlich, dass auf Basis dieser reinen Begriffsbestimmung nur schwer zu verstehen sei, welcher Gegenstandstyp überhaupt als substantial zu betrachten sei. Die begriffslogische Substanzkategorie käme allerdings durchaus dem Geltungsanspruch des kategorischen Urteils nach. Denn die rein logische Substanzfunktion im Urteil stellte ja sicher, dass der unter die Substanzkategorie rubrizierte Subjektterm des Urteils stets stabil für die Prädikation erhalten bliebe. Es wäre also möglich, auch verfehlte Prädikate formal korrekt auf den Subjektterm zu beziehen und „irgendwann" diese falschen Prädikationen als verfehlte, dem Subjektterm fälschlich zugesprochene Prädikationen zu „enttarnen". Denn wenn ein solcher Subjektterm aus prinzipiellen Gründen nicht Prädikat werden kann, so verlöre er niemals seinen stabilen Sinn, ausschließlich bestimmtwerdender Begriff des Urteils sein zu können. Begriffliche Subsumtionen sind uns vertraut. Ein speziellerer Begriff beinhaltet immer mehr Merkmale als ein allgemeinerer Begriff. Der Begriff Haus besitzt wesentlich mehr begrifflichen Gehalt als der allgemeinere Begriff Gebäude. Denn ein Gebäude kann auch ein Schloss, eine Burg, ein Bunker, eine Kirche etc. sein. Deshalb darf der Begriff des Gebäudes nur solche allgemeine, unspezifizierte Merkmale enthalten, die es erlauben ihn gleichermaßen auf Haus, Schloss, Burg, Kirche und Bunker anzuwenden. Es gilt deshalb: „Alle Häuser sind Gebäude, aber nicht alle Gebäude sind Häuser." Anderseits hat der allgemeinere Begriff mit weniger begrifflichem Gehalt damit einen größeren Umfang. Denn unter diesen allgemeineren Begriff (wie Gebäude) fallen eben viele andere Begriffe von spezielleren Gebäuden (wie Schloss, Burg, Bunker, Kirche etc). Betrachten wir die Urteile nur rein begriffslogisch, eben aus der Perspektive von Begriffen, so sind bejahende kategorische Urteile als Sinnstrukturen zu verstehen, die speziellere Subjektbegriffe des Urteils unter allgemeinere aber umfangsgrößere Prädikatsbegriffe subsumieren. Also: Häuser [= Subjektbegriff des Urteils, mit größerem Begriffsinhalt als der Prädikatsbegriff] sind Gebäude [Prädikatbegriff, mit geringerem Begriffsinhalt, aber größerem Umfang als der Subjektbegriff].

Der schematische Gehalt der Substanzkategorie

Für Kant gilt bekanntlich, dass alle Gegenstände, von denen wir echtes Wissen haben können, in unserer Anschauung gegeben sein müssen. Für Kant sind Begriffe allgemeine Vorstellungen, unter die weitere unterschiedliche, speziellere Begriffe, jedoch auch verschiedene Einzeldinge fallen können. Der identische Vorstellungsgehalt von Begriffen kann immer wieder erneut – potentiell unendlich – auf verschiedene und unterschiedliche Gegenstände angewandt werden. Mit dem Begriff „Haus" kann ich z. B. immer wieder erneut Gegenstände unterschiedlicher Bauart als Häuser identifizieren. Wahrnehmungen [= empirische Anschauungen], die Gegenstände geben, sind immer einzelne, konkrete Vorstellungen. Jede Wahrnehmung ist absolut einmalig – jede empirische Anschauung qua Wahrnehmung bezieht sich immer jetzt auf einen einzelnen Gegenstand. Die Wahrnehmung präsentiert allerdings laut Kant die empirischen Gegenstände dem Denken zur geltungsrelevanten Bestimmung im Urteil. Wenn wir nun mit Begriffen zur empirischen Wahrnehmungssequenz Gegenstände hinzudenken, wenden wir Begriffe gerade nicht auf andere Begriffe an, wie das im logischen Verstandesgebrauch der Fall ist, sondern – trivialerweise gesagt – auf Wahrnehmungen *selbst*. Eine Wahrnehmung ist – wie ausgeführt – stets ein *einzelner* Vorgang. Die Begriffe müssen also ihre Regelungsfunktion den Erfordernissen eines solchen einzelnen Vorgangs anpassen. Sie dürfen nicht nur wie im begriffslogischen Urteil als interne Begriffssubsumtion fungieren, sondern sie müssen einen einzelnen Wahrnehmungsvorgang so organisieren und regulieren, dass dieser einen beharrlichen objektiven Gegenstand in einer objektiven Zustandsfolge repräsentieren kann. Die begriffliche Regel in der Funktion, einen einzelnen Wahrnehmungsvorgang mit gegenständlicher Relevanz strukturieren zu können, nennt Kant Schema. Nicht ein Begriff wird unter einen anderen Begriff subsumiert, sondern vielmehr eine konkrete Wahrnehmungssequenz unter einen Begriff. Wenn also mit der Substanzkategorie, die ja ein reiner Verstandes-Begriff ist, stabile Gegenständlichkeit zu empirischen Wahrnehmungsfolgen hinzugedacht werden können soll, muss es auch ein Schema der Substanzkategorie geben. Kant nennt dieses Schema ein transzendentales Schema. Als „transzendental" bezeichnet Kant zumeist das Wissen darum, dass und wie ein reines (apriorisches) Element der Eigenbestimmtheit des Erkennens erfahrungsermöglichend fungiert. Das transzendentale Schema der Substanzkategorie stellt also ein notwendiges Element der Möglichkeit der Erfahrung dar. Das transzendentale Schema der Substanz hat danach völlig apriori zu regeln, welche inhaltlichen Aspekte der Wahrnehmung vorliegen müssen und in welcher Verkettungsordnung dies zu geschehen hat, wenn diese Wahrnehmungsfolge objektiv-gegenständliche Beharrlichkeit repräsentieren können soll. Kurz: Das Schema der

Substanz hat es zu ermöglichen, dass eine konkrete Wahrnehmungssequenz unter die Kategorie der Substanz überhaupt subsumierbar werden kann – und dass diese Wahrnehmungsfolge kraft einer gelingenden Subsumtion unter diesen Begriff als Repräsentation einer mit sich identischen, zeitlich-objektiven Gegenständlichkeit dienen kann. Wir wissen hinlänglich, dass nach Kant alle unsere Wahrnehmungen gemäß den reinen Anschauungsformen von Raum und Zeit strukturiert sein müssen, sollen sie dann noch vom Denken weiter geordnet werden können. Die Regelungskompetenz des Substanzschemas muss sich also auf die durch die reinen sinnlichen Anschauungsformen „definierten" invarianten Bedingungen unserer Rezeptivität beziehen. Die Anschauungsform der Zeit ist laut Kant fundamentaler als die Anschauungsform des Raumes. Denn seiner Meinung nach werden alle räumlichen Wahrnehmungsinhalte auch zeitlich wahrgenommen [siehe subjektiv-zeitliche Wahrnehmungsfolge beim Herumlaufen um das Haus, das im äußeren Raum vorgestellt wird] – umgekehrt gilt nicht, dass alle zeitlichen „Vorstellungsinhalte auch räumlich strukturiert sein müssen. Denn andernfalls würde die zeitlich sukzessive Wahrnehmungsfolge das Haus räumlich in unserem Innenleben entstehen lassen. Dies könnte schmerzen. Deshalb ist für Kant das transzendentale Schema der Substanz ein Zeitschema. Da sich der reine Begriffsgehalt der Substanzkategorie, den man a priori wissen kann, ausschließlich durch seine Beziehung auf die Zeit, die man ebenfalls a priori anschaulich vorstellen kann, spezifiziert, ist das transzendentale Zeitschema der Substanzkategorie eine reine, apriorische Struktur. Die Substanzkategorie ist also in ihrer Funktion als Schema in der Lage, einzelne Wahrnehmungsfolgen mit gegenständlicher Relevanz zu ordnen. Die Substanzkategorie muss deshalb qua Schema a priori mit den Anschauungsformen kooperieren. Somit muss das Schema der Substantialität vor allem in seiner Kooperation mit der Zeitform gefasst werden.

So heißt es dann auch:

> „Das Schema der Substanz ist die Beharrlichkeit des Realen in der Zeit, d. i. die Vorstellung desselben als eines Substratum der empirischen Zeitbestimmung überhaupt, welches also bleibt, indem alles andre wechselt." (B 183)

Immer dann, wenn an einer Wahrnehmungsfolge ein Element als in der Zeit beharrende Bestimmung in Relation zu zeitlich wandelbaren Bestimmung aufgefasst, weil *hinzugedacht* (!) werden kann, repräsentiert diese Wahrnehmungsfolge einen stabilen, mit sich identischen Gegenstand in der objektiven Zeit. Das Zeitschema der Substanz ermöglicht es a priori, ein Element einer sukzessiven Wahrnehmungsfolge als Repräsentationsmoment eines zeitlich beharrenden Gegenstandes aufzufassen, d.h. zu *denken*, wodurch dieses Wahrnehmungselement in die Verfassung gebracht wird, einen stabilen Gegenstand in der objektiven Zeit zu repräsentieren. Bezogen auf dieses stabil vorgestellte Wahrnehmungselement werden die anderen Wahrnehmungselemente a priori durch das Zeitschema als zeitlich wechselnd vorstellbar konstituiert und können deshalb in Folge die veränderlichen Bestimmungen des Gegenstandes *selbst* in der objektiven Zeit repräsentieren.

Kommen wir nochmals auf unser Auto-Schrotthaufen-Beispiel zurück. Die Kriterien für die Subsumtion der Wahrnehmungsfolge Auto – Schrott-

Kant als Materialist

haufen unter die Substanzkategorie, welche das Substanzschema formuliert, können nur von einer einzigen gegenständlichen Erfahrungsstruktur durchgängig erfüllt werden, nämlich der Materie. Nur der zugrundeliegenden Materie, die sich kraft kausalen Einflusses vom Auto zum Schrotthaufen wandelt, kann letztlich ein Charakter zugesprochen werden, der die Substanzkriterien erfüllt.

„Ein Philosoph wurde gefragt: Wie viel wiegt der Rauch? Er antwortete: Ziehe von dem Gewichte des verbrannten Holzes das Gewicht der übrigbleibenden Asche ab, so hast du das Gewicht des Rauchs. Er setzte also als unwidersprechlich voraus: daß selbst im Feuer die Materie (Substanz) nicht vergehe, sondern nur die Form derselben eine Abänderung erleide." (B 228)

Die Substanzkategorie kann aber vermittels des Schemas nur dann die Repräsentation stabiler Gegenständlichkeit ermöglichen, wenn Materie als der universale, substantiale Gegenstand der Erfahrung erfasst wird. Die Anwendung der Substanzkategorie in ihrer schematisierten Fassung ermöglicht es, zu empirischen Wahrnehmungsfolgen stabile, in der objektiven Zeit mit sich identische Gegenstände hinzudenken zu können, deren substantiale Merkmale in der objektiven Zeit kontinuieren. Letztlich erfüllt nur – das lehrt das Schrotthaufenbeispiel – Materie den Sinn substantialer empirischer Gegenständlichkeit durchgängig. Genauer gesagt, muss Materie hinzugedacht werden, die in ihrem Quantum stets gleich bleibt. Nur der Begriff der Materie in diesem Verständnis kann letztlich die durchgängige substantiale Denkbarkeit aller einzelnen empirischen Gegenstände sichern. Ausschließlich die Verwendung des Materiebegriffes ermöglicht es, zu „gravierenden" Veränderungen in der empirischen Wahrnehmungsfolge (wie von Auto zu Schrotthaufen – oder von Tabak zu Asche) mit stabiler, gegenständlicher Relevanz objektive Gegenstände hinzudenken.

„*Grundsatz der Beharrlichkeit der Substanz. Bei allem Wechsel der Erscheinungen beharrt die Substanz, und das Quantum derselben wird in der Natur weder vermehrt noch vermindert.*" (B 224)

Materie ist kein lupenreiner empirischer Begriff

Der „Witz" besteht also darin, dass Materie kein lupenreiner empirischer Begriff ist. Zwar können wir Wissen von speziellen Materietypen und deren Gesetzen sicherlich nur durch sinnliche und experimentelle Erfahrung erwerben. Aber der auf der Substanzkategorie fundierende Grundsatz, das Quantum der Materie könne weder vermindert noch vermehrt werden, ist keineswegs ein empirisch rechtfertigbarer Satz, sondern er ist ein apriorischer Grundsatz, der notwendig gelten muss, soll empirische Erfahrung überhaupt möglich sein. Der Materiebegriff ist sozusagen die erste Folge der kategorialen Konstitution der Gegenständlichkeit durch die zeitlich schematisierte Substanzkategorie. Natürlich kann das Totum der Gesamtmaterie schon eo ipso nie ein Gegenstand der Erfahrung sein. Was wir jedoch notwendig zu jeder empirischen Wahrnehmungssequenz hinzudenken müssen, wollen wir diese unter die Substanzkategorie bringen, ist, dass jeder empirische Gegenstand, den wir mittels der Substanzkategorie als einen objektiven Gegenstand fassen, letztlich ein materieller Gegenstand sein muss. Wir müssen somit unabdingbar jeden empirischen Gegenstand als quantitativen Teil der Materie denken, wenn wir ihn gesichert als beharrlichen, objektiven Gegenstand anlässlich einer empirischen Wahrnehmungsfolge konzipieren wollen. Die erste Analogie der Erfahrung artikuliert diesen erkenntnistheoretischen Sachverhalt. Der Grundsatz der ersten Analogie der Erfahrung, wie Kant den „Substanzsatz" nennt, ist ein synthetisch apriorischer Satz mit einem hieraus resultierenden Charakter der Allgemeinheit und Notwendigkeit. Er ist apriorisch, weil die Substanzkategorie ihrem Inhalt nach der Eigenbestimmtheit des Denkens und der Subjektivität entstammt. Die erste inhaltliche synthetische Erweiterung erhält die reine Substanzkategorie kraft ihrer Spezifizierung durch die reinen Prinzipien unserer Sinnlichkeit Als transzendentales Schema wird die Substanzkategorie – wie erläutert – durch die Bedingungen dieser reinen zeitlichen Anschauungsform zum Zeitschema spezifiziert. Doch bleibt der Gehalt des Substanzschemas notwendig rein, weil auch die reine Anschauungsform Zeit, welche die Substanzkategorie „spezifiziert", eine „reine Erkenntnisstruktur" ist. Das heißt: Die reine begriffliche Substanzkategorie wird auf die Bedingungen einer unvermeidlichen apriorischen subjektiv-zeitlichen Sukzessivität aller „Wahrnehmungserscheinungen" hin spezifiziert, was im reinen Begriffsinhalt dieser Kategorie als solchem nicht schon enthalten war. Die reine Anschauungsform Zeit fungiert die empirischen Wahrnehmungen in der Weise, so dass diese Wahrnehmungen durch eine nie aufhebbare Sukzessivität geprägt sind. Aus dem Grundsatz, der die Bedingungen der Anwendbarkeit der Substanzkategorie auf unsere sinnlichen empirischen Wahrnehmungsfolgen artikuliert, folgt somit zwingend, dass wir nur dann stets stabile empirische Gegenstände zu unseren zeitlichen Wahrnehmungsfolgen hinzudenken können, wenn wir letztlich (!) jeden empirischen Gegenstand als quantitativen Teil der Gesamtmaterie zur Wahrnehmungsfolge hinzudenken. Dieser Grundsatz stellt mithin ein echtes synthetisches Urteil a priori dar, das sich gerade nicht empirischen Schlüssen verdankt, sondern welches eine Fundamentalbedingung der Möglichkeit unserer Erfahrung entfaltet. Die erste Analoge der Erfahrung leistet einen fundamentalen Teilbeitrag dazu, dass wir die subjektive Folge unserer Wahrnehmungen von der objektiven gegenständlichen Veränderung unterscheiden können. Diese Fähigkeit, subjektive Folgen der Wahrnehmung von objektiven gegenständlichen zeitlichen Veränderungen unterscheiden zu können, ist Bedingung der Möglichkeit, dass subjektive Wahrnehmungsfolgen gleichwohl dazu dienen können, die objektive Gegenständlichkeit zu repräsentieren. So wird nun auch verständlich, in welchem Sinne die Naturwissenschaft allgemein und notwendige Sätze entfalten kann. Diese werden nicht aus der Erfahrung geschöpft und begründet, sondern sind Sätze, welche die Bedingungen der Möglichkeit der Erfahrung artikulieren.

„*Naturwissenschaft (Physica) enthält synthetische Urtheile a priori als Principien in sich*. Ich will nur ein paar Sätze zum Beispiel anführen, als den Satz, daß in allen Veränderungen der körperlichen Welt die Quantität der Materie unverändert bleib[e]" (B 17)

Es gilt also:
Alltagsschlüsse im Sinne der Erfahrung (2 = empirisches Hintergrundwissen) sind nur möglich, wenn die empirischen Begriffe und Gesetze in Form eines Systems geordnet sind, das Schlüsse auf Einzeldinge erlaubt. Das System jedoch kann nur korrigiert werden durch Erfahrung in der Bedeutung von Erfahrung (1 = einzelne Wahrnehmungserfahrung eines konkreten Subjekts.): Damit unser empirisches Wissen erweitert und korrigiert werden

Wahrnehmungserfahrung als Voraussetzung systemischer Erfahrung kann, muss Erfahrung (1) möglich sein. Die Konstellation macht es notwendig, dass es verschiedene mit sich identische Einzeldinge geben kann, die trotz ihrer Verschiedenheit unter gemeinsame empirische Gesetze und Begriffe geordnet werden können. Beides – also die Verschiedenheit der empirischen Dinge gegeneinander einerseits und die Möglichkeit, sie trotzdem unter gemeinsame empirische Begriffe und Gesetze zu ordnen, andererseits – kann nur dann stattfinden, wenn es Kategorien gibt, mit denen wir a priori die substanzhafte Mit-sich-Identität der jeweiligen empirischen Einzeldinge objektiv hinzudenken können. Der synthetisch-apriorische Grundsatz, der die Bedingungen der Subsumtion der empirischen Wahrnehmungsfolgen unter diese Substanzkategorie artikuliert, artikuliert damit zugleich eine allgemein und notwendige Konsequenz, die darin zu sehen ist, dass nur dann, wenn wir Materie als letzten Gegenstand des Erfahrungsurteils fassen – und einzelne Gegenstände als funktionale Einschränkungen dieses universalen Gegenstandes betrachten – diese einzelnen empirischen Gegenstände als mit sich identische Gegenstände zu den empirischen Wahrnehmungsfolgen hinzugedacht werden können. Nur so sind Erfahrung (1) und Erfahrung (2) möglich. Der Grundsatz artikuliert in synthetisch-apriorischer Weise eine allgemeine und notwendige Bedingung der Möglichkeit der Erfahrung. Er ist nicht durch Erfahrung begründet, sondern er ist begründet, weil er in apriorischer Weise gegenständliche Erfahrung ermöglicht.

1.2.5 Die ursprünglich synthetische Einheit der Apperzeption

Kants Fundamentalprinzip ist die transzendentale Apperzeption. (Ich verwende auf den Seiten 44–49 Ergebnisse aus Hiltscher (22), S. 72 f.).

„Das: Ich *denke*, muß alle meine Vorstellungen begleiten *können*; denn sonst würde etwas in mir vorgestellt werden, was gar nicht gedacht werden könnte, welches eben so viel heißt als: die Vorstellung würde entweder unmöglich, oder wenigstens für mich nichts sein. Diejenige Vorstellung, die vor allem Denken gegeben sein kann, heißt *Anschauung*. Also hat alles Mannigfaltige der Anschauung eine nothwendige Beziehung auf das: Ich denke, in demselben Subject, darin dieses Mannigfaltige angetroffen wird. Diese Vorstellung aber ist ein Actus der *Spontaneität*, d. i. sie kann nicht als zur Sinnlichkeit gehörig angesehen werden. Ich nenne sie die reine *Apperception*, um sie von der *empirischen* zu unterscheiden, oder auch die *ursprüngliche Apperception*, weil sie dasjenige Selbstbewußtsein ist, was, in dem es die Vorstellung: Ich denke, hervorbringt, die alle andere muß begleiten können und in allem Bewußtsein ein und dasselbe ist, von keiner weiter begleitet werden kann. Ich nenne auch die Einheit derselben die *transscendentale* Einheit des Selbstbewußtseins, um die Möglichkeit der Erkenntniß a priori aus ihr zu bezeichnen. Denn die mannigfaltigen Vorstellungen, die in einer gewissen Anschauung gegeben werden, würden nicht insgesammt *meine* Vorstellungen sein, wenn sie nicht insgesammt zu einem Selbstbewußtsein gehörten, d. i. als meine Vorstellungen (ob ich mich ihrer gleich nicht als solcher bewußt bin) müssen sie doch der Bedingung nothwendig gemäß sein, unter der sie allein in einem allgemeinen Selbstbewußtsein zusammenstehen *können*, weil sie sonst nicht durchgängig mir angehören würden. Aus dieser ursprünglichen Verbindung läßt sich vieles folgern. Nämlich diese durchgängige Identität der Apperception eines in der Anschauung gegebenen Mannigfaltigen enthält eine Synthesis der Vorstellungen und ist nur durch das Bewußtsein dieser Synthesis möglich. Denn das empirische Bewußtsein, welches verschiedene Vorstellungen begleitet, ist an sich zerstreut und ohne Beziehung auf die Identität des Subjects. Diese Beziehung geschieht also dadurch noch nicht, daß ich jede Vorstellung mit Bewußtsein begleite, sondern daß ich eine zu der andern *hinzusetze* und mir der Synthesis derselben bewußt bin. Also nur dadurch, daß ich ein Mannigfaltiges gegebener Vorstellungen in *einem Bewußtsein* verbinden kann, ist es möglich, daß ich mir die *Identität des Bewußtseins in diesen Vorstellungen selbst vorstelle*, d. i. die *analytische* Einheit der Apperception ist nur unter der Voraussetzung irgend einer *synthetischen* möglich." (B 131 ff.)

Kant schreibt dem Denken eine genuine Selbstbezüglichkeit zu (vgl. zu den nachfolgenden apperzeptionstheoretischen Überlegungen auf den Seiten 45–52 Henrich (18), S. 59–62). So besitze unser Denken die ursprüngliche Fähigkeit, allen gegenstandspräsentierenden Vorstellungen den Gedanken „Ich denke" hinzuzufügen (Kant denkt hier an die gegenstandsbezogenen Vorstellungstypen „Anschauung" und „Begriff", die er etwas überraschend in dieser Funktion nicht nur als „objektive Perzeptionen" sondern sogar als „Erkenntnisse" bezeichnet (vgl. B 376 f.)). Gemeint ist hier eine ursprüngliche funktionale Selbstbezüglichkeit des Denkens, welche die grundsätzliche Fähigkeit dazu beinhaltet, den Gedanken „Ich denke" zu erzeugen. Der Akzent liegt eindeutig auf *„Fähigkeit"*. Kein konkretes Subjekt muss also faktisch jemals den Gedanken „Ich denke" gefasst haben.

Meine Vorstellungen sind trivialerweise meine Vorstellungen. Dies bestritte wohl kaum jemand. Der Gedanke „Ich denke" bezeichnet somit (als ein ausschließlich vom Denken, nicht von der Anschauung erzeugtes explizites Selbstbewusstsein) den als invariant gedachten Bezugspunkt aller gehabten Vorstellungen eines Subjektes. Besagte durchgängig als invariant vorzustellende Verfasstheit jenes Bezugspunktes, auf den alle jene Vorstellungen, die meine Vorstellungen sein können sollen, bezogen sind, nennt Kant terminologisch „Identität der Apperzeption". Apperzeption als Bezugspunkt

Die Bezogenheit der Vorstellungen auf diesen invarianten Bezugspunkt wird als ‚Meinheit' der Vorstellungen gedacht. Meine Vorstellungen, eben weil sie meine Vorstellungen sind und deshalb auf mich bezogen sind, stellen zunächst schon kraft ihrer Meinheit eine Einheit dar. Diese Einheit kommt ihnen also nur deshalb zu, weil sie die Gemeinschaft all jener Vorstellungen bilden, die mir angehören (vgl. Henrich (18), S. 59). Kant nennt diese bloße Gemeinschaft der Vorstellungen in einem Selbstbewusstsein Einheit des Selbstbewusstseins (der Apperzeption). Gleichwohl ist besagte Einheit nicht nur eine unspezifische Einheit überhaupt, sondern sie ist vielmehr zugleich die transzendentale Einheit des Selbstbewusstseins. Denn Kant glaubt darlegen zu können, dass die Einheit, welche die Vorstellungen besitzen, sofern sie auch ‚nur' meine Vorstellungen in einem „identischen Selbst" sind, diese Vorstellungen zugleich auch zu einer Einheit untereinander formt, die über besagte bloße Zugehörigkeit zum „identischen Selbst" hinausgeht (wie Henrich (18) S. 59 ff. dargelegt hat). Vielmehr haben die Vorstellungen die Struktur, in der Einheit des Selbstbewusstseins miteinander zu neuen Vorstellungen verbunden werden zu können – so wie Lego- Apperzeption als Meinheit und Einheit steine. An anderer Stelle habe ich geschrieben: „Die synthetische Einheit der Vorstellungen in der Einheit des Selbstbewusstseins entspricht somit eher einem Kasten zusammensteckbarer Legosteine als einer Schachtel, in welcher gegeneinander isoliert etwa ein Photo, eine Packung Zigaretten, und eine Brille anzutreffen sind. Die Vorstellungen müssen also im ‚Selbstbewusstsein' auch untereinander synthetisch vereint sein, bzw. synthetisch vereint werden können (vgl. Henrich (18), S. 59 f.). Die Einheit der Apperzeption ist deshalb immer auch ursprünglich synthetische Einheit der Apperzeption." (Hiltscher (22), S. 73).

Apperzeption als funktionale Reflexivität

Die eigentliche Pointe von Kants Apperzeptionslehre ist jedoch die ihr inhärente (jedoch prima facie verborgene) Konzeption der funktionalen Reflexivität. Kants Begriff von Denken und Erkennen ist der Begriff einer Funktionalität. Eine Funktionalität bzw. Funktion muss sich von den konkreten Fällen ihrer Instantiierung unterscheiden lassen. So ist die Funktion eines Polizisten etwas anderes als die konkrete Person, welche diese Funktion ausübt. Die Funktion des Polizisten kann potentiell unendlich oft ausgeübt werden. Ein bestimmter Mensch, der die Funktion des Polizisten ausübt, genießt irgendwann jedoch seine verdiente Pension. Aber um entscheiden zu können, ob eine Person korrekt die Polizistenfunktion ausübt, muss man diese Funktion rein auf den Begriff bringen können und kann danach erst anhand dieses Begriffes von der Funktion die beschriebene Entscheidung treffen. Weiterhin gilt: Nur weil ich die Funktion des Polizisten rein und unabhängig von einzelnen Personen fassen kann, die sie ausüben, geht diese Funktion nicht mit ihren einzelnen Instantiierungen zugrunde, etwa wenn Wachtmeister Cnüppel aus dem Dienst ausscheidet. Diese Kompetenz, die Funktion in Unabhängigkeit von ihren Instantiierungen fassen zu können, erlaubt es, die Funktion als invariant betreffs all ihren Anwendungen vorzustellen. Die Funktion des Polizisten verhält sich invariant gegenüber allen einzelnen, leibhaftigen Polizisten, die diese Funktion ausüben. In ähnlicher Weise muss der funktionale Aspekt der Apperzeption verstanden werden. In der Apperzeption wird sich das Denken seiner als einer invarianten Funktion reflex, die alle konkreten Gedanken, die gültig sein können sollen, prinzipiiert. Die Apperzeption beinhaltet somit auch eine Selbstreferenz des Denkens, in welcher dieses seine eigene Bestimmtheit, die es unabhängig von seinen einzelnen Gedanken haben muss, fassen kann. Nur in dieser Selbstreferenz weist Denken sich als eine unendliche Funktionalität aus, die invariant alle ihre Gedanken prinzipiiert und von diesen Gedanken nicht ‚geschluckt' wird. Das heißt ganz präzise formuliert. Denken ist nur dann eine eigenbestimmte Funktionalität, wenn es von den jeweils gültigen Gedanken, die es prinzipiiert und (funktional) erzeugt, unterschieden werden kann. Dies setzt voraus, dass Denken Gedanken sui generis erzeugen kann, solche Gedanken nämlich, welche die Unterschiedenheit der Eigenbestimmtheit des Denkens selbst von allen konkreten Gedanken intendieren und diese Eigenbestimmtheit mithin auch selbst zum Thema machen können. Besagte intendierte Eigenbestimmtheit *selbst* ist jedoch unter keinen Umständen als ein bloßer Gedanke zu verstehen, sondern wird als eine Struktur gedacht, die gerade unabhängig von allen einzelnen Gedanken ist. Darauf kommen wir im Fichteteil zurück. Nun kann man betreffs der Apperzeption argumentationslogisch einen bewusstseinstheoretischen und einen urteilstheoretischen Aspekt unterscheiden. Beide Aspekte führen jedoch *nicht*, wie bereits Henrich aus einer allerdings anderen Interpretationsperspektive ((18), z. B. S. 54–83, exempl. S. 83) andeutet, zu einer direkten Verknüpfung zwischen „Selbstbewusstsein" und dem Wissen um die funktionalen Kategorien. Oder anders gesagt: Bei beiden Aspekten ist der Übergang zur funktionalen Reflexivität nicht immer durchsichtig. Beginnen wir beim bewusstseinstheoretischen Aspekt.

Man kann sich exegetisch darüber streiten, ob im § 16 unsere Prinzipien der Sinnlichkeit – nämlich Raum und Zeit – bereits im Argumentationsspiel Kants sind oder nur die Komplementärprinzipien eines ektypischen Verstandes gemeint sind. In jedem Falle ist das Thema eine Anschauungsmannigfaltigkeit, die nicht vom Verstand hervorgebracht wird, sondern diesem vielmehr vorgegeben ist. In diesem bewusstseinstheoretischen Aspekt geht es primär darum, die reine Prinzipiensphäre des Denkens als gültig auch für den elementarsten anschaulichen Vollzug der Synthesis der Einbildungskraft in einem sinnlichen Bewusstsein nachzuweisen. Wahrnehmung ist immer an das Bewusstsein eines einzelnen konkreten Subjektes gebunden. Argumentationsziel ist es deshalb, die Möglichkeit der Selbigkeit des Bewusstseins in einer Synthesis von Mannigfaltigkeit aufzuklären (zu dieser durch Begriffe vermittelnden Selbigkeit des Bewusstseins vgl. Königshausen (31), z. B. S. 115). Es geht allerdings auch um das derivative Selbstbewusstsein des konkreten sinnlichen Subjekts. In unserem Zitat hieß es: „Also hat alles Mannigfaltige der Anschauung eine nothwendige Beziehung auf das: Ich denke, in demselben Subject, darin dieses Mannigfaltige angetroffen wird." Da es nach Kant keine Ableitung der beiden Erkenntnisstämme auseinander geben darf, haben wir hier zunächst eine funktionale Definition DES ERKENNENDEN SUBJEKTS. Es ist sozusagen die Schnittstelle der miteinander als solcher unvermittelten Prinzipien des Denkens und der Anschauung. Man darf sich unter diesem Bewusstseinsaspekt nicht davon irritieren lassen, dass Kant das „Ich" der Apperzeption eindeutig an das „Denken" bzw. an den „Verstand" knüpft – und es also als ein Funktionsmoment des Denkens fasst. Kants Begriffskosmos lässt nämlich keine Anschauung der Anschauung oder Wahrnehmung der Wahrnehmung zu. Bewusstes Wahrnehmen und Anschauen kann laut Kant nur in Referenz auf das Denken, mithin „Ich denke" geschehen. Dies gilt sowohl für anschauliche Inhalte (Mannigfaltiges der Anschauung also) die in den Formen der Anschauung gegeben werden, wie das Bewusstwerden der Formen der Anschauung selbst.

Bewusstseinstheoretischer Aspekt der Apperzeption

Hans Graubner schreibt deshalb hierzu: „Das Selbstbewußtsein läßt sich in vier ‚Modi' präzisieren. Wenn sich nun das erkennende Subjekt als ganzes vorstellen, d. h. sich seiner selbst als erkennenden Subjekts bewußt sein können soll, so muß sich auch das reine Anschauen vorstellen lassen, und dieses Vorstellen muß, da es ein Anschauen nicht sein kann, ein denkendes Vorstellen, d. h. ein Bewußtsein des reinen Anschauens sein. […] Um aber […] als mein Anschauen bewusst zu werden, muß das reine Anschauen vom ‚Ich denke' ‚begleitet' werden ‚können', weil es nur so meine Vorstellung ist." (Graubner (13), S. 108)

Das bedeutet, dass mit dem Gedanken „Ich denke", wenn mit ihm die Identität der Apperzeption in einem konkreten Subjekt, dem sinnliches Mannigfaltiges gemäß bestimmter Prinzipien der Anschauung gegeben

48 1 Kants Erkenntnislehre

Das konkrete erkennende Subjekt als Schnittstelle der beiden Stämme der Erkenntnis

wird, gedacht wird, zugleich ein Subjekt gedacht werden muss, das neben den Funktionen des Denkens auch von Funktionen der Sinnlichkeit Gebrauch macht. Das „Ich denke" stellt damit auch DAS erkennende Subjekt vor. Da nun weiterhin gilt, dass die Sinnlichkeit der Anschauung die Vereinzelung des Subjektes nach sich zieht (denn anschauliche Vorstellungen sind Eigentum eines konkreten Subjektes), wird mit dem Ich des „Ich denke" ein konkretes, weil sinnliches Subjekt gedacht, das die Variable DES erkennenden Subjektes erfüllt und damit als DAS erkennende Subjekt fungiert. Der Aspekt der Selbstbezüglichkeit qua Selbstbewusstsein erhält hier eine bewusstmachende Funktion. Denn die Vorstellung „Ich denke" drückt nicht nur die Bezogenheit des Mannigfaltigen der Anschauung auf die Identität der Apperzeption aus, sondern das Selbstbewusstsein erhält die Möglichkeit, Bewusstsein seiner selbst zu sein, nur dadurch, dass es sich von allen anschaulichen Vorstellungen unterscheiden kann, die auf es bezogen sind. Da das Selbstbewusstsein, um sich bewusst auf sich beziehen zu können, sich auch seiner anschaulichen Vorstellungen bewusst sein muss, wenn es sich von diesen bewusst unterscheiden können soll – und weil weiterhin anschauliche Vorstellungen als solche, ohne auch denkgeformt zu sein, gar nicht bewusst wären –, muss das Denken diese anschaulichen Vorstellungen allererst bewusst machen. Das Denken muss die anschaulichen Vorstellungen der notwendigen synthetischen Einheit unterwerfen. An anderer Stelle hatte ich geschrieben: „Das ‚Ich' des § 16 der B-Deduktion intendiert weder ein bloß ‚logisches Ich' noch ein reales Subjekt, sondern bringt zum Ausdruck, dass die Bewusstseinsleistung eines konkreten Subjekts wohlgeformt und korrekt die Funktionen des Denkens und der Sinnlichkeit erfüllt – das ‚Ich' des § 16 bezieht sich also auf DAS denkende und erkennende Subjekt. Die Bezogenheit der Vorstellungen auf das ‚Ich denke' ‚in demselben Subject, in dem dieses Mannigfaltige angetroffen wird, konstituiert die ‚Meinheit' der Vorstellungen für jedes konkrete Subjekt, das als das erkennende Subjekt fungiert. Die mögliche ‚Bewusstmachung' dieser Meinheit im ‚Ich denke' setzt die Fähigkeit dazu voraus, mich mit dem ‚Ich denke' von diesen auf mich bezogenen Vorstellungen zu unterscheiden – und diese dadurch der synthetischen Einheit zu unterwerfen (vgl. zu dieser ‚bewusstmachenden Meinheit', die sowohl der Bezogenheit der Vorstellungen auf das ‚Ich' als auch dem Differenzbewusstsein von ‚Ich' und dessen Vorstellungen entstammt, Königshausen (31), z. B. S. 69, S. 75, S.102 f., S. 172 f. und S. 176). Für diese Bewusstmachung der ‚Meinheit' im konkreten Subjekt ist es aber zwingend erforderlich, dass sich das konkrete sinnliche Subjekt, das als das erkennende Subjekt fungiert, im Gedanken ‚Ich denke etwas' sowohl von dem Objekt, auf das es erkennend bezogen ist, als auch von der reinen Funktionalität des Denkens, die es in Anspruch nimmt, unterscheiden kann (vgl. Königshausen (31), S. 170, S. 172 f. und S. 176 zu dieser Unterscheidung des ‚Ich' von seiner Funktion. Vgl. auch Wolff (45), S. 22). Nur beide Unterscheidungen können das Bewusstsein der ‚Meinheit' erzeugen." (Hiltscher (26), S. 45).

Verfügt das konkrete Subjekt über einen klaren Begriff seiner Synthesisprinzipien?

Und wenn dies so ist, so bräuchte das konkrete Subjekt, das als DAS erkennende Subjekt fungiert, einen hinreichend klaren apriorischen Begriff derjenigen reinen Synthesisprinzipien, mit deren Hilfe es alles Mannigfaltige objektiv relevant synthetisiert bzw. synthetisieren wird. Denn genau wie erst

1.2 Grundskizze von Kants Lösungskonzept   49

die durch das Denken erzeugte synthetische Einheit des Mannigfaltigen der Anschauung dieses Mannigfaltige in einer Weise bewusst machen kann, dass sich das Selbstbewusstsein seinerseits bewusst davon zu unterscheiden vermag, ist auch irgendein Begriff der reinen Funktionalität des Denkens selbst vonnöten, wenn sich das konkrete erkennende Subjekt (das allerdings zugleich als DAS erkennende Subjekt fungiert) mit dem Gedanken „Ich denke" von dieser Funktionalität ebenfalls bewusst unterscheiden können soll. Die bloße Unterscheidung des Selbstbewusstseins des konkreten Subjekts, das als DAS ERKENNENDE SUBJEKT fungiert, vom Gegenstand könnte dessen Identität nur bezüglich des je konstituierten Gegenstandes (bzw. bezüglich der gerade ausgeübten Synthesis) vorstellen. Gäbe es nur diese gegenstandsbezogene Unterscheidung, wäre aus prinzipiellen Gründen ein Subjekt, welches – wie Henrich in Identität und Objektivität andeutet – nur eines einzigen Gedanken fähig wäre, gar nicht auszuschließen. – Oder aber, alternativ zu dieser Horrorkonstruktion: Alle Synthesisprinzipien könnten nur auf empirisch-kontingente Weise, nicht aber im apriorischen Modus gewusst werden (vgl. Henrich (18), S. 59 und S. 87f.). Die im „Ich" des „Ich denke" vorgestellte durchgängige Identität DES ERKENNENDEN SUBJEKTES macht es notwendig, über einen apriorischen Zugang zu jenen Synthesisprinzipien verfügen zu können, mit denen prinzipiell jede synthetische Operation ausgeführt werden muss – gerade auch die zukünftigen Operationen (Henrich (18), S. 55–109 bes. S. 87f. und S. 102f. arbeitet die Notwendigkeit eines solchen Vorauswissens trennscharf heraus). Dieser apriorische Zugang kann unter dem bewusstseinstheoretischen Aspekt der Apperzeption nur ein Wissen bei Gelegenheit der synthetischen Operation bedeuten. Die Verwendung der Urteilsform ist für das erkennende Subjekt unhintergehbar. Wer die elementare kategorische Urteilsform benutzt, behauptet Wissen, das die inhaltlichen Werte wahr oder falsch aufweisen kann. Wer die kategorische Urteilsform in Bezug auf gegebene Erscheinungen benutzt, muss diese Erscheinungen folglich als konstante Gegenstände konzipieren können, sodass auch falsche Erfahrungsurteile möglich sein können. Der Gebrauch der elementaren kategorischen Urteilsform zwingt das Subjekt dazu, die Erscheinungen mittels der Substanzkategorie als stabile und geltungsdifferent beurteilbare Gegenstände zu denken. Dieser Zwang ist der kategorischen Urteilsform unmittelbar (und deshalb auch nur kryptoreflexiv) inhärent. Man kann überhaupt nur die kategorische Urteilsform mit Blick auf „Erscheinungen" anwenden, wenn man damit zugleich dem Fluss der Erscheinungen einen stabilen Gegenstand hinzudenkt. Dieser Zwang verlangt aber *mitnichten* ein reflexives Wissen davon, dass ich und warum ich dies so tun muss. Der Zwang verlangt keinerlei distinkten Begriff von der Geltung, Anzahl und Anwendung der apriorischen Kategorien vom konkreten Subjekt.

Das heißt somit keineswegs, dass das konkrete Subjekt, das als DAS ERKENNENDE SUBJEKT fungiert, dazu etwa reflexiv die erste Analogie der Erfahrung kennen müsste und ‚Kant' zu studieren hätte. Und dies zeigt auf, dass vom „Ich denke" des konkreten Subjekts, das als DAS ERKENNENDE SUBJEKT fungiert, vom bewusstseinstheoretischen Aspekt der „Apperzeption" aus kein direkter Weg zur gültigen funktionalreflexiven Prinzipienexplikation des Denkens führt. Aus systematischen Gründen kann und darf Kant nicht den funktional-reflexiven Selbstbezug des Denkens, der zur prin-

Ein konkretes Subjekt muss keinen klar reflexiven Begriff jener Prinzipien besitzen, die es anwendet

zipienbestimmten Eigenbestimmtheit des Denkens gehört, mit dem Selbstbewusstsein des konkreten Subjekts identifizieren. Das gilt auch für das Selbstbewusstsein des konkreten Subjekts, das als DAS erkennende Subjekt fungiert.

Fundamentaler Unterschied zwischen „Ich denke" und der Identität der Apperzeption

Wenn wir den Wortlaut des § 16 bemühen, so ist eines sicher klar: Der Gedanke „Ich denke" muss nur begleiten können und stellt somit keine Vorstellung dar, die grundsätzlich jede andere Vorstellung *faktisch* begleiten müsste. Das „Cogito" ist ein zu einer bestimmten Gelegenheit willkürlich erzeugbarer Gedanke. Er muss nur möglich sein, braucht jedoch nicht beständig stattzufinden. Voraussetzung für diesen Gedanken ist es nun, dass alle meine Vorstellungen in Bezug „zu mir" stehen – also auf die Identität der Apperzeption bezogen sind.

Urteilstheoretischer Aspekt der Apperzeption

Das „Ich denke" ist nicht die Identität Apperzeption selbst, sondern macht diese allererst bewusst. Dass alle meine Vorstellungen die meinen sind, ist nun offenkundig ein analytisch wahrer Satz. Der angesprochene bewusste Bezug vorstellungshafter Mannigfaltigkeit zur Identität der Apperzeption wird mit dem „Ich denke" nur bewusst gemacht, das „Ich denke" ist aber keinesfalls die ursprüngliche Invarianzform des Denkens selbst. Nach Kant folgt bekanntlich aus dieser Referenz, dass alle Vorstellungen, die in Bezug zu dieser Identität stehen können sollen, der synthetischen Einheit unterliegen müssen – bzw. dazu vom Verstand zu bringen sind. Das Ich qua Identitätsvorstellung bezeichnet hier zunächst ein konstitutives Moment der synthetischen Einheit (diese Differenz zwischen dem Moment der Identität und dem der synthetischen Einheit, an welchem letzteren die Identität ‚nur' Moment ist, arbeitet Königshausen (31) überzeugend heraus, vgl. S. 99–115, z. B. S. 108 f.). Denn Einheit und Identität sind nach Kant nicht dasselbe. Synthesis, die objektiv relevant sein können soll, muss synthetische Einheit ausdrücken; und synthetische Einheit ist die Relation von Vorstellungsmannigfaltigkeit – insbesondere des Mannigfaltigen der Anschauung – zur Denkidentität der Apperzeption (vgl. Königshausen (31), S. 99–115, z. B. S. 108 f.). Diese im „Ich" des „Ich denke" vorgestellte Identität bezeichnet nicht im Geringsten irgendein bekanntes reales Subjekt des Denkens, sondern vielmehr ein spezifisches Funktionsmoment unter anderen Funktionsmomenten der ursprünglich synthetischen Einheit der Apperzeption des Verstandes selbst (wie Königshausen (31) aufweist, a.a.O.). Im „Ich denke" stelle ich also zunächst das Formmoment der Selbigkeit vor, (vgl. Königshausen (31), a.a.O.) das die synthetischen Einheit der Apperzeption zu einer gültigen und nicht bloß assoziativen Verbindung von „Vorstellungen" macht. Ich tue dies, indem ich das „Ich" mit dem „Ich denke" als invariantes Bezugsmoment aller Vorstellungen fasse. Grundsätzlich jede geltungsrelevante Verstandesoperation besteht darin, Vorstellungsmannigfaltigkeit *unter* die synthetische Einheit der Apperzeption zu bringen, was gleichbedeutend damit ist, die Mannigfaltigkeit durch diesen ausdrücklichen Bezug auf die Identität der Apperzeption im Urteil einer geltungsrelevanten und wahrheitsdifferenten Synthesis zu unterwerfen. Dass Kant diesen Identitätsaspekt der Verstandesoperation mit dem Terminus der Identität des Selbstbewusstseins bedenkt, hat jedoch nur wenig subjektstheoretische Gründe. Das Mannigfaltige der Vorstellungen kann nur – sozusagen unter sich horizontal – synthetische Einheit ausdrücken, sofern es gemeinsam einen selbig-identischen Sinn artikuliert, auf den es bezogen wird und in dem es vereinigt ist. Dieses sinnstiftende Selbigkeitsmoment artikulieren in jeder konkreten Verstandesoperation die Begriffe, denen nach Kant die Identität qua analytische Einheit der Apperzeption anhängt und natürlich, wenn an dieser Stelle auch noch nicht zu thematisieren, die Kategorien als Urmodi des reinen gegenstandsbezogenen Verstandes. Gültige Synthesis des Mannigfaltigen der Anschauung ist begriffliche Synthesis. Jeder Begriff – insbesondere natürlich der reine Verstandesbegriff – vertritt als identische Regel der Synthesis den ursprünglichen Invarianzsinn des Denkens, ohne mit diesem jedoch schlicht identifiziert werden zu dürfen. Das „Ich" als Moment des Denkens selbst artikuliert damit auch die Tatsache, dass die ursprüngliche Identität der Apperzeption nicht als mit der Regelidentität irgend eines bestimmten Begriffes zusammenfallend gedacht werden darf, sondern vielmehr Voraussetzung jeder Regelidentität ist. Im apperzeptiven Gedanken „Ich denke", in welchem ich die Identität der Apperzeption rein vorstelle, unterscheide ich im Selbstbezug aber nicht einfach nur „mich" von den auf mich bezogenen Vorstellungen, sondern zugleich – und das ist das primäre urteilstheoretische Argument – die reine ursprüngliche Funktion des Verstandes qua ursprünglich synthetische Einheit der Apperzeption selbst von den jeweils konkreten Anwendungen dieser Funktion am Mannigfaltigen. Das „Ich denke" als Selbstbewusstsein ist eben nicht nur ein „ICH denke", sondern drückt weiterhin eine ursprüngliche Eigenbezüglichkeit des Denkens aus. Weil Denken im Gedanken „Ich denke" wesenhaft selbstreferentiell ist, ist sichergestellt, dass Denken eine potentiell unendliche Funktionalität darstellt, die sich nicht in einzelnen gegenstandsreferenten Bezügen und deren Begriffen verbraucht und darin aufgeht – sodass also das Selbstbewusstsein, in den Worten Kants gesagt, ein allgemeines Selbstbewusstsein sein kann (Diese reflexionstheoretischen Zusammenhänge arbeitet Königshausen (31) mustergültig heraus, S. 170, S. 172 f. und S. 176). In der der A-Deduktion formuliert Kant deshalb:

> „Die Einheit der Apperception in Beziehung auf die Synthesis der Einbildungskraft ist der Verstand und eben dieselbe Einheit beziehungsweise auf die transscendentale Synthesis der Einbildungskraft der reine Verstand." (A 119)

Genauso klar ist gleichwohl aber auch an dieser Stelle, dass bei einer solchen Bedeutung des „Ich denke" kein direkter Weg vom Selbstbewusstsein des „Ich denke" zu einem Wissen von den Synthesisprinzipien des Denkens führen kann. Ein solcher Übergang ist aus dem urteilstheoretischen Aspekt der Apperzeption nicht zu gewinnen. Die ursprüngliche synthetische Einheit ist nämlich die Grundstruktur gültigen und gegenstandsreferenten Denkens überhaupt (wie Königshausen (31) gut herausgearbeitet hat, S. 99–115) und die Kategorien und Urteilsfunktionen sind nur die sie spezifizierenden Momente dieser schon für ihre Möglichkeit vorauszusetzenden Struktur des Verstandes. Bekanntlich ist nun aber kein Schluss von einem Gattungbegriff selbst auf die spezifischen Bestimmtheiten seiner Spezies möglich. Die Kategorien als Modi der ursprünglich synthetischen Einheit der Apperzeption, die das Prinzip jedes Verstandesgebrauchs ist, verhalten sich zu dieser von Kant dargelegten reinen Form des objektiv gültigen Verstandesgebrauchs in Form der ursprünglich synthetischen Einheit der Apperzeption ähnlich wie

Das Wissen um die Notwendigkeit der synthetischen Einheit der Apperzeption impliziert kein Wissen um die spezifischen Modi dieser Funktion

Spezien zu ihrer Gattung. Die Transzendentale Deduktion B zeigt auf, dass die objektiv gültige Form der ursprünglich synthetischen Einheit nur im Urteil zu erzeugen ist, muss aber dann in den §§ 19 und 20 auf die Ergebnisse der Metaphysischen Deduktion zurückgreifen, in welcher letzteren Kant eine vollständige Tafel der Verstandesfunktionen und Kategorien vorgelegt zu haben behauptet hat (die ‚Rückgriffsthese' hat unter anderen Kantforschern besonders Dieter Henrich (18) in profilierter Weise vertreten).

„So finde ich, daß ein Urtheil nichts andres sei, als die Art, gegebene Erkenntnisse zur *objectiven* Einheit der Apperception zu bringen. Darauf zielt das Verhältnißwörtchen ist in denselben, um die objective Einheit gegebener Vorstellungen von der subjectiven zu unterscheiden. Denn dieses bezeichnet die Beziehung derselben auf die ursprüngliche Apperception und die *nothwendige Einheit* derselben, wenn gleich das Urtheil selbst empirisch, mithin zufällig is[t]." (B 141 f.)

Reflexionsfunktionaler Aspekt

Leider hat Kant an keiner Stelle der „Deduktion" ausreichend die funktionale Reflexivität des reinen Denkens als letztes Fundament der „Apperzeption" dargelegt. Die Identität des „Ich denke" (des Selbstbewusstseins) in einem konkreten Subjekt, das als DAS erkennende Subjekt fungiert, wird nach Kant in der funktionalen Invarianz der Eigenbestimmtheit des Denkens abschließend fundiert. Die Identität des Selbstbewusstseins in der Synthesis der Mannigfaltigkeit ist nur möglich, insofern das erkennende Subjekt stets invariante Funktionen des „reinen Verstandes" gebraucht. Der Invarianzsinn dieser Eigenbestimmtheit des reinen Denkens (bezogen auf alle konkreten Gedanken und konkreten Subjekte) setzt aber unweigerlich die reflexive Fähigkeit des Denkens voraus, sich seine Prinzipien in „aller Reinigkeit" ungebunden an faktische konkrete Gedanken entfalten zu können. Nur deshalb wird die Funktionalität des Denkens nicht von den einzelnen Gedanken, die sie jeweils ‚ausüben', geschluckt – und nur deshalb kann diese Funktionalität bezogen auf einzelne Gedanken invariant sein und als Identität vorgestellt werden. Das Denken muss zu einer vollständigen Explikation seiner Prinzipien grundsätzlich fähig sein, soll es eine invariante Funktion sein können, eine Funktion, die erst kraft dieser Invarianz die Identität des „Selbstbewusstseins" letztfundieren kann. Sofern somit der Gedanke „Ich denke" *erwiesenermaßen* von einem denkenden Subjekt gefasst werden kann (und in diesem Gedanken die Identität des Selbstbewusstseins vorgestellt wird) – und sofern die Identität des Selbstbewusstseins nur möglich ist, sofern das erkennende Subjekt ausschließlich invariante Funktionen des reinen Verstandes benutzt – und sofern weiterhin diese Invarianz nur vorliegen kann, wenn das Denken kraft seiner Eigenbestimmtheit die eigenen Grundprinzipien grundsätzlich reflexiv zu entfalten vermag, so ist das unbestreitbare ‚Faktum der Fähigkeit des Subjekts zum Ich denke' zugleich der Nachweis der Fähigkeit des reinen Denkens zu einer ‚gelingenkönnenden' Prinzipienselbstexplikation.

In Kants Terminologie bringt der Begriff der „Erscheinung" zum Ausdruck, dass uns die empirischen Gegenstände nur vorstrukturiert durch unsere subjektiven Anschauungsformen zum Erkennen gegeben werden können. Unsere empirischen Anschauungen bilden nicht die Wirklichkeit ab, so wie diese unabhängig von unserer erkennenden Subjektivität stattfindet, sondern die

1.2 Grundskizze von Kants Lösungskonzept

Anschauungsformen präsentieren den Erscheinungsgegenstand, indem sie dessen „Daten" allererst in der Weise vorstrukturieren, dass Denken diese weiter gegenständlich formen kann.

Der Terminus des „Ding an sich" beinhaltet eine zweifache Restriktion von Ansprüchen (vgl. zu den nachfolgenden Passagen S. 53 f. Hiltscher (21) S. 130 f.). Einerseits wird mit ihm von Kant der Anspruch der endlichen Erkenntnis darauf in Schranken verwiesen, die Wirklichkeit, so wie sie an sich selbst (unabhängig von ihrer Formung durch unsere Erkenntnisvermögen) sei, zu erkennen, andererseits macht dieser Terminus auch deutlich, dass endliches Erkennen die subjektsunabhängige Wirklichkeit nicht erzeugt, sondern vorgegeben bekommt. Beide Aspekte zusammenfassend lehrt Kant, das Ding an sich könne von der menschlichen Erkenntnis nicht erkannt werden, sei aber für die Erklärung unserer rezeptiven Art der Erkenntnis ein nicht eliminierbarer Begriff. Kant gebraucht den Restriktionsterminus oftmals im Plural – und spricht von „Dingen an sich". Diese Redeweise kann jedoch nur aus seinem Vorgriff auf die praktische Philosophie und deren Postulatenmetaphysik her verstanden werden. Da wir das Ding an sich nicht erkennen können, ist es im Bereich der transzendentalen Erkenntnistheorie völlig unmöglich, entscheiden zu können, ob es ein oder mehrere Dinge an sich gibt. Kant darf jedenfalls auf keinen Fall so verstanden werden, als sei er der Auffassung, hinter jedem Gegenstand der Erscheinung ‚stecke' ein Ding an sich.

Zweifache Restriktion unserer Erkenntnis durch das „Ding an sich"

Kant hat es seinen Kritikern in einem anderen Punkt einfach gemacht. Es ist eine der klassischen Standardkritiken gegenüber Kant (die sich ausgehend von den unmittelbaren Zeitgenossen Kants über Schelling und Hegel bis in unsere Tage findet), seine Lehre vom Ding an sich durchbreche die Erscheinungsrestriktion der Kausalkategorie. Denn wenn Kant lehre, dass die kausale Affektion unserer Sinnlichkeit die Erscheinungen erzeuge, behaupte er offenkundig die Erkenntnis von einer nichtsinnlichen Ursache unserer Wahrnehmungserscheinung – eben die Erkenntnis vom Ding an sich als Ursache der Erscheinungen. Hierbei gilt es aber zugunsten Kants, die transzendentale Ebene von der empirischen Ebene exakt zu scheiden.

Standardkritik an Kants „Ding an sich"

Auf der transzendentalen Ebene können wir keine Art eines Begründungsverhältnisses zwischen Ding an sich und Erscheinung wirklich erkennen. Wir können nicht sagen, ob Affektion in den Umkreis der uns bekannten Formen kausaler Verursachung gehört, oder ob nicht. Auf der transzendentalen Ebene drückt das Ding an sich nur diejenige Verfasstheit der unabhängigen Wirklichkeit aus, die es verhindert, dass wir über eine schöpferische Erkenntnis verfügen können und die es notwendig macht, dass wir Gegenstände nur ‚vorgesetzt' bekommen. Das Ding an sich ist auf der transzendentalen Ebene nur ein limitativer Grenzbegriff. Auf der empirischen Ebene jedoch müssen wir selbstverständlich die Wahrnehmungen all unserer Erscheinungsgegenstände als von einem ‚empirisch an sich seienden Ding an sich' erwirkt denken. Wir fassen unsere Sinnlichkeit bei Gelegenheit von Wahrnehmungen jeweils als durch empirische Dinge kausal affiziert auf. Ständig beziehen wir im Denken bei Präsentation eines empirischen Gegenstandes unsere Wahrnehmungen auf einen wahrnehmungsunabhängigen Gegenstand, von dem wir annehmen, dass er unsere Wahrnehmungen durch kausale Reizung unseres Sinnesapparates erzeugt hat. Denn ich muss ja ganz selbstverständlich davon ausgehen, dass der Schreibtisch in meinem Büro auch dann weiter-

Transzendentaler und empirischer Begriff des „Dinges an sich" – Anschluss an die Interpretationsthese von Gerold Prauss

existiert, wenn ich diesen nicht aktuell wahrnehme. Beide Ebenen sind streng zu trennen, was Kant nicht immer in zufriedenstellender Weise unternimmt. Diesen hier dargelegten Unterschied zwischen „transzendentalem Ding an sich" und „empirischen Ding an sich selbst" hat Prauss (35+36) mustergültig in 2 Monographien herausgearbeitet. Prauss' Deutung ist als Standardinterpretation der Forschung zu bewerten (vgl. exempl. Prauss (35), S. 25–38). Wir schließen uns seiner Deutung grundsätzlich an. Auch der Begriff des Sinnesdatums muss in diesem Kontext verstanden werden. So wie wir auf der transzendentalen Ebene nicht wissen können, ob es ein oder mehrere Dinge an sich gibt, wissen wir auf dieser Ebene auch nicht, ob es ein oder mehrere Sinnesdaten gibt. Im Unterschied zum angelsächsischen Empirismus, gemäß dem die *Pluralität* von Sinnesdaten empirisch gegeben werden muss, ist nach Kant die Pluralität der Empfindungen des Subjekts bereits eine Leistung unserer Erkenntnisfunktionen.

Vermannigfaltigung des Sinnesdatums

Das Sinnesdatum ist der Begriff der Schnittstelle zwischen der subjektunabhängigen Wirklichkeit und unserer rezeptiven Sinnlichkeit. Erst die Anschauungsformen vermannigfaltigen dem Verständnis Kants nach das Sinnesdatum zu pluralen, begrifflich synthetisierbaren Empfindungen und Wahrnehmungen. Dies gilt gerade auch für eine prima facie einzelne Empfindung. Man kann sich dies schnell sehr gut klarmachen (vgl. zu den nachfolgenden Passagen S. 54f. Hiltscher (21) S. 128ff.). Haben wir etwa Zahnschmerzen, so könnten wir uns zu dieser üblen Plage, wenn wir dies wollten, willkürlich einen höheren oder auch niederen Grad des Schmerzes vorstellen. Unser Bewusstsein ist nicht gleichsam im Druck eines bestimmten Schmerzgrades gefangen. Die Bewusstheit des Schmerzes verlangt nach Kant notwendigerweise seine mögliche Einordnung in ein Netz unterschiedlicher Grade. Niemand kann einen Empfindungseindruck erhalten, welcher nicht nach Graden seiner Intensität quantifizierbar wäre. Diese Gradationsfähigkeit macht es insbesondere möglich, dass wir uns z.B. von einem bestimmten Grad des Zahnschmerzes aus einen zeitlichen Verlauf vorstellen und konstruieren können, in welchem das Schmerzgefühl bis zum Wert 0 abnimmt. So überraschend es klingen mag: Solcherlei implizites Wissen um die Quantifizierbarkeit der Empfindungen setzt obendrein ein Vorverständnis von Zahlenverhältnissen voraus. In letzter Konsequenz muss sich eine solche Gradationsfähigkeit auf so etwas wie eine durch Zahlenverhältnisse zeitliche und räumliche Skalierbarkeit von Empfindungsintensität(en) beziehen. Da Kant in dem nachfolgenden Zitat darauf insistiert hat, isolierte Empfindung sei (im Unterschied zur gegenstandsbezüglichen Wahrnehmung!) keine objektive Vorstellung und in ihr werde weder die Vorstellung von Raum noch Zeit angetroffen, hat seine „Empfindungslehre" bisweilen zu Missverständnissen geführt. Im nachfolgend angeführten Abschnitt geht es Kant aber nur darum, deutlich zu machen, dass Empfindung, ohne Teil einer gegenstandsreferenten Wahrnehmung zu sein, nichts in Raum und Zeit objektiv repräsentieren kann. Gleichwohl ist es Kants ausdrücklich gegen den angelsächsischen Empirismus gerichtete ‚Empfindungsdoktrin', dass Empfindung bereits durch unsere Anschauungsform temporal geformt sein muss, um gradationsfähig zu sein. Da nun weiterhin eine zahlenorientierte Skalierung nur im Medium des Raumes intersubjektiv bewusst dargestellt werden kann (indem man z.B. simpel eine Schmerzkurve auf ein Stück Papier zeichnet) und der Raum dem äußeren Sinne zuzurechnen ist, gilt: Wesen wie wir können nur deshalb einzelne Empfindungen haben, weil wir über die Anschauungsformen von Raum *und* Zeit verfügen.

„Wahrnehmung ist das empirische Bewußtsein, d. i. ein solches, in welchem zugleich Empfindung ist. Erscheinungen, als Gegenstände der Wahrnehmung, sind nicht reine (bloß formale) Anschauungen, wie Raum und Zeit (denn die können an sich gar nicht wahrgenommen werden). Sie enthalten also über die Anschauung noch die Materien zu irgend einem Objecte überhaupt (wodurch etwas Existierendes im Raume oder der Zeit vorgestellt wird), d. i. das Reale der Empfindung als bloß subjective Vorstellung, von der man sich nur bewußt werden kann, daß das Subject afficirt sei, und die man auf ein Object überhaupt bezieht, in sich. Nun ist vom empirischen Bewußtsein zum reinen eine stufenartige Veränderung möglich, da das Reale desselben ganz verschwindet, und ein bloß formales Bewußtsein (a priori) des Mannigfaltigen im Raum und Zeit übrig bleibt: also auch eine Synthesis der Größenerzeugung einer Empfindung von ihrem Anfange, der reinen Anschauung = 0, an bis zu einer beliebigen Größe derselben. Da nun Empfindung an sich gar keine objective Vorstellung ist, und in ihr weder die Anschauung vom Raum, noch von der Zeit angetroffen wird, so wird ihr zwar keine extensive, aber doch eine Größe (und zwar durch die Apprehension derselben, in welcher das empirische Bewußtsein in einer gewissen Zeit von nichts = 0 bis zu ihrem gegebenen Maße erwachsen kann), also eine intensive *Größe* zukommen, welcher correspondirend allen Objecten der Wahrnehmung, so fern diese Empfindung enthält, *intensive Größe*, d. i. ein Grad des Einflusses auf den Sinn, beigelegt werden muß." (B 207 f.)

2 Fichtes Erkenntnislehre

2.1 Die problemgeschichtlichen Wurzeln von Fichtes früher Wissenschaftslehre

„Am 4. Juli 1791 sucht ein junger Mann den großen Gelehrten Immanuel Kant in Königsberg auf. Die erste Begegnung beider Männer verläuft jedoch an diesem Tage völlig ‚einseitig'. Kant bringt seinem Besucher – Johann Gottlieb Fichte ist sein Name – nur wenig echtes Interesse entgegen. Der von Kant versagte Respekt veranlasst Fichte zu einer außergewöhnlichen Reaktion. Er bleibt noch in Königsberg und verfasst innerhalb von nur vier Wochen die Schrift ‚Versuch einer Kritik aller Offenbarung'. Versehen mit der Widmung ‚Dem Philosophen' schickt er diesen Text an Kant. Sich nunmehr zu größerer Wertschätzung gegenüber Fichte herbeilassend, durchstreicht Kant zwar die ihm zugedachte Widmung, lobt Fichte jedoch ausdrücklich für die Religionsschrift.

Man soll das Eisen schmieden, solange es heiß ist, dachte sich wohl Fichte und bat Kant daraufhin angesichts der zerrütteten finanziellen Verhältnisse, in denen er leben musste, kurzentschlossen um ein Darlehen. Es wird nicht verwundern, dass Kant der Verschwendungssucht, die gewiss ein sittenwidriges Laster darstellt, keinerlei Gelegenheit bieten wollte, sich in Fichtes intelligiblen Charakter einzunisten. Er sann deshalb auf eine andere Lösung in diesem Casus, indem er anstatt der Vergabe eines Darlehens an Fichte vielmehr dessen schnell verfasste Karriereschrift zur Publikation ‚empfahl'.

Enthusiastisch teilte er Ludwig Ernst Borowski das Ergebnis seines ausführlichen Studiums von Fichtes ca. 160 Seiten langer Religionsschrift mit.

Der ‚Überbringer dieses (erg. Schreibens) Hr. Fichte hat […] ein so großes Zutrauen zu Ihnen gefaßt, daß er […] auf ihre gütige Vorsprache sich Rechnung macht. Es kommt darauf an, daß sein Mscrpt: *Versuch einer Critik der Offenbarung* hier einen Verleger bekomme und dieser dafür ein honorarium, und zwar bey Überlieferung desselben so gleich bezahle. – Ich habe nur Zeit gehabt, es bis S. 8 zu lesen, […] aber so weit ich gekommen bin, finde ich es gut gearbeitet.' ((BR), S. 183)

Fichtes Religionsschrift erscheint 1792 bei Hartung. Allerdings trägt nur der Teil der ersten Auflage, der in Königsberg ausgeliefert wird, Fichtes Namen – bei dem anderen Teil der Auflage, der nicht in Königsberg erscheint, fehlte die Angabe des Verfassernamens vollständig: Ein Schelm, der Schlechtes dabei denkt. So nimmt es nicht Wunder, wenn jene Mitglieder der Gelehrtenrepublik, die nicht in verlässlicher Weise über den wahren

> Urheber der brandneuen Religionsschrift im Bilde waren, den Text ohne falsches Zögern Kant selbst zuschrieben. Fichte war in der Tat so tief in die Gedankengänge der kantischen Philosophie vorgedrungen, dass selbst die Jenaer ‚Allgemeine Literaturzeitung' sich täuschen ließ und seinen Text für die lang erwartete Religionsschrift Kants hielt. Der philosophische Hof zu Königsberg sah nun Anlass genug dazu, den Irrtum richtigstellen und Kant nannte Fichte ‚hochoffiziös' als den wahren Verfasser der ‚Critik aller Offenbarung.' Von da an war Fichte ein ‚gemachter Mann' und avancierte zu einem der führenden Köpfe des Kantianismus." (Reinhard Hiltscher, Die Tagespost vom 18. Mai 2012. Die biographischen Fakten, Daten und Ereignisabläufe sind aus Flach (8) entnommen)

Dieses Anekdötchen zeigt etwas ganz genau: Der frühe Fichte hat seine systematische Philosophie als Vollendung der Philosophie Kants verstanden. Zumindest der Fichte der Epoche der Grundlage der gesamten Wissenschaftslehre von 1794/95 hat sich selbst als eingefleischten Kantianer betrachtet. Die Wissenschaftslehre hatte seiner Ansicht nach die primäre Aufgabe, Kants System auf eine festere Grundlage zu stellen. Ob Fichtes Sicht auf die Philosophie seines berühmten Vorgängers immer und in allen Punkten zutreffend war, ist natürlich eine ganz andere Frage. Fichte jedenfalls versucht Kants Transzendentalphilosophie u. a. in diesen nachfolgend genannten Punkten zu verbessern:

(a) In der Frage nach der Möglichkeit einer letzten Begründung,
(b) betreffs der Problematik des Selbstbewusstseins,
(c) in puncto einer angemessenen Einschätzung des sogenannten intellektuellen Anschauung,
(d) in der Präzisierung des Reflexionsproblems.

2.1.1 Das Problem einer letzten Begründung

Der Kern von Kants Transzendentalphilosophie besteht im Versuch, in der Eigenbestimmtheit des Erkennens die apriorischen Gründe der Möglichkeit der Erfahrung zu entfalten. Fichte begreift sehr genau, dass die Frage Kants nach den Bedingungen der Möglichkeit der Erfahrung auch notwendigerweise die Frage nach den Bedingungen der Möglichkeit der Transzendentalphilosophie selbst aufwerfen müsse. Sei nämlich eine Wissenschaft vonnöten, welche die Bedingungen der Möglichkeit der Transzendentalphilosophie kläre, welches Argument könne es dann ausschließen, dass es auch zwingend eine Wissenschaft geben müsse, welche die Bedingungen der Möglichkeit jener Wissenschaft zu klären habe, die ihrerseits die Möglichkeit der Transzendentalphilosophie dartun solle – usw. Eine solche unendliche, nie abschließbare Begründungsaufstufung nennt man unendliche Iteration.

Zu Lösung dieser Problematik wird Fichte ein Unterschied in Kants Begründungsstrategie deutlich, welchen der Königsberger Philosoph nie ganz klar herausgearbeitet hat, den er aber dennoch notwendigerweise systematisch in Anspruch nehmen musste, damit seine Transzendentalphilosophie

Thematische und unthematische Prinzipien des Wissens

konsistent bleiben konnte. Um Fichtes Argument zu verstehen, wollen wir zunächst terminologisch die reinen Anschauungsformen, die Urteilsfunktionen, die logischen Formen etc. etc. inbegrifflich Prinzipien nennen. Dabei wird schnell klar, dass es eine Differenz zwischen den Prinzipien, sofern sie in der Reflexion gedacht werden, und den Prinzipien, sofern sie durch Reflexion ungedacht fungieren, geben muss. Man kann dies schnell plausibel machen. Kant hätte bestimmt nicht behauptet, dass es vor dem Erscheinen der Kritik der reinen Vernunft keine Erkenntnis gegeben hätte. Die Formen unserer Anschauung von Raum und Zeit sind auch dann in Funktion, wenn sie nicht in der Mathematik oder der Transzendentalphilosophie entfaltet werden. Auch unsere Mechthild, die das Gespräch zwischen Hermann und Kunigunde belauscht hat, weiß sofort, dass Hermanns Aussage falsch sein muss, auch wenn sie nicht die korrekte formallogische Formulierung des logischen Widerspruchsprinzips kennt. Ganz schlagend wird die Differenz von unthematisch geltenden Prinzipien und thematisierten Prinzipien anhand der Unterscheidung zwischen Urteilsfunktionen und Urteilsformen deutlich. Urteilsformen stellen nur ein nachträgliches Reflexionsprodukt dar und können keinesfalls mit dem Ursprungsurteilsfunktionen in einen Topf geworfen werden. Die systematische Frage muss also lauten: Wie verhält sich der reflexive Prinzipgedanke zu dem auch unthematisch geltenden Prinzip selbst? Fichte gibt u. a. folgende Antworten:

„Das Object der Wissenschaftslehre ist nach allem das System des menschlichen Wissens. Dieses ist unabhängig von der Wissenschaft desselben vorhanden, wird aber durch sie in systematischer Form aufgestellt. Was ist nun diese neue Form; wie ist sie von der Form, die vor der Wissenschaft vorher vorhanden seyn muss, unterschieden; und wie ist die Wissenschaft überhaupt von ihrem Objecte unterschieden? Was unabhängig von der Wissenschaft im menschlichen Geiste da ist, können wir auch die Handlungen desselben nennen. Diese sind das *Was*, das vorhanden ist; sie geschehen auf eine gewisse bestimmte Art; durch diese bestimmte Art unterscheidet sich die eine von der anderen; und dieses ist das *Wie*. Im menschlichen Geiste ist also ursprünglich vor unserem Wissen vorher Gehalt und Form, und beide sind unzertrennlich verbunden; jede Handlung geschieht auf eine bestimmte Art nach einem Gesetze, und dieses Gesetz bestimmt die Handlung. Es ist, wenn alle diese Handlungen unter sich zusammenhängen, und unter allgemeinen, besonderen und einzelnen Gesetzen stehen, für die etwanigen Beobachter auch ein System vorhanden." ((BG), S. 70 f.)

„Das System des menschlichen Geistes, dessen Darstellung die Wissenschaftslehre seyn soll, ist absolut gewiss und infallibel; alles was in ihm begründet ist, ist schlechthin wahr; es irret nie, und was je in einer Menschenseele nothwendig gewesen ist oder seyn wird, ist wahr. Wenn die *Menschen* irrten, so lag der Fehler nicht im Nothwendigen, sondern die reflectirende Urtheilskraft machte ihn in ihrer Freiheit, indem sie ein Gesetz mit einem anderen verwechselte. Ist unsere Wissenschaftslehre eine getroffene Darstellung dieses Systems, so ist sie schlechthin gewiss und infallibel, wie jenes; aber die Frage ist eben davon, ob und inwiefern unsere Darstellung getroffen sey und darüber können wir nie einen strengen, sondern nur einen Wahrscheinlichkeit begründenden Beweis führen. Sie hat nur unter der Bedingung, und nur insofern Wahrheit, als sie getroffen ist. Wir sind nicht Gesetzgeber des menschlichen Geistes, sondern seine Historiographen; freilich nicht Zeitungsschreiber, sondern pragmatische Geschichtsschreiber." ((BG), S. 76f.)

„Das, was die Wissenschaftslehre aufstellt, ist ein gedachter und in Worte gefasster Satz; dasjenige im menschlichen Geiste, welchem dieser Satz correspondirt, ist irgend eine Handlung desselben, die an sich gar nicht nothwendig *gedacht* werden müsste." ((BG), S. 79)

Drei Dinge können wir aus den Zitaten entnehmen:

(1) Nur das System der ungedachten Prinzipien ist „infallibel", nicht aber das reflexive System der Philosophie – der Wissenschaftslehre, wie Fichte sagt. Fichte ist also kein borniter Systemdenker und rechnet sowohl mit der Möglichkeit, dass das von ihm reflexiv aufgestellte System der Wissenschaftslehre verbessert werden könne als auch mit der Möglichkeit, dass dieses System sogar widerlegbar sei.
(2) Die ungedachten Prinzipien nennt er Handlungen.
(3) Auch die ungedachten Prinzipien qua Handlungen stellen ein System dar, das auch ohne reflexiv gewusst zu werden, erkenntnisfundierend fungiert.

Unterscheidung zwischen gedachten und ungedachten Prinzipien

Eine Letztbegründungsreflexion, die nur Sätze als Grund unseres Wissens anerkennen will, endet stets in Verzweiflung. Denn Sätze müssen prinzipiell immer wieder begründet werden. Ganz offenkundig bereitet eine abschließende letzte Begründung genau dann kaum lösbare Probleme, wenn man diese letzte Begründung ausschließlich in Form von Sätzen bzw. Urteilen vornehmen will. Denn wenn Urteile und Sätze stets begründet und gerechtfertigt werden müssen, wenn ihre Geltungsprätention eingelöst werden soll, kann diese Begründung nur entweder durch etwas erfolgen, das selbst Satzcharakter aufweist – oder die Begründung geschieht durch etwas, dem keine Satzstruktur zukommt. Wenn nun das Begründen von Sätzen nur durch wiederum andere Sätze möglich wäre, so landen wir bei einem unendlichen Begründungsregress. Denn jeden Satz, den wir aufstellten, müssten wir wiederum durch einen anderen Satz rechtfertigen. Als Alternative bietet sich an, die letzte Satz-Prämisse, auf der wir unser Wissenssystem aufbauen, durch etwas zu begründen, was gerade nicht mehr Satz ist. Nach Fichte soll nun das postulierte Nichtsatzartige die Prinzipien unseres Wissens sein, so wie diese auch unthematisch begründend fungieren. Die letzte Begründung unseres Wissens durch Sätze bezieht sich laut Fichte also auf etwas Nichtsatzhaftes. Terminologisch benötigt Fichte für die Entfaltung dieses Gedankens die Distinktion zwischen Form und Gehalt. (In seinem „Traktat über kritische Vernunft" (z. B. Tübingen 1991), S. 14–18 ist diese Struktur Hans Albert Anlass, das sogenannte Münchhausentrilemma als Aporie der Letztbegründungsphilosophie darzustellen. Wir belassen es an dieser Stelle mit dem Hinweis auf ‚Albert'.)

Abschließende letztbegründungsfähige Prinzipien dürfen keine Satzstruktur aufweisen

„Dasjenige, von dem man etwas weiss, heisse indess der Gehalt, und das, was man davon weiss, die Form des Satzes (in dem Satze: Gold ist ein Körper, ist dasjenige, wovon man etwas weiss, das Gold und der Körper; das, was man von ihnen weiss, ist, dass sie in einer gewissen Rücksicht gleich seyen und insofern eins statt des anderen gesetzt werden könne. Es ist ein

bejahenden Satz, und diese Beziehung ist seine Form.) Kein Satz ist ohne Gehalt oder ohne Form möglich." ((BG), S. 49)

Diese hier vorgetragene Differenzierung wendet Fichte nun auf das Verhältnis zwischen den unthematisch geltenden Prinzipien und der Reflexion, welche diese Prinzipien in Sätze fasst, an.

Er schreibt:

„Durch diese freie Handlung wird nun etwas, das schon an sich Form ist, die nothwendige Handlung der Intelligenz, als Gehalt in eine neue Form, die Form des Wissens, oder des Bewusstseyns aufgenommen, und demnach ist jene Handlung eine Handlung der Reflexion. Jene nothwendigen Handlungen werden aus der Reihe, in der sie etwa an sich vorkommen mögen, getrennt und von aller Vermischung rein aufgestellt; mithin ist jene Handlung auch eine Handlung der Abstraction. Es ist unmöglich zu reflectiren, ohne abstrahirt zu haben." ((BG), S.72)

Fichte sagt also, die unthematisch geltenden Prinzipien – die Handlungen, wie er diese Prinzipien in seiner Terminologie nennt – hätten einerseits den identischen Gehalt wie die Prinzipien, sofern sie in der Reflexion gedacht würden, anderseits hätten jedoch die unthematischen Prinzipien qua Handlungen und die Prinzipien, sofern sie in der Reflexion gedacht würden, eine unterschiedliche Form. Fichte erhebt Kant gegenüber implizit den Vorwurf, dass dieser genau diese für seine Argumentation notwendige Unterscheidung zwischen in der Reflexion gedachten Prinzipien und unthematisch fungierenden Prinzipien nicht ausreichend getroffen habe. Doch wie ist dies genauer zu verstehen? Wie können wir sicher sein, dass der letzte begründende Satz das unthematisch geltende Prinzip, das er entfaltet und das ihn als Satz in seiner Gültigkeit rechtfertigt, auch wirklich adäquat erfasst? Auch eine weitere Pointe, welche dieser Auffassung Fichtes zugrundliegt, kann man sich schnell klarmachen.

Alle gemäß den funktionalen Prinzipien wohlgeformten Geltungsprätentionen konkreter Subjekte sind wahrheitsdifferent und die konkreten Subjekte sind in diesen Geltungsprätentionen im Sinne der Wahrheitsdifferenz apriori gerechtfertigt

Fundieren nämlich die ungedachten Prinzipien unser Wissen, so sind wir in allen unseren konkreten empirischen Wissensansprüchen quasi immer schon a priori gerechtfertigt, sofern diese Prätentionen korrekt gemäß den unthematischen Prinzipien geformt sind. Diese Sicht hat eine unabdingbare Voraussetzung: Fichte will natürlich nicht behaupten, ein Urteil, welches korrekt gemäß den unthematisch geltenden Prinzipien geformt sei, müsse damit eo ipso als inhaltlich wahr aufgefasst werden. Fichte behauptet nur, dass ein Urteil, welches gemäß den unthematisch geltenden Prinzipien korrekt geformt sei, dann noch empirisch wahr *oder* (!) falsch sein könne, weil es kraft dieser Formung einen gültigen Bezug auf einen empirischen Gegenstand aufweise. Wenn wir allerdings immer schon in dieser Weise des „wahr oder falsch" durch die unthematisch geltenden Prinzipien gerechtfertigt sind, stellt sich die Frage nach dem Status und der Funktion der Wissenschaftslehre. Die Antwort besteht in dem Hinweis darauf, dass sich bei Kant und besonders bei Fichte ein funktionaler Begriff der Erkenntnis vorfindet (vgl. zum funktionalen Sinn der Erkenntnis auf den nachfolgenden Passagen S. 60–64 und zu den „Organfunktionen" Hiltscher (24), z.B. S. 127, Hiltscher (25), z.B. S. 159ff. und Hiltscher (26), bes. S. 44–49). Machen wir uns dies an einem etwas dümmlichen Beispiel klar und knüpfen an Ausführungen aus dem ‚Apperzeptionskapitel' an.

2.1 Die problemgeschichtlichen Wurzeln von Fichtes früher Wissenschaftslehre

Stellen wir uns einmal den Philosophieprofessor Tom Senf vor, der ein Bild aufhängen möchte. Professor Senf glaubt dies damit erreichen zu können, indem er mit einem Joghurtbecher ein Streichholz in die Wand schlägt, um dieses Streichholz dort zum Bildaufhängen zu befestigen. Betrachten wir das Bildaufhängen als eine Funktion (vgl. Hiltscher (26), a. a. O., zu den Passagen S. 61–64). Bei diesem Begriff sollten wir nicht schon sofort an eine mathematische Funktion denken, sondern an in sich invariant gegliederte Handlungsprozesse und Handlungsatome, die nicht einmalig zu bestimmten Zeitpunkten ablaufen (oder abgelaufen sind), sondern die als prinzipiell außerzeitliche ‚Invarianzen' potentiell unendlich instantiiert werden können (vgl. zu diesem hier beanspruchten Funktionsbegriff bei Kant Wolff (45), S. 22–43, bes. 22). Die Funktion des Bildaufhängens schreibt den Elementen, die sie bei ihrer jeweils konkreten Instantiierung erfüllen sollen, Bedingungen vor. Joghurtbecher und Streichholz können diese Funktionsbedingungen in unserem Kontext jedenfalls nicht erfüllen. Gleichwohl werden Elemente, die man als zur Erfüllung der Funktion ungeeignet erkennt, hierdurch nicht etwa nichts, sondern man beurteilt sie schlicht als ‚erfüllungsungeeignet'. Tom Senfs untauglicher Versuch könnte von uns immer noch als ein Modus gedeutet werden, die Funktion des Bildaufhängens auszuüben und wir können gleichwohl zugleich die von ihm in Anspruch genommenen Mittel als verfehlt erkennen. Das heißt, wir verstünden es, wenn Professor Tom Senf das Streichholz im bezeichneten Zusammenhang mit dem Namen ‚Nagel' versähe und wir verstünden es, wenn er den Joghurtbecher als Hammer gebrauchte, obschon uns nahezu ‚apriori' klar wäre, dass beide Werkzeuge nicht fungieren können. Dass wir also einerseits entscheiden können, ob etwas eine Funktion erfüllt (oder ob nicht) und andererseits nichterfüllungsfähige Elemente noch bewusst ausschließen können, setzt voraus, ein klares Wissen und Bewusstsein von der Funktion zu haben. Selbst der eher unpraktisch veranlagte Philosophieprofessor kann nur dann Streichholz und Joghurtbecher verwenden wollen, wenn er ein Bewusstsein und Wissen von der Funktion des Bildaufhängens besitzt.

Der funktionale Begriff des Denkens

Diese Struktur sollten wir auf das „Ich denke" beziehen. Auch hier geht es um Funktion in unserem erläuterten Sinne. Die beiden Bestandteile des Ausdrucks artikulieren das Verhältnis zwischen dem Element, das die Funktion erfüllt und dem reinen Funktionssinn selbst.

Der funktionale Sinn des ‚Cogito'

Das „Ich" bezeichnet ein konkretes Subjekt, das die Funktion des Denkens erfüllt. Es entspricht in unserem Beispiel einem geeigneten Nagel (= geeignet Stahlnagel/ungeeignet Streichholz) oder geeignetem Hammer (= geeignet Hammer aus Werkzeugkasten/ungeeignet Joghurtbecher). Zudem kommt hier die Fähigkeit des konkreten Subjekts, das die Funktion des Denkens erfüllt, zum Ausdruck, sich selbst reflex machen zu können, dass es die Funktion des Denkens erfüllt.

‚Ich' als konkretes Subjekt

Das „denke" hingegen bringt die reine Funktion zum Ausdruck, nämlich das Denken als eine Struktur, die nie in einer konkreten Instantiierung aufgeht. Denken muss als eine reine Funktion begriffen werden, die potentiell unendlich in einzelnen Gedanken und einzelnen konkreten Subjekten instantiiert werden kann. Im „Ich denke" fasst sich das konkrete Subjekt reflexiv als ein Konkretum, das gleichwohl als DAS DENKENDE SUBJEKT fungiert, indem es die reine überindividuelle Funktion des Denkens erfüllt. An einem

‚denke' als Ausdruck der Funktion

Nagel oder einem Hammer sind im Rahmen der Funktion des Bildaufhängens nur die Eigenschaften von Bedeutung, die für das Bildaufhängen relevant sind. Es ist deshalb völlig unwichtig, welche Farbe der Nagel besitzt, er muss sich nur in die Wand schlagen lassen. Ähnliches gilt für den Hammer. Bezogen auf ein konkretes Subjekt, das als DAS ERKENNENDE SUBJEKT fungiert, gelten dieselben ‚Spielregeln'. Alle psychischen und leiblichen Vorgänge, die sich im konkreten Subjekt abspielen, aber nicht relevant für die Erfüllung der Funktion des Denkens sind, haben keine gnoseologische Bedeutung. Ein Mensch ohne funktionierende Leber wird nicht überleben und somit irgendwann nicht mehr erkennen können. Gleichwohl ist die funktionierende Leber kein konstitutives Element der Funktion des Denkens. Wir sagten, im „Ich denke" werde sich das konkrete Subjekt kraft seiner Erfüllung der Funktionalität des Denkens bewusst, dass es als DAS ERKENNENDE SUBJEKT fungiere. Für dieses Wissen ist es aber notwendig, einen reinen Begriff von der Funktionalität des Denkens gewinnen zu können. Denn wenn das konkrete Subjekt sich dessen bewusst werden können soll, dass es die Funktion des Denkens erfüllt, muss es zumindest einen ungefähren Begriff dieser Funktion bilden können. Wir sprechen in der Medizin von Organfunktionen. So kann der Medizintechniker künstlich die Organfunktion durch Maschinen substituieren, die evtl. keinerlei Ähnlichkeit mit dem natürlichen Organ aufweisen. Dafür ist es aber erforderlich, dass der Medizintechniker einen reinen Begriff der Funktion bilden kann, der unabhängig von den konkreten Aktuierungen der Funktion ist. Im Grunde weist sich eine Funktion erst dann als ein Handlungsablauf aus, der unendlich oft instantiiert werden kann, wenn es gelingt, den Funktionssinn in Unabhängigkeit zu all seinen Inanspruchnahmen begrifflich zu bilden. Nur die Herzfunktion kann potentiell unendlich ausgeübt werden, das konkrete Herz ist sterblich. Ähnliches gilt nun auch für die Funktion des Denkens. Denken, wenn es eine Funktion sein können soll, muss sich unabhängig von allen konkreten Gedanken, die als es fungieren (und unabhängig von allen konkreten Subjekten, die seine Funktion in Anspruch nehmen), in seinen reinen Ursprungsprinzipien entfalten lassen. Lässt sich eine wohlbegründete funktionale Erkenntnistheorie durchführen, muss es dieser gelingen, alle erkenntnisrelevanten Momente des Wissens auf ihren reinen Sinn zurückzuführen, ohne diesen reinen Sinn schon an einen bestimmten Actus des Wissens (bzw. des Erkennens) binden zu müssen. Das Modell der Herzfunktion ist in diesen Zusammenhängen ausgesprochen hilfreich. Die Funktionen des Denkens bzw. Wissens müssen in einem reinen, von konkreten Subjekten und konkreten Gedanken unabhängigen Begriff intendiert werden können. Erst dann, wenn der Medizintechniker einen solchen reinen Begriff von der Herzfunktion zu bilden in der Lage ist, kann er Maschinen entwickeln, die diese Funktion substituieren können und die keinerlei anschauliche Ähnlichkeit mit dem natürlichen Organ aufweisen. Auch die Funktionen des Denkens und Wissens müssten sich losgelöst von bestimmten Instantiierungen entfalten lassen.

Die Funktionsbestimmtheit des Denkens kann nicht in einzelnen Gedanken ‚aufgehen'

Wenn Kant also sagt, das „Ich denke" müsse alle meine Vorstellungen begleiten können, heißt dies auch, man müsse sich in der Reflexion verdeutlichen können, dass die Funktionalität des Denkens nicht in ihren einzelnen Gedanken aufgehe (vgl. hierzu Königshausen (31), S. 170, S. 172f., S. 176). Denn ginge sie auf, wären das Denken und Wissen keine Funktionalitäten.

2.1 Die problemgeschichtlichen Wurzeln von Fichtes früher Wissenschaftslehre 63

Vielmehr muss sich diese Funktionalität in der Reflexion rein fassen lassen, in der selben Weise etwa, wie sich eine Organfunktion in Unabhängigkeit zu ihrer konkreten Aktualisierung durch reale Organe oder Maschinen fassen lassen können muss. Mit dem reflexiven Gedanken „Ich denke" unterscheidet das konkrete Subjekt also auch seine konkreten Gedanken, zu dem es das „Ich denke" hinzufügt, von der Funktionalität des Denkens selbst – in ähnlicher Weise wie wir die Funktionalität der Niere von einem bestimmten Dialyseapparat unterscheiden könnten. Das Denken muss sich in seiner eigenbestimmten Struktur – seiner Funktionalität – thematisieren lassen, um ausweisen zu können, dass es die postulierte invariante Funktionalität ist.

Genau deshalb reicht es für Fichte auch nicht aus, nur unthematisch geltende Prinzipien anzunehmen, kraft deren Geltung wir immer schon gerechtfertigt sind, sondern wir müssen nachweisen, dass diese Prinzipien funktionale Prinzipien sind – und dies können wir nur nachweisen, indem wir diese Prinzipien rein in der Reflexion denken können. Faktisch vollziehen kann allerdings immer nur ein konkretes Subjekt die Funktionalität des Denkens: Das konkrete Subjekt fungiert dabei als erkennendes Subjekt. Dieses ‚als' kann dem Subjekt nur dann deutlich werden, wenn es selbst alle seine konkreten Gedanken und Vorstellungen, die es sich zuschreibt, von der Funktionalität des Denkens selbst unterscheidet. Hierdurch unterscheidet sich das konkrete Subjekt auch von seiner ausgeübten Funktionalität (wie auch Königshausen (31), S. 170, S. 172 f., S. 176, andeutet). Es reflektiert sich selbst als eine der vielen konkreten Erfüllungsinstanzen der Funktionalität. Das denkende und erkennende Subjekt ist also ein konkretes Subjekt wie Hermann oder Mechthild, das seine Gedanken formal korrekt gemäß den logisch transzendentallogischen Prinzipien formt.

Prinzipien der Eigenbestimmtheit des Denkens müssen sich ‚rein' denken lassen, wenn sie funktionale Prinzipien sind

Liegt diese korrekte Geformtheit vor, dann fungiert das konkrete Subjekt als DAS denkende und erkennende Subjekt. In diesem Falle sind die Gedanken des erkennenden Subjektes, als das z. B. Hermann und Mechthild *nur* fungieren, ohne aber dieses funktionale Subjekt selbst zu sein, *dann* noch empirisch wahr oder falsch. Hermann und Mechthild können die Funktion des erkennenden und denkenden Subjektes in ähnlicher Weise erfüllen, wie ein bestimmter Stahlnagel korrekt die Funktion des Bildaufhängens in unserem Beispiel ermöglichen kann, ohne diese Funktion selbst zu sein.

Formt das konkrete Subjekt seine Gedanken korrekt gemäß den funktionalen Prinzipien, fungiert es als DAS ERKENNENDE SUBJEKT.

Formt ein konkretes Subjekt allerdings – wie möglicherweise Kunigunde oder Ludwig – seine konkreten Gedanken nicht korrekt gemäß den transzendentallogischen Prinzipien, dann bleibt es zwar ein konkretes, insbesondere auch von Menschenwürde betroffenes Subjekt, fungiert aber nicht als DAS erkennende und denkende Subjekt. Die nicht wohlgeformten Gedanken können empirisch nicht wahrheitsdifferent sein. In unserem Beispiel: Auch ein Streichholz bleibt ein Streichholz, auch wenn es nicht die Funktionalität des Nagels beim Bildaufhängen erfüllt. Im Kantteil konnten wir herausarbeiten, dass schon in der Form des kategorischen Urteils ein Anspruch auf Wahrheit und Wissen eingelagert sei. In diesem Sinne sind die Begriffe von Wahrheit und Wissen apriorische Begriffe, die wir keineswegs erst durch empirische Welterfahrung lernen müssten. Das heißt gleichzeitig, dass wir wegen des Geltungsanspruches des Urteils ein implizites Wissen von der eigenbestimmten Funktionalität des Erkennens aufweisen müssen. Kant ist offensichtlich der Auffassung, dass der Gedanke „Ich denke" die Funktionalität

Ein konkretes Subjekt, das seine Gedanken nicht gemäß den funktionalen Prinzipien formt, fungiert nicht als DAS ERKENNENDE SUBJEKT und erzeugt auch keine wahrheitsdifferenten Gedanken

des Denkens selbst erfassen könne. Im „Ich denke" sind zwei unterschiedliche und sich widersprechende Aspekte der Reflexivität eingelagert. (Diese beiden nachfolgend darzustellenden, nicht immer kompatiblen Momente des „Ich denke" hat Königshausen herausgearbeitet. Er macht geltend, dass Apperzeption bei Kant nicht nur schlicht „Selbstbewusstsein" bedeuten kann, sondern immer eine funktionale Selbstbezüglichkeit beinhalten muss. Das konkrete Subjekt muss sich also – so Königshausen mit großem Recht – von seiner Funktionalität unterscheiden können (siehe: Königshausen (31), z. B. S. 170, S. 172f. und S.176).

Funktionaler Sinn des konkreten Subjekts

(1) Das konkrete Subjekt erfasst sich als einen „Fall", der die Funktionalität des Denkens erfüllt. Hierzu ist erforderlich, dass das konkrete Subjekt in der Lage ist, die reine Funktionalität des Denkens erfassen zu können, um sich als Erfüllungskonkretum von dieser auch unterscheiden zu können. Dies ist der Aspekt der funktionalen Selbstbezüglichkeit des Denkens. Als Funktionalität muss eben deren Sinn als unabhängig von jeder jeweiligen konkreten Instantiierung gedacht werden können. Das Denken *selbst* muss in seiner *Eigenbestimmtheit* eine reflexive Struktur aufweisen, die es dem *konkreten Subjekt* überhaupt erst ermöglicht, die bezeichnete funktionale Eigenbestimmtheit in der Reflexion zu denken. Schlagwortartig gewendet: Die funktionale Reflexivität ist eine Prinzipienverfasstheit des Denkens selbst und nicht eine Kompetenz des konkreten Subjekts. Das konkrete Subjekt übt diese Reflexivität des Denkens nur aus, wenn es als das erkennende Subjekt fungiert.

(2) Aber das konkrete Subjekt muss auch ein Selbstbewusstsein von sich gewinnen können, gerade als die konkrete Instanz, welche die Funktionalität des Denkens erfüllt. Das konkrete Subjekt bezieht sich im „Ich denke" auf sich, indem es sich von der Funktionalität und von dem konkreten Gegenstand, auf den es sich in seinem Gedanken bezieht, unterscheidet. Dieses Differenzbewusstsein konstituiert allererst das konkrete Subjekt als bestimmtes, nicht völlig in der Funktion verschwindendes Erkenntnismoment.

Nach Fichte hat Kant beide Aspekte nicht sauber getrennt und in ihrem Zusammenwirken erfasst. Für Fichte ist es Kant nie gelungen das Konfungieren von funktionaler Selbstbezüglichkeit (i) und Selbstbewusstsein (ii) zu erklären. Der Grund hierfür liegt nach Fichte darin, dass Kant eine falsche Theorie des Selbstbewusstseins strapazierte und die intellektuelle Anschauung verworfen hat. Weil Kants Transzendentalphilosophie diese Defizite aufweist, vermag seine Reflexion in den Augen Fichtes nicht eine präzise Verhältnisbestimmung zwischen ungedachten Prinzipien und gedachten Prinzipien vorzulegen.

2.1.2 Kants verfehlte Theorie des Selbstbewusstseins

Wir alle haben irgendwann den Charme eines Klassentreffens erlebt. Wenn man sich nach langer Zeit wieder trifft, ist man zumeist neugierig, wie sich die ehemaligen Mitschüler verändert haben. Vielleicht hat sich ja die Schulschönheit von einst unter ästhetischer Rücksicht nicht zu ihrem Vorteil verändert – und ähnelt nun eher einer stoischen Gottheit. Vielleicht hat sich hingegen andererseits die graue Maus der Abiturklasse „optisch stark gemausert". In jedem Falle ist es nur dann möglich, derlei Veränderungen zum Guten oder Schlechten hin festzustellen, wenn man die ehemaligen Mitschüler wiedererkennen und identifizieren kann. Dies mag in vielen Fällen im wahrsten Sinne des Wortes auf den ersten Blick schwierig sein, sollte aber durch verbale Kommunikation gelingen.

Dieses Wiedererkennen-Können von Mitschülern hat natürlich eine ziemlich triviale Voraussetzung: Was ich wiedererkennen will, muss ich vorher kennen bzw. kennengelernt haben. Um Adelgunde wiedererkennen zu können, muss ich sie wenigstens einmal auf dem Schulhof heimlich beobachtet und als bestimmte Person identifiziert haben. Eine Person, die ich niemals kennengelernt habe, kann ich also prinzipiell nicht wiedererkennen. Wir haben nun zum Abschluss des Kantteils lernen dürfen, dass Kant die Kompetenz jedes Subjekts, den Gedanken „Ich denke" anlässlich jeder Vorstellung, die „auf mich" bezogen ist, zu fassen, als transzendentales Selbstbewusstsein fasst. Das „Ich denke" ist allerdings eine Fähigkeit, die im Grunde von einem konkreten Subjekt niemals wirklich aktualisiert werden muss. Es ist prinzipiell nicht auszuschließen, dass ein konkretes Subjekt niemals faktisch „Ich denke" denkt – nur denken können muss es dies „Ich denke" nach Kant. Wenn Studenten in der Mensa anstehen, und etwa an den etwas müden Witz denken ‚Der Student geht solange in die Mensa, bis er bricht', werden sie in der Regel nicht reflexiv den Gedanken „Ich denke" hinzudenken. Im Sinne Kants muss das „Ich denke" eben nur hinzugedacht werden können. Das ausdrückliche Selbstbewusstsein, das wir im Gedanken „Ich denke" erzeugen, ist also Produkt eines ausdrücklichen reflexiven Aktes. Dieter Henrich nennt dieses Selbstbewusstseinsmodell Kants die Reflexionstheorie des Selbstbewusstseins (die nachfolgenden Erwägungen auf den Seiten 65–68 machen sich Dieter Henrichs Deutung der Kritik Fichtes am Selbstbewusstseinsmodell Kants zu eigen, siehe: Henrich (17), z. B. S. 193 oder S. 199).

Fichte wirft Kants Selbstbewusstseinsmodell vor, dass dieses eine selbstkonstitutive Seite mit einer selbstidentifizierenden Seite schlicht konfundiere.

(i) Wie wir gelernt haben, behauptet Kant, dass das „Ich denke" meine Vorstellungen begleiten können müsse. Das ausdrückliche Wissen davon, dass ich jetzt z. B. den Gedanken gefasst habe, ‚Das Haus ist blau' bedarf somit eines speziellen, zusätzlichen reflexiven Aktes. Denn es ist nach Kant keinesfalls erforderlich, dass ich bei jedem gegenstandsbezogenen Gedanken faktisch das „Ich denke" aufrufen und diesem Gedanken hinzufügen muss. Unter dieser Hinsicht ist das Selbstbewusstsein ein reflexives Erzeugnis eines aktuell erzeugten Aktes des Subjekts.

(ii) Andererseits fasst Kant diese durch das „Ich denke" zum Ausdruck gebrachte Reflexivität gerade nicht als Erzeugung des „Ich", sondern als einen Modus der Selbstidentifikation. Im aktuell vollzogenen Gedanken „Ich denke" erzeugt danach das Subjekt des Ichgedankens nicht sich selbst, sondern referiert auf sich als ein ihm längst bekanntes „Ich". Die Reflexion erzeugt also nur das aktuelle Ichbewusstsein, aber nicht das, was mit diesem Ichbewusstsein gemeint wird. Im aktuellen Gedanken „Ich denke" identifiziert das Bewusstsein somit seine aktuelle, reflexiv er-

Was man wiedererkennen will, muss man bereits kennen

Konfundierung von Selbstkonstitution und Selbstidentifikation in Kants Theorie des Selbstbewusstseins – Henrichs Rekonstruktion von Fichtes Kritik an Kants Selbstbewusstseinskonzeption

zeugte Ichvorstellung mit einem schon vorliegenden Ich. Etwa: Das bin ja ich, der denkt, das Haus ist blau.

Nach Fichte in der Lesart Henrichs sind beide Aspekte des kantischen Selbstbewusstseinsmodells völlig inkompatibel. Nach (i) ist das, was mit dem Ich gemeint wird, das Resultat eines reflexiven Aktes, der im Gedanken „Ich denke" zum Ausdruck gebracht wird. Im Sinne von (ii) beziehe ich mich mit dem Ich denke auf eine Struktur, die schon immer bekannt sein muss, wenn ich sie (mich) mit dem Gedanken „Ich denke" identifiziere. Damit das „Ich" im Sinne dieser Selbstidentifikation gefasst werden könnte, müsste es schon präreflexiv vorliegen. Die Annahme eines solchen präreflexiven Ich lehnt Kant jedoch entschieden ab. Der aktuelle Ichgedanke (Ig. 1) kann damit nur die Identifikation seiner Ichvorstellung mit einem Ich leisten, das Ergebnis der Identifikationsleistung eines früheren Ichgedankens (Ig. 2) war. Aber auch das Ich, das mit dem reflexiven Gedanken (Ig. 2) identifiziert und gemeint wurde, ist kein ursprüngliches, etwa stabil vorliegendes Ich, sondern auch nur eine Ich-Vorstellung, die Ergebnis der Identifikationsleistung eines noch früheren Ichgedankens (Ig. 3) war, der seine Ichvorstellung (Ig. 3) mit der Vorstellung eines noch früheren Ichgedankens (Ig. 4) identifiziert hat. Und so in alle Ewigkeit. Dieter Henrich behauptet auf der Basis dieser von ihm rekonstruierten Kritik Fichtes am Reflexionsmodell des Selbstbewusstseins (wie Henrich sagt), Fichte habe das Reflexionsmodell des Selbstbewusstseins durch ein Produktionsmodell des Selbstbewusstseins substituieren wollen. Das bezeichnete Problem sei eine der Motivationen Fichtes gewesen, die „Intellektuelle Anschauung" als operativen Terminus seiner Gnoseologie einzuführen. Wie dies genau zu verstehen ist, wollen wir aber erst im 2. Hauptabschnitt des Fichteteils erläutern.

2.1.3 Die intellektuelle Anschauung

Kants Begriff von intellektueller Anschauung ist eng verwoben mit dessen sogenannter „2-Stämme-Lehre" der Erkenntnis.

2-Stämme-Lehre der Erkenntnis

Endlicher, menschlicher Erkenntnis muss der Gegenstand in einer sinnlichen Anschauung gegeben werden, während unser Denken die Gegenstände als Gegenstände zu dieser sinnlichen Anschauung ‚hinzudenke' (vgl. zu diesem ‚Hinzudenken': [1.] Prauss (35), durchgängig durch die gesamte Monographie – [2.] Zocher (46), S. 39 und [3.] Cramer (6), S. 216f.). Diese unterschiedliche Funktion beider Erkenntnisstämme legt Kant als ein nicht mehr auseinander ableitbares Faktum aus. Die Ableitung beider Funktionen aus einer gemeinsamen „Wurzel" sei zwar philosophisch erstrebenswert, die Möglichkeit einer solchen Ableitung lasse sich aber nicht nachweisen. Unter unseren menschlich-endlichen Reflexionsbedingungen dürfe man keine gemeinsame Wurzel der Erkenntnisstämme statuieren, sondern man müsse von einer systematischen grundsätzlichen Prinzipiendifferenz ausgehen. So gesehen, sei der nicht vermittelte Unterschied zwischen unseren Erkenntnisstämmen (bzw. deren wechselseitige Unableitbarkeit auseinander) Index unserer endlichen Erkenntnis. Anders sieht die Sachlage bei Gott aus. Dessen Verstand und Anschauung führt Kant als Limitationsbegriffe an, die den endlichen Status unserer Erkenntniskräfte lucide machen sollen. Da in Gottes Intentionalität Anschauung und Denken eine untrennbare Einheit darstellen, erzeugt Gott alles, indem er es mit seinem anschauenden Verstand intellektuell anschaut, auch dem Sein nach. Wir Menschen hingegen müssen uns die Objekte vorsetzen lassen, da unser Anschauungsvermögen vom Verstandesvermögen getrennt ist.

Dieter Henrichs Ausführungen ((17), z. B. S. 193 oder S. 199) geben auch die entscheidenden Hinweise, um Fichtes systematische Operation der „Intellektuellen Anschauung" angemessen verstehen zu können. Für Fichte ist nämlich offenkundig, dass ein rational erkennendes Wesen (wie der Mensch) in allen seinen Erkenntnisakten, die es ausübt, ein unmittelbares Selbstbezüglichkeitsbewusstsein dieser Erkenntnisakte aufweisen muss. Das erkennende Wesen muss schon in diesen Akten unmittelbar wissen, dass es die seinen sind – und darf sich diese Selbstbezüglichkeit nicht erst in einer nachträglichen Reflexion bewusst machen müssen. Alle rational-intellektuellen Akte der Intentionalität muss sich das erkennende Subjekt schon selbst unmittelbar bei Gelegenheit ihres Vollzuges zugeschrieben haben. Dieses Meinheitsbewusstsein bedürfe hingegen nach Kant eines zusätzlich hervorgerufenen reflexiven Aktes des „Ich denke". Fichte weise das Erklärungsmodell Kants zurück, da dieses Modell aus seiner Sicht für die Selbstzuschreibung eines rationalen Aktes durch das Subjekt ein reflexives ‚Immer-erst-bewusst-Machen-Müssen' einfordere. Diese nachträgliche Reflexivität, die Kant strapaziere, werde der Unmittelbarkeit des Meinheitsphänomens nicht gerecht (vgl. Henrich (17), a. a. O.). Anschauung ist nun ein einzelner, unmittelbarer Akt, der seinen einzelnen Gegenstand direkt präsentiert. Andererseits ist das, was in der Unmittelbarkeit der intellektuellen Anschauung als ‚mein' erfasst wird, kein sinnlicher Gegenstand (etwa ein blaues Haus) selbst, sondern vielmehr das Erzeugthaben *einer* gegenstandsreferenten intentionalen Vorstellung selbst (z. B. das Erzeugthaben eines Gedankens über blaue Häuser). Prinzipientheoretisch von entscheidender Bedeutung ist hier insbesondere der Umstand, dass die intellektuelle Anschauung dem konkreten Subjekt bei Gelegenheit von dessen Denkakten die unthematischen Prinzipien des Denkens und Erkennens, die es als Subjekt in Anspruch nimmt, unmittelbar präsentiert. Besagte Unmittelbarkeit schließt es natürlich aus, dass diese Prinzipien schon philosophisch reflexiv nach Gründen und Folgen geordnet sind. Es geht hier nur um ein unmittelbares präthematisches Wissen von jenem Prinzipienkontinuum, welches das konkrete Subjekt bei seinen Erkenntnisvollzügen unausweichlich in Anspruch nehmen muss. M.a.W.: In der intellektuellen Anschauung erfasst das konkrete Subjekt unmittelbar, dass es die Funktionalität des denkenden und erkennenden Subjektes erfüllt – und damit als DAS erkennende Subjekt fungiert. Die intellektuelle Anschauung ist Anschauung, weil sie die funktionalen Prinzipien der Erkenntnis dem konkreten Subjekt unmittelbar präsentiert und weil sie es ermöglicht, dass das konkrete Subjekt stets unmittelbar seiner Vorstellungen als der seinen gewahr werden kann. Der intellektuellen Anschauung kommt eine herausragende transzendentale Bedeutung zu, da sie in Unmittelbarkeit (d. h. bei Gelegenheit jedes einzelnen Erkenntnisaktes) gleichwohl auf jene invarianten Grundprinzipien referiert, die Gedanken von Gegenständen in Raum und Zeit allererst ermöglichen.

Unmittelbarkeit des ‚Meinheitsbewusstseins'

"Wenn man aber dadurch sich für berechtigt hält, die intellectuelle Anschauung abzuläugnen, so könnte man mit demselben Rechte auch die sinnliche abläugnen, denn auch sie ist nur in Verbindung mit der intellectuellen möglich, da alles, was *meine* Vorstellung werden soll, auf mich bezogen werden muss; das Bewusstseyn (Ich) aber lediglich aus intellectueller Anschauung kommt. (Es ist eine Merkwürdigkeit in der neueren Geschichte der Philosophie, dass man nicht inne geworden, dass alles, was gegen die Behauptung einer intellectuellen Anschauung zu sagen ist, auch gegen die Behauptung der sinnlichen Anschauung gelte, und dass sonach die Streiche, die nach dem Gegner gethan werden, auf uns selbst mit fallen.)" ((ZE), S. 464)

2.1.4 Das Reflexionsproblem

Fichtes Unterscheidung zwischen Prinzipien, die unthematisch fungieren und Prinzipien, die in der Reflexion zum ausdrücklichen Thema erhoben werden, erzeugt neue Probleme. Wenden wir uns einmal einer der primitivsten erkenntnistheoretischen Distinktion zu – nämliche derjenigen zwischen Subjekt und Objekt. Folgende Einsichten dürften auf alle Fälle trivial, wenn nicht sogar banal sein.

> Sind die gewussten Prinzipien des Wissens Gegenstände? – Gotthard Günthers Rekonstruktion

A Grundsätzlich ist etwas Subjekt oder es nicht Subjekt der Erkenntnis – und grundsätzlich ist etwas Objekt der Erkenntnis oder es ist nicht Objekt der Erkenntnis.

B Gilt weiterhin von einem etwas, dass es entweder Subjekt oder Objekt sein muss (also eine dritte Alternative ausgeschlossen wird), so ist dieses etwas, wenn es nicht Subjekt der Erkenntnis ist, Objekt und wenn es nicht Objekt der Erkenntnis ist, Subjekt.

Als was sind unter dieser zweigliedrigen Disjunktion nun die Prinzipien des Denkens und Erkennens zu verstehen? Gehören sie zur Seite des Subjekts, sind sie unter der Rubrik ‚Objekt' zu verorten oder ist die angeführte zweigliedrige Primitivrelation zwischen Subjekt und Objekt falsch? (Günther (14) arbeitet durchgängig in seinem herausragenden Hegelbuch in diesen Zusammenhängen das Festhalten an der Aristotelischen Logik als Grund der bezeichneten Aporie heraus. Er macht das Festhalten an der zweiwertigen Logik des Aristoteles nicht nur für die Verewigung der zweigliedrigen Primitivrelation verantwortlich, sondern die „Zweiwertigkeit" erzeugt seiner Ansicht nach auch das exkludierende Selbstbewusstsein in Kants Apperzeptionslehre, das jede Reflexionstheorie im Kern verunmögliche. Die folgenden Ausführungen auf den Seiten 68–73 lehnen sich ein wenig an Günther an und teilen dessen grundsätzliche Sicht auf das Reflexionsproblem.)

I Prinzipien können nicht der Objektseite zugerechnet werden. Kants Transzendentalphilosophie identifiziert in den Prinzipien der Subjektivität jene letzten Gründe, die Objekte der Erfahrung allererst zu solchen Objekten konstituieren. Prinzipien, die Objekte allererst konstituieren, können nicht selbst schon Objekte sein.

II Aber was berechtigt einen dazu, jene in der Reflexion gedachten Prinzipien der Erfahrung dem subjektiven Lager zuzuschreiben? Als gedachte Prinzipien sind diese ja auch irgendwie Gegenstände des Denkens.

2.1 Die problemgeschichtlichen Wurzeln von Fichtes früher Wissenschaftslehre

Prima facie scheint nun eine Unterscheidung zwischen den unthematisch fungierenden Prinzipien der Erkenntnis und diesen Prinzipien, sofern sie Gegenstände der Reflexion sind, eher unproblematisch zu sein. Doch für Fichte ist die Sachlage längst nicht so einfach, wie man auf den ersten Blick vermuten könnte. Seiner Ansicht nach gibt es in Kants Konstruktion des Selbstbewusstseins ein massives Moment von Ausschlussoperation. Aus Fichtes gnoseologischer Perspektive betrachtet, ist Kants Reflexionslehre mit zwei systematischen Schwierigkeiten belastet: Gemeint sind Kants Konzeption der „Reflexionstheorie des Selbstbewusstseins", wie Henrich sagen würde und Kants Ablehnung der intellektuellen Anschauung. Kant musste – so Fichte –, weil er erstens die intellektuelle Anschauung als gnoseologisches Theoriestück verachtet und zweitens einer Reflexionstheorie des Selbstbewusstseins huldigt, das Selbstbewusstsein als einen identischen Bezugspunkt aller Vorstellungen eines konkreten Subjektes konstruieren. Nach Fichtes Überzeugung wird in der Ichvorstellung der kantischen Selbstbewusstseinslehre vor allem der invariante Bezugspunkt aller vom „Ich" gehabten Vorstellungen vorgestellt. Um ein solcher inhaltsleerer Bezugspunkt sein zu können, der allerdings als prinzipiell invariant gedacht werden kann, darf mit dieser Ichvorstellung kein weiterer Inhalt verbunden werden. Das bedeutet aber zugleich den excludierenden Charakter der Vorstellung des „Ich" (vgl. zur Problematik des ausschließenden Selbstbewusstseins und der Ungeeignetheit einer Annahme der primitiven zweigliedrigen Erkenntnisrelation für eine Reflexionsphilosophie Günther (14), z. B. S. 130 f. und S. 160).

Die systematischen Schwierigkeiten des exkludierenden Selbstbewusstseins ‚bei Kant'

Denn ein solcher inhaltsleerer Bezugspunkt, der invariant allen gehabten inhaltlichen Vorstellungen des konkreten Subjekts hinzugedacht werden kann, vermag das „Ich" nur dann zu sein, wenn die Vorstellung „Ich" zugleich das Ausgeschlossensein aller inhaltlichen Vorstellungen aus dem Selbstbewusstsein des konkreten Subjekts vorstellt. Wir haben im Kantteil das Verhältnis des Selbstbewusstseins zu seinen Vorstellungen, die auf es im Sinne der Meinheit bezogen sind, mit einer Schachtel (= Selbstbewusstsein), in der sich zusammensteckbare Legosteine (= Vorstellungen, die auf das Selbstbewusstsein bezogen sind) vorfinden, verglichen. Um im Bild zu bleiben: Die Legosteine können nur deshalb in dieser Schachtel liegen, weil die Schachtel nicht Teil ihres Inhaltes ist, sondern vielmehr diesem Inhalt Raum bietet. Die Schachtel darf also prinzipiell keiner der Legosteine sein, soll sie diesen Raum bieten können. In ähnlicher Weise muss das Selbstbewusstsein im „Ich denke" alle anderen Vorstellungen von sich ausschließen, die auf es bezogen sind. Dies gilt somit auch von Gedanken, welche sich auf die Prinzipien des Denkens und Erkennens selbst beziehen. Dies ist für Fichte besonders bedenklich, weil das Selbstbewusstsein qua transzendentale Apperzeption als oberstes Prinzip des Denkens von Kant gefasst wird. Fichtes Erkenntnislehre lehnt aus diesen Gründen die (vermeintlich kantische) zweigliedrige Primitivunterscheidung nur zwischen Subjekt und Objekt ab (Günther (14) lehnt die logische „Zweiwertigkeit" ab, die seiner Ansicht nach auch das exkludierende Selbstbewusstsein in Kants Apperzeptionslehre erötige, welches jede konsistente Reflexionstheorie verunmögliche. Günther plädiert aus diesen Gründen für eine „trinitarische Logik" – und kommt damit zu ähnlichen Ergebnissen wie Fichte).

‚Ich' als Vorstellung der unaufhebbaren Unterschiedenheit aller Vorstellung von ihrem Bezugspunkt

2 Fichtes Erkenntnislehre

Dreigliedrige statt zweigliedrige Erkenntnisrelation

Die Wissenschaftslehre führt eine dreigliedrige Disjunktion ein: (i) Objekte des Erkennens, (ii) in der Reflexion gedachte Prinzipien, (iii) unthematisch geltende Prinzipien. Die Prinzipienfunktionalität des Denkens und Erkennens muss deshalb gleichermaßen das Wissen um die Objekte wie das reflexive Wissen um die Prinzipien dieser Funktionalität prinzipiieren. Die Funktionalität des Denkens/Erkennens muss also auch solche Gedanken in ihrer Geltung begründen können, die sich reflexiv auf die Funktion des Erkennens selbst richten. Fichtes Terminus des „Absoluten Ich" bezeichnet den prinzipienlogischen Umstand, dass die Prinzipienfunktionalität des Denkens und Erkennens gleichermaßen sowohl die Welt der Objekte sowie das Wissen um diese Welt *als auch* das Wissen um die Prinzipien des Wissens begründet. Das Erkenntnisthema der Weltobjekte wird mit dem Begriff „teilbares Nicht-Ich" versehen – die in der Reflexion gedachten Prinzipien des Wissens nennt er „teilbares Ich". Es ist ganz offenkundig, dass „teilbares Ich" und „absolutes Ich" nicht begrifflich konfundiert werden dürfen. Ein Clou dieser Konzeption besteht nun darin, dass das ausdrückliche und nur in einem Reflexionsakt erzeugbare Selbstbewusstsein im Sinne des Kantischen „Ich denke" von Fichte als ein Subthema innerhalb des teilbaren Ich gefasst wird. Der jeweils spontan erzeugte Gedanke „Ich denke" im Sinne der kantischen Apperzeptionslehre ist gemäß dieser Konzeption Fichtes durch und durch noch etwas, das begründet wird und artikuliert nicht – wie von Kant behauptet – den letzten Grund des Denkens und Erkennens selbst.

Wider die Konfundierung von funktionaler Reflexivität und Selbstbewusstsein

Wir haben Fichtes Kritik zur Kenntnis nehmen können, nach der Kant das Moment der funktionalen Selbstbezüglichkeit mit dem Moment des Selbstbewusstseins konfundiert hat. Im Sinne der funktionalen Selbstbezüglichkeit wird im „Ich denke" die reine Funktion des Denkens erfasst. Dies heißt, dass Denken, wenn es eine Funktionalität darstellt, in diesem reinen Funktionscharakter als unabhängig von allen konkreten Instantiierungen erfasst werden können muss (etwa in identischer Weise, wie wir eine Organfunktion rein erfassen können müssen, wenn wir eine Maschine entwerfen wollen, die diese Funktion substituieren kann). Die Funktion des Denkens – seine reine Eigenbestimmtheit also – muss demnach in sich so strukturiert sein, dass sie wenigstens Gedanken zulässt, welche diese reine Funktionalität erfassen können. Denn nur dann kann im Denken auch dessen Funktionscharakter ausgewiesen werden. Der reine Funktionssinn des erkenntnisfundierenden Denkens besteht darin, Bewusstseinsleistungen eines konkreten Subjektes in spezifischer Weise zu erkenntnisrelevanten Gedanken zu formen. Diese spezifische Formung konstituiert die Gedanken allererst zu solchen erkenntnisrelevanten Sinnstrukturen, die sich auf empirische Objekte beziehen und deshalb kraft dieser Formung empirisch wahr oder falsch sind. In die Sprache Kants gewendet, besteht dieser Funktionssinn darin, durchgängig notwendige synthetische Einheit gegebenen empirischen Mannigfaltigens zu erzeugen. Der Identitätssinn der Apperzeption [= Identität der Apperzeption] bringt hier zum Ausdruck (!), dass jedes konkrete Subjekt, und jeder wohlgeformte konkrete Gedanke von den selben invarianten Prinzipien des Denkens konstituiert werden. Das „Ich denke" macht reflex, dass alle konkreten Gedanken, die von einem konkreten Subjekt erzeugt werden, welches als das denkende Subjekt fungiert, durch invariante Funktionen des Denkens geformt sein müssen. Solche Funktionen sind z. B. nach Kant die Urteilsfunktionen oder aber die logischen Prinzipien. Denn jeder gültige Gedanke muss von diesen identisch-invarianten Prinzipien geformt sein. Diese Begründungsinvarianz aller Funktionsmomente des Denkens relational zu allen konkreten geltungsrelevanten Gedanken wird von Kant als Identität der Apperzeption aufgefasst und kann im Ich denke reflexiv gedacht werden. Um unsere Beispiele zu strapazieren: Die rein fassbare Funktion des Nageleinschlagens innerhalb der Funktionalität von „Bildaufhängen" stellte bezogen auf alle relevanten Nägel, welche diese Funktion erfüllen können, eine identisch-invariante Struktur dar. Denn nur der reine Funktionssinn des Bildaufhängens begründet funktional, welche Nageltypen geeignet sind – und welche nicht. Ein in dieser Weise verstandenes „Ich" des „Ich denke" reduziert das konkrete Subjekt, das als das erkennende Subjekt fungiert, damit zu einem bloß funktionalen Subjekt. Gemäß dieser Apperzeptionskonzeption ist das konkrete Subjekt, das als das erkennende Subjekt fungiert, vollständig Teilelement der Funktionalität des Denkens und Erkennens. Der Ichgedanke muss nach dieser Apperzeptionskonzeption Kants die Aufgabe übernehmen, inbegrifflich die gesamte reine Funktionalität des Denkens zu intendieren – und weist hierdurch aus, dass Denken eine Funktionalität ist. An anderer Stelle habe ich dazu geschrieben: „Das Problem hierbei ist nun aber, dass der Akt der selbstbezüglichen Reflexion nach Kant genau dies sein muss – ein besonderer, immer erst zu tätigender Akt [...] Zwar muss in der Struktur der reinen Funktionalität des Denkens die Möglichkeit einer reflexiven Selbstbezüglichkeit angelegt sein, aber eine reine Funktionalität vollzieht keine Akte. (Auch das Bildaufhängen hängt keine Bilder auf. Auch die Herzfunktion schlägt nicht selbst.) Ein Subjekt, das in diesem Sinne auf seinen funktionalen Sinn reduziert gedacht wird, vollzieht deshalb auch keine aktiven Reflexionsakte. Kant hat jedoch unglücklicherweise nach der Lesart Fichtes die Reflexivität des Denkens genau an eine solche Reflexionsaktivität gebunden, indem er die Aktualisierung der Kompetenz, den Gedanken ‚Ich denke' zu fassen, als einen besonderen, immer erst hervorzurufenden Akt fasst." (Hiltscher (26), S. 50)

Es wurde bereits erwähnt, dass die innere Reflexivität der Funktion des Denkens und Erkennens bei Fichte durch die intellektuelle Anschauung gesichert sein soll. Indem ein konkretes Subjekt als DAS erkennende und denkende Subjekt fungiert, bezieht es sich mit gültigen oder ungültigen Urteilen auf die Welt und deren Objekte. Nach Fichtes Reflexionsdoktrin wird ihm unmittelbar bei Gelegenheit dieser empirischen Zuwendung zur Welt der Objekte durch die intellektuelle Anschauung zugleich die reine Funktionsstruktur des Denkens und Erkennens präsent(iert). Bei Kant ist der Einschätzung Fichtes nach die Notwendigkeit eines allererst zu erzeugenden Aktus des „Ich denke" unvermeidlich. Das heißt für Fichte: Nach Kants Reflexionslehre müssen die Reflexionsgedanken, mit denen sich das Denken und Erkennen auf sich selbst wendet, immer erst erzeugt werden. Besonders schwerwiegend ist hierbei die Tatsache, dass diese Reflexionskompetenz des konkreten Subjektes, aktiv den Gedanken „Ich denke" zu fassen, sogar das oberste Prinzip des Denkens zum Ausdruck bringen soll. Fasst man nämlich das „Ich denke" als aktiven selbstbewussten Reflexionsakt des Denkens, so kann mit dieser Art des Selbstbewusstseins natürlich nicht die ursprüngliche funktionale Struktur des Denkens selbst gemeint sein. Eine solche ursprüngliche Reflexivität, wenn sie kein eigener Reflexionsakt im Denken

Unmittelbarkeit der Reflexivität ‚bei Fichte' versus erst zu vollziehender Reflexivität ‚bei Kant'

sein soll, ist laut Fichte nur als eine solche Struktur zu konstruieren, welche die Verfasstheit der Funktion des Erkennens bei jedem konkreten Gegenstandsbezug dem konkreten Subjekt je unmittelbar präsentiert. So etwas kann im Verständnis Fichtes nur die intellektuelle Anschauung leisten. Ein konkretes Subjekt jedoch, das sein reflexives Selbstverhältnis immer erst erzeugen muss, kommt nicht darum herum – wie wir sahen –, alle seine gehabten Vorstellungen im Gedanken „Ich" von sich zu unterscheiden, gerade auch die von ihm in Gedanken intendierten der Prinzipien seiner selbst. Ein solches Selbstbewusstsein kann damit nicht als eine Reflexivität verstanden werden, die den gesamten Gliederbau der Funktionalität des Denkens erfasst – und diesen Gliederbau zudem noch als invarianten Formgrund aller von konkreten Subjekten erzeugten gültigen Gedanken vorstellt. Das Selbstbewusstsein dieses Zuschnitts, das dem erst zu aktuierenden Reflexionsakt des konkreten Subjekts entstammt, muss alle Vorstellungen, die es hat und die auf es bezogen sind, von sich ausschließen, wenn es der bewusst gewusste, identisch-invariante Bezugspunkt aller seiner Vorstellungen sein können soll (vgl. zur Problematik des ausschließenden Selbstbewusstseins und der Ungeeignetheit einer Annahme der primitiven zweigliedrigen Erkenntnisrelation für eine Reflexionsphilosophie Günther (14), z. B. S. 130f. und S. 160). Ganz offenkundig ist dieses Selbstbewusstsein die schon beklagte völlig einfache Vorstellung, die sich immer nur in Abgrenzung zu denjenigen Vorstellungen fassen kann, die es hat. Dieses ‚kantianische Selbstbewusstsein' macht sich seine einfache Identität nur dadurch bewusst, dass es sich von seinen gehabten Vorstellungen unterscheidet und hierdurch zu Selbst-Bewusstsein kommt. Es ist die Vorstellung des bewussten Unterschiedes zwischen sich und seinen Vorstellungen. Es ist die identische Schachtel der Vorstellungen, die sich als Schachtel weiß. Aus Fichtes Sicht muss nun ein solches Konzept des Selbstbewusstseins zwingend auch die gedachten Prinzipien der Funktionalität des Denkens selbst aus dem Selbstbewusstsein ausschließen. Denn dieses Selbstbewusstsein kann hier nicht als bewusster Inbegriff der funktionalen Strukturen des Denkens verstanden werden, sondern nur als Selbstbezug eines konkreten Subjektes, das sich alle seine Vorstellungen und Gedanken selbst zuschreiben kann, aber sich genau deshalb als Selbstbewusstsein von diesen unterscheiden muss. Diese Konzeption des Selbstbewusstseins schließt zwangsläufig die Gegenstände aller Reflexionsgedanken ebenso von sich aus wie die Gegenstände aller Weltvorstellungen. Nicht erst Hegel, sondern Fichte hat Inkompatibilität von Selbstbewusstseinstheorie und funktionaler Reflexivität in Kants Apperzeptionslehre aufgedeckt. Hegel wird Fichtes Kritik später nur radikalisieren. Darauf kommen wir aber bald zurück.

Reflexionstheoretische Kantkritik

Fichtes Kritik an den beiden seiner Sicht nach unversöhnten Bestandteilen von Kants Reflexionslehre lautet somit:

A Verstehe man das, was mit dem „Ich denke" vorgestellt werde, als Invarianz der Funktion des Denkens [= Identität der transzendentalen Apperzeption], so werde im „Ich denke" die Invarianz aller Prinzipien des Denkens bezogen auf jene konkreten Gedanken und konkreten Subjekte gedacht, die von dieser Funktion begründet werden. Das „Ich" stelle dann den Inbegriff einer funktionalen Prinzipienmannigfaltigkeit vor. Diesem funktionalen Ich könne aber dann keine Reflexionsaktivität unterstellt werden

B Fasse man das „Ich denke" andererseits als Ausdruck einer immer erst zu aktivierenden Reflexionsaktivität, so beinhaltete das „Ich" eine gänzlich leere Selbstbezugsvorstellung, die prinzipiell alle anderen Vorstellungen von sich ausschlösse. In diesem Falle könnte man keinen Unterschied zwischen den Gedanken von Objekten und den Gedanken von Prinzipien mehr machen. Alle Themen, die von einem solchen Selbstbewusstsein ausgeschlossen würden, wären gleichermaßen fremde Objekte für dieses Selbstbewusstsein.

Nach Fichte benötigt Kants Konzeption von Reflexivität beide genannten Aspekte – aber beide Aspekte passten nicht zusammen. Für Fichte steht damit fest, dass beide Aspekte der Funktion des „Ich denke", die Kant in Anspruch nehmen muss, prinzipiell nicht harmonieren können. Der Grund hierfür liegt darin, dass Kants aktives Selbstbewusstseinsmodell das Primitiv-Schema der Erkenntnisrelation [= Subjekt-Objekt-Schema] verewigen muss, und damit dem Thema der Reflexion qua gedachten Prinzipien nicht gerecht werden kann.

2.2 Grundskizze von Fichtes Lösungskonzepts

Zu Beginn des Abschnittes zum ersten Grundsatz schreibt Fichte in der Wissenschaftslehre von 1794/95:

„Wir haben den absolut-ersten, schlechthin unbedingten Grundsatz alles menschlichen Wissens *aufzusuchen. Beweisen* oder *bestimmten* lässt er sich nicht, wenn er absolut-erster Grundsatz seyn soll. Er soll diejenige *Thathandlung* ausdrücken, welche unter den empirischen Bestimmungen unseres Bewusstseyns nicht vorkommt, noch vorkommen kann, sondern vielmehr allem Bewusstseyn zum Grunde liegt, und allein es möglich macht. Bei Darstellung dieser Thathandlung ist weniger zu befürchten, dass man sich etwa dabei dasjenige *nicht* denken werde, was man sich zu denken hat – dafür ist durch die Natur unseres Geistes schon gesorgt – als dass man sich dabei denken werde, was man nicht zu denken hat. Dies macht eine *Reflexion* über dasjenige, was man etwa zunächst dafür halten könnte, und eine *Abstraction* von allem, was nicht wirklich dazu gehört, nothwendig. Selbst vermittelst dieser abstrahirenden Reflexion nicht – kann Thatsache des Bewusstseyns werden, was an sich keine ist; aber es wird durch sie erkannt, dass man jene Thathandlung, als Grundlage alles Bewusstseyns, nothwendig *denken* müsse. Die Gesetze, nach denen man jene Thathandlung sich als Grundlage des menschlichen Wissens schlechterdings denken muss, oder – welches das gleiche ist – die Regeln, nach welchen jene Reflexion angestellt wird, sind noch nicht als gültig erwiesen, sondern sie werden stillschweigend, als bekannt und ausgemacht, vorausgesetzt. Erst tiefer unten werden sie von dem Grundsatze, dessen Aufstellung bloss unter Bedingung ihrer Richtigkeit richtig ist, abgeleitet. Dies ist ein Cirkel; aber es ist ein unvermeidlicher Cirkel. (S. über den Begriff der Wissenschaftslehre § 7.) Da er nun unvermeidlich, und frei zugestanden ist, so darf man auch bei Aufstellung des höchsten Grundsatzes auf alle Gesetze der allgemeinen Logik sich berufen. Wir müssen auf dem Wege der anzustellenden Reflexion von irgend einem Satze ausgehen, den uns Jeder ohne Widerrede zugiebt. Dergleichen Sätze dürfte es wohl auch mehrere geben. Die Reflexion ist frei;

und es kommt nicht darauf an, von welchem Puncte sie ausgeht. Wir wählen denjenigen, von welchem aus der Weg zu unserem Ziele am kürzesten ist. So wie dieser Satz zugestanden wird, muss zugleich dasjenige, was wir der ganzen Wissenschaftslehre zum Grunde legen wollen, als Thathandlung zugestanden seyn: und es muss aus der Reflexion sich ergehen, *dass* es als solche, *zugleich mit jenem Satze*, zugestanden sey. – Irgend eine Thatsache des empirischen Bewusstseyns wird aufgestellt; und es wird eine empirische Bestimmung nach der anderen von ihr abgesondert, so lange bis dasjenige, was sich schlechthin selbst nicht wegdenken und wovon sich weiter nichts absondern lässt, rein zurückbleibt." ((WL), S.91 f.)

2.2.1 Die Tathandlung

In einem ersten Schritt wollen wir uns Begriff und Funktion der sogenannten Tathandlung in der „Wissenschaftslehre" von 1794/95 widmen. Dieser Terminus steht für eines der bekanntesten philosophischen Lehrstücke Fichtes (ich verwende auf den Seiten 74–77 Ergebnisse aus Hiltscher (22), S. 77–79). Um uns einen Zugang zu dieser Schrift zu verschaffen, der auch heute noch nachvollziehbar sein kann, erscheint es sinnvoll, ihn mit Mitteln der Flach-Wagnerschen Prinzipienlogik zu rekonstruieren (vgl. Wagner (41) S. 69–73, S. 99–150, S. 160–180 exempl. S. 123 und S. 127 und Flach (8), bes. S. 588. Auf den Seiten 74–86 verwende ich die Flach-Wagnersche Prinzipienlogik für meine Interpretation).

2.2.1.1 Prinzip und Prinzipiat nach Wagner/Flach

Werner Flach und Hans Wagner deuten das Prinzipienverhältnis als Verhältnis struktureller ‚Doppelaspektigkeit'. Es sei unter einem Aspekt der Symmetrie *einerseits* und einem Aspekt „asymmetrischer, einseitiger Begründung" *andererseits* zu beurteilen.

Der erste Grundsatz gilt für jede Form des Wissens, nicht nur für endliches Wissen

Der erste Grundsatz soll mit dem Terminus der Tathandlung Wissen als Grund und Begründetes seiner selbst ausweisen. Wissen ist nur dann notwendig geltungsqualifiziert, wenn es selbstkonstitutiv ist. Der Inbegriff aller Prinzipien des Wissens, den der erste Grundsatz als „Tathandlung" namhaft macht, ist ein Inbegriff jener Prinzipien, die Wissen noch vor der Unterscheidung zwischen endlicher und unendlicher Vernunft zu geltungsbestimmten Wissen konstituieren. Der erste Grundsatz und die in ihm artikulierte Tathandlung gelten also für jede Form des Wissens. Gleichwohl kann Fichte den ersten Grundsatz und die Tathandlung nur an *unserer* Form des Wissens explizieren. In unserer endlichen Form des Wissens stehen Grund und Begründetes (Prinzip und Prinzipiat) nicht nur in einer einseitigen Beziehung (nämlich, dass der Grund das Begründete begründet) sondern auch in einer wechselseitigen Bedingungsrelation (nämlich, dass es ohne Begründetes auch keinen Grund gibt – und natürlich vice versa).

Der erste Grundsatz klammert die Gegenstandsgebundenheit menschlichen Wissens aus

Im unendlichen Wissen Gottes hingegen gibt es ausschließliche das *einseitige Selbst*-Begründungsverhältnis, nicht aber das wechselseitige Bedingungsverhältnis von Prinzip und Prinzipiat. Der absolute Grund ist nämlich nicht auch bedingt durch ein von ihm potentiell Unabhängiges, wie dies bei endlichen Begründungsverhältnissen der Fall ist. Der erste Grundsatz von Fichtes früher Wissenschaftslehre setzt schon das endliche wechselseitige Bedingungsverhältnis aus Explikationsgründen voraus. Dennoch trägt der erste Grundsatz der Tatsache Rechnung, dass die Tathandlung vor der Unterscheidung zwischen endlichem und unendlichem Wissen liegen soll, indem er den Gegenstandsbegriff aus seiner Begründungsfunktion ausklammert.

Der Aspekt der Symmetrie bezieht sich auf die nahezu triviale Tatsache, dass es ohne ein Begründetes für uns endliche Wesen auch kein Begründendes geben kann. Dass es ohne Begründendes kein Begründetes geben kann, ist natürlich ebenso klar. Diesen Aspekt der wechselseitigen und sehr wohl gleichrangigen wechselseitigen Voraussetzung von Prinzip (= Grund) und Prinzipiat (Begründetem) nennen Wagner und Flach das wechselseitige Bedingungsverhältnis von Prinzip und Prinzipiat. Für das symmetrische Bedingungsverhältnis gilt: Ein Prinzip (Grund/Begründendes) ist in seiner Begründungsrelevanz genauso bedingt durch das Prinzipiat (Begründetes), wie das Prinzipiat als Begründungsbedürftiges durch das Prinzip bedingt ist.

Symmetrischer Aspekt des Prinzipienverhältnisses

Natürlich denken wir aber bei Begründungsverhältnissen immer ‚einseitig' den Grund als einen solchen, der das von ihm Begründete allererst möglich oder wirklich macht. Auch diese einseitige Beziehung, gemäß der nur das Prinzip das „Prinzipiat" setzen kann, ist im Verhältnis zwischen Prinzip und Prinzipiat strukturell gegeben. Wagner und Flach konstatieren deshalb, dass im Prinzipienverhältnis stets ein Verhältnis wechselseitiger Bedingtheit von Prinzip und Prinzipiat sowie ein Verhältnis einseitiger Begründung des Prinzipiats durch das Prinzip unauflösbar verwoben seien.

Asymetrischer Aspekt

2.2.1.2 Der Erste Grundsatz der Wissenschaftslehre

„*Sich selbst setzen* und *Seyn* sind, vom Ich gebraucht, völlig gleich. Der Satz: Ich bin, weil ich mich selbst gesetzt habe, kann demnach auch so ausgedrückt werden: *Ich bin schlechthin, weil ich bin.* Ferner, das sich setzende Ich, und das seyende Ich sind völlig gleich, Ein und ebendasselbe. Das Ich ist dasjenige, als *was* es sich setzt; und es setzt sich als *dasjenige*, was es ist. Also: *Ich bin schlechthin, was ich bin.* […] Der unmittelbare Ausdruck der jetzt entwickelten Thathandlung wäre folgende Formel: *Ich bin schlechthin, d. i. ich bin schlechthin, weil ich bin; und bin schlechthin, was ich bin; beides für das Ich.* Denkt man sich die Erzählung von dieser Thathandlung an die Spitze einer Wissenschaftslehre, so müsste sie etwa folgendermaassen ausgedrückt werden: *Das Ich setzt ursprünglich schlechthin sein eigenes Seyn.*" ((WL), S. 98)

Die Rede von dem sich in der Tathandlung selbst setzenden Ich verweist auf eine Selbstkonstitutionsstruktur des Wissens. Wissen qua „Ich" sei uno actu Begründendes (Prinzip) und Begründetes (Prinzipiat) seiner selbst. Gemäß dieser Letztbegründungskonzeption seien Wissen als Prinzip (setzendes Ich) und Wissen als Prinzipiat (gesetztes Ich) prinzipienlogisch zwar zu unterscheiden, allerdings müssten sie partiell auch miteinander identifiziert werden. Fichtes argumentationslogische Pointe besteht nun darin, alle Prinzipien des Wissens im ersten Grundsatz inbegrifflich qua Ich aufzufassen. Das, was dieser Prinzipieninbegriff begründet, sind alle konkreten geltungsrelevanten Vollzüge des Wissens. Auch dieses Begründete wird von Fichte inbegrifflich qua Ich gedacht. Es zeichnet sich hier schon ab, wie die Selbstkonstitution des Wissens qua Ich verstanden werden könnte.

Erste Erläuterung der Flach-Wagnerschen Prinzipientheorie

Fichte hat bekanntlich die sehr umstrittene Ansicht vertreten (Über den Begriff der Wissenschaftslehre), formale Logik sei keine wirkliche philosophische Disziplin, sondern vielmehr eine Einzelwissenschaft. Diese Einschätzung Fichtes sollte uns aber nicht daran hindern, anhand der sogenannten formalen Logik die Flach-Wagnersche Prinzipienlehre zu erläutern und damit zugleich das „Selbstsetzungstheorem" Fichtes plausibel zu machen: Was auch immer wir an Inhalten von der empirischen Welt denken mögen, die Gedanken, die wir fassen, müssen im Einklang mit logischen Prinzipien wie dem Widerspruchsprinzip stehen. Nur ein Gedanke, der gemäß dem logischen Widerspruchsprinzip geformt ist, kann überhaupt etwas (insbesondere) in der Welt ‚meinen' und empirisch wahr oder falsch sein. Ein Gedanke, der nicht wohlgeformt im Sinne des Widerspruchsprinzips gedacht wird, kann auch keinen geltungsdifferent bewertbaren Inhalt aufweisen. Wenn wir dies vor dem Hintergrund der Flach-Wagnerschen Prinzipienlogik deuten, heißt dies aber andererseits unter der Brille des wechselseitigen Bedingungsverhältnisses von Prinzip und Prinzipiat auch, dass ohne den Vollzug und die Möglichkeit konkreter Gedanken, in denen logische Prinzipien wie das Widerspruchsprinzip in Anspruch genommen werden, diese logischen Prinzipien keinerlei objektive Gültigkeit und Bedeutung aufwiesen. Es gäbe sie nicht. Die Möglichkeit des Habens bzw. Fassens konkreter Gedanken ist Bedingung der ‚*Gültigkeitsrealität*' logischer Prinzipien. Betrachten wir das Begründungsverhältnis allerdings unter dem Aspekt einseitiger Begründung, müssen die logischen Prinzipien als ausschließliche Formgründe der Geltung konkreter Gedanken betrachtet werden. Denn das, was der konkrete Inhalt dieser Gedanken ist, trägt nichts zu deren logischer Gültigkeit bei. Genau deshalb abstrahiert die Wissenschaft der formalen Logik ja auch von ‚aller Inhaltlichkeit' des Denkens. Nun sind aber weiterhin sowohl die begründende Form als auch die von dieser Form begründeten konkreten gegenstandsbezogenen Gedanken Denken. So gesehen, kann man sagen, dass Denken in sich in Grund und Begründetes seiner selbst unterschieden sei – oder besser: sich selbst als Grund und Begründetes (seiner selbst) konstituiere. Wenden wir dies auf Fichtes Selbstbegründungsfigur an.

Die Flach-Wagnersche Prinzipienlehre als Schlüssel zum Verständnis von Fichtes funktionaler Selbstkonstitutionstheorie des Wissens

Fichte ist es nun aber ganz gewiss nicht um eine ‚eingeschränkte' formale Logik zu tun, sondern er beabsichtigt (genau wie Kant) eine fundamentale Theorie der Erkenntnis und unseres Wissens vorzulegen. Auch Fichtes ‚Spielart' der Transzendentalphilosophie versucht sich in einer Prinzipienexplikation jener apriorischen Konstituentien, welche die Gegenständlichkeit des Gegenstandes der Erkenntnis erst ermöglichen. Auch bei Fichte bleibt die alte kantische Konzeption der Transzendentalen Logik im Blick. Die Transzendentale Logik sei eine Logik der kategorialen Bedingungen möglichen Gegenstandsbezugs. Sie lege jene Bedingungen dar, die einen apriorischen Bezug unserer Erkenntnis auf empirische Gegenstände ermöglichten. Dies schließt ebenso für Fichte wie für Kant aus, dass die begründenden Strukturen der Transzendentalen Logik unter Abstraktion vom Gegenstandsbezug des Denkens und Erkennens gewonnen werden, wie dies in der ‚bloß' formalen Logik der Fall sei. Für Kant bestand die Funktionalität des Erkennens aus zwei nicht voneinander ableitbaren Teilfunktionalitäten: der Funktionalität des Denkens einerseits (= insbesondere Urteilsfunktionen) und der Funktionalität der Sinnlichkeit/Anschauung/Rezeptivität (= Anschauungsformen von Raum und Zeit) andererseits.

Fichte ist es durch seinen systematischen Schachzug, auch die Prinzipien der Anschauung aus dem Selbstbewusstsein abzuleiten, nun möglich, die Funktionalität des Erkennens völlig inbegrifflich als ‚Ich' fassen zu können – im Sinne der Flach-Wagnerschen Prinzipienlogik formuliert – als Ich als Prinzip. Die Pointe von Fichtes Argumentation besteht nun aber genau darin, alle konstitutiven Prinzipien des Wissens und Erkennens ‚undifferenziert' inbegrifflich zu fassen. Diese Inbegrifflichkeit – das absolute Ich – wird verstanden als die Gesamtheit aller erkenntniskonstitutiven Prinzipien, aber in einer solchen inbegrifflichen Form, in der diese Prinzipien noch nicht betreffs ihrer jeweiligen Begründungsaufgabe spezifiziert sind. Die Inbegrifflichkeit bedeutet eine Totalität noch nicht reflexiv entfalteter Prinzipien der Erkenntnis.

Inbegrifflichkeit von ‚Ich als Prinzip' im Sinne der Flach-Wagnerschen-Logik

Aber auch das, was dieser unentfaltete funktionale Prinzipieninbegriff begründet, wird von Fichte inbegrifflich gefasst. Alle durch diese Funktionalität wohlgeformten Erkenntnisprätentionen, die ein beliebiges konkretes Subjekt, das gemäß dieser Funktionalität als das erkennende Subjekt fungiert, auch nur immer erzeugen kann, werden ebenfalls inbegrifflich als Ich bestimmt. Im Sinne der Flach-Wagnerschen Prinzipienlogik werden sie also als Ich als Prinzipiat gefasst. Weil durch das inbegriffliche Ich als Prinzip [= noch nicht in ihre Details entfaltete Funktionalität des Erkennens] der Inbegriff aller gültigen und wohlgeformten gegenständlichen Erkenntnis (= das Ich als Prinzipiat) als konstituiert gedacht wird, kann Fichte behaupten, das Ich setze sich selbst. Das Ich als Prinzip (qua inbegriffliche Funktionalität des Erkennens) konstituiert das Ich (qua Prinzipiat) als Inbegriff der erkenntnisfunktional wohlgeformten, gegenstandsbezogenen Erkenntnisse jedes konkreten Subjekts, das als das erkennende Subjekt fungiert oder fungieren wird.

Inbegrifflichkeit von ‚Ich als Prinzipiat' im Sinne der Flach-Wagnerschen Logik

2.2.1.3 Die Beweisform des Ersten Grundsatzes

Während Kant selbst terminologisch nie exakt zwischen unthematisch geltenden Prinzipien und thematisch in der Reflexion exponierten Prinzipien unterschieden hatte, wird Fichte genau diese Differenz zu einem Fundament seiner Philosophie. Unthematisch „unbewusst" geltende Prinzipien werden von Fichte mit dem Terminus ‚Handlungen' bedacht, in der Reflexion ausdrücklich thematisierte Prinzipien wie auch ‚schlichte' weltbezogene Gedanken sind „Tatsachen des Bewusstseins". Fichte charakterisiert den ersten Grundsatz der Wissenschaftslehre als schlechthin unbedingt, d.h. seiner Form und dem Gehalte nach unbedingt. Man könne ihn nicht beweisen. Dies heißt allerdings nur, dass der erste Grundsatz aus keinem anderen Satz abgeleitet werden dürfe. Denn ganz offenkundig wäre der erste Grundsatz, sofern er aus einem anderen Satz gefolgert werden könnte, weder erster Grundsatz noch unbedingt. Er wäre in diesem Falle vielmehr ein bedingter Satz. Der Reflexionsmodus, mit dem der erste Grundsatz gefunden werden soll, ist ein „Aufsuchen". Was man aufsucht, muss jedoch irgendwie schon vorliegen.

Das im ersten Grundsatz gedachte Prinzip liegt diesem Grundsatz ungedacht voraus

Da Fichte strikt zwischen unthematisch geltenden Prinzipien qua Handlungen und reflexiv gemachten Prinzipien qua bewussten Sätzen differenziert, kann er problemlos behaupten, dass das, was die Satzstruktur des ersten Grundsatzes zum Thema erhebt, als unthematisches Prinzip bereits vorliege. Das, was der erste Grundsatz thematisiert, ist der Gehalt einer (Prinzipien-)Handlungsart des Wissens, die er nur in eine neue Form transformiert, in die Form eines bewussten Satzes. Die Unbegründetheit des ersten Grundsatzes – dass er sich weder beweisen noch bestimmen ließe – bedeutet nur seine Unableitbarkeit aus Gebilden mit Satzstruktur. Mitnichten ist dies aber so zu verstehen, als sei Fichte der Ansicht, der erste Grundsatz habe keine Rechtfertigung. Fichte beabsichtigt mit seiner Exposition des ersten Grundsatzes nur, der Gefahr einer unendlichen Iteration von Sätzen vorzubeugen, die jeweils ihre Nachfolger begründeten und ihrerseits jeweils durch einen Vorgänger begründet wären. Der erste Grundsatz ist in seiner Geltung gerechtfertigt, indem er einen Wissensgrund bewusst macht, der als solcher unthematisch fungiert. Das oberste Prinzip, welches der erste Grundsatz reflexiv macht, ist die Tathandlung. Der Terminus der Tathandlung ist eine Zusammensetzung aus dem Wort „Tat" und dem Wort „Handlung". Eine Tat ist (nach dem Jargon der Epoche) eine freie Handlung. „Frei" bedeutet in unseren Zusammenhängen die Verfasstheit des letzten Grundes, nicht mehr von weiteren, ihm externen Gründen geformt oder begründet zu sein. Der letzte Grund besitzt eine durchgängige Selbstkonstitutivität. Der Terminus der Tathandlung qua Tathandlung indiziert die Selbstkonstitutivität des Prinzips. Der Wortbestandteil „Handlung" im obersten Prinzip hat kundzutun, dass das oberste Prinzip ein unthematisch geltendes Prinzip ist, das auch dann in Geltung ist, wenn es nicht reflexionsthematisch wird. Zusammengefasst ist zu sagen, dass Fichte mit dem Begriff „Tathandlung" die Selbstkonstitution des Wissens als Prinzip und Prinzipiat seiner selbst kenntlich zu machen versucht. Um diese Selbstkonstitutivität denken zu können, werden Wissen als Prinzip und Wissen als Prinzipiat jeweils inbegrifflich als „Ich" gefasst. Es gelten folgende zwei ‚Gleichungen' im ersten Grundsatz:

1.) Wissen als Prinzip = der Inbegriff aller gründenden Prinzipien = Ich als Prinzip.
2.) Wissen als Prinzipiat = der Inbegriff alles konkreten geltungsrelevanten Wissens = Ich als Prinzipiat.

Inbegrifflichkeit von Prinzip und Prinzipiat des Wissens

Sowohl das inbegriffliche Wissen als Prinzip als auch das inbegriffliche Wissen als Prinzipiat sind im Sinne Fichtes als „Ich" zu bezeichnen. Unter Zugrundelegung dieser begründungslogischen Struktur kann Fichte sagen: Das Ich setzte sich selbst, begründe sich selbst. Schnell begreifen wir, was Fichte argumentationslogisch hier gewinnt. Er umschifft zunächst auf elegante Weise das Problem der Anfangs. Durch die Verinbegrifflichung aller Prinzipien des Wissens muss er nicht (wie etwa weiland Reinhold) einen Anfang bei diesem oder jenen bestimmten Prinzip des Wissens rechtfertigen. Insbesondere lässt sich aber das im Ersten Grundsatz inbegrifflich gefasste ‚Wissen als Prinzip' modo elenctico verteidigen und damit in seiner Unbedingtheit ausweisen, wenngleich nicht beweisen. Bestritte nämlich ein „insipiens" die Geltung des inbegrifflichen Wissensgrundes, müsste er damit zugleich entweder behaupten, es gäbe kein Wissen, oder aber bestreiten, dass Wissen einen Grund habe. Wer mit Anspruch auf Wissen behauptet, es gäbe kein Wissen, widerspricht sich selbst. Wer jedoch mit Anspruch auf Wissen behauptet, Wissen habe keinen Grund, kann zur Rechtfertigung dieser Wissensprätention aufgefordert werden (vgl. hierzu zeitgenössischen Ansätze z. B. bei W. Kuhlmann, siehe Einleitung S. 11). Kommt der insipiens dieser Aufforderung nach, muss er Gründe für seine mit Wissensanspruch erhobene Behauptung (= Wissen habe keinen Grund) anführen. Abermals widerspräche er sich selbst (vgl. hierzu meine Rezension zur Monographie von Christian Krijnen (32) in: Kant-Studien 2/2012, S. 259–263 (bes. 262 f.)).

2.2.2 Die drei Grundsätze der Wissenschaftslehre von 1794/95

Versuchen wir eine Skizze der drei Grundsätze der Wissenschaftslehre zu geben.

2.2.2.1 Erster, schlechthin unbedingter Grundsatz – Argumentationsstruktur des Ersten Grundsatzes

Wir haben darauf hingewiesen, dass Fichte im ersten Grundsatz die Prinzipien und die Prinzipiate des Wissens inbegrifflich jeweils als Ich fasst, wenn man die Analysetermini von Wagner und Flach heranzieht. Diese Inbegrifflichkeit bedeutet bezogen auf den Argumentationsduktus des ersten Grundsatzes, dass in diesem noch keine Differenzierung der Themen des Wissens in Reflexion und Weltobjekte vorgenommen werden darf, sondern Wissen wird als eine alle seine Themata umfassende Grundfunktion der Erzeugung geltungsdifferenten Sinnes verstanden. Welche Grundthemen Wissen haben kann, spielt im ersten Grundsatz deshalb keine Rolle. Fichte beschreibt seine Vorgehensweise im ersten Grundsatz wie folgt: Seine Argumentationsstrategie nehme ihren Ausgang von einem gegebenen Satz, dessen Geltung jeder alternativlos einräumen müsse und versuche von dieser Basis aus zu dessen letzter Begründung – der Tathandlung – ‚aufzusteigen'.

„Wir müssen auf dem Wege der anzustellenden Reflexion von irgend einem Satze ausgehen, den uns Jeder ohne Widerrede zugiebt. Dergleichen Sätze dürfte es wohl auch mehrere geben. Die Reflexion ist frei; und es kommt nicht darauf an, von welchem Puncte sie ausgeht. Wir wählen denjenigen, von welchem aus der Weg zu unserem Ziele am kürzesten ist." ((WL), S. 92)

Dabei ist der Ausgang, den Fichte andeutet, zunächst durchaus der Ausgang von Gedanken konkreter Subjekte. Diese Gedanken werden dementsprechend als konkrete Bewusstseinsleistungen verstanden. An diesen konkreten Leistungen eines Bewusstseins ist danach darzutun, dass und ob diese gemäß den funktionalen Prinzipien des Erkennens wohlgeformt seien. Könne man die Prinzipien des Wissens als sämtliche Bewusstseinsleistungen aller konkreten Subjekte prinzipiell und durchgängig formend darlegen, werde zugleich aufgewiesen, dass jedes konkrete Subjekt als DAS erkennende Subjekt fungieren könne (i). In einem nächsten Schritt wird von Fichte der Inbegriff aller konkreten Subjekte und aller konkreten Gedanken, welche die Funktionalität des Erkennens wohlgeformt erfüllen können, konstruiert. Es wird der Inbegriff von Ich als *dem* Prinzipiat [= Ich bin] entfaltet (ii). Abschließend wird die reine Funktionalität des Erkennens inbegrifflich qua Tathandlung exponiert. Diese Station stellt den Endpunkt der ‚erstgrundsätzlichen Argumentation' dar, da in ihr – laut Fichte – die Reflexion beim Ich als Prinzip angekommen ist (iii).

Über den postulierten, von allen zugestandenen Satz führt Fichte aus:

> Das konkrete Subjekt, das als DAS erkennende Subjekt fungiert

„So wie dieser Satz zugestanden wird, muss zugleich dasjenige, was wir der ganzen Wissenschaftslehre zum Grunde legen wollen, als Thathandlung zugestanden seyn: und es muss aus der Reflexion sich ergehen, *dass* es als solche, *zugleich mit jenem Satze*, zugestanden sey. – Irgend eine Thatsache des empirischen Bewusstseyns wird aufgestellt; und es wird eine empirische Bestimmung nach der anderen von ihr abgesondert, so lange bis dasjenige, was sich schlechthin selbst nicht wegdenken und wovon sich weiter nichts absondern lässt, rein zurückbleibt. […] Den Satz: *A ist A* (soviel als A=A, denn das ist die Bedeutung der logischen Copula) giebt Jeder zu; und zwar ohne sich im geringsten darüber zu bedenken: man erkennt ihn für völlig gewiss und ausgemacht an." ((WL),S. 92 f.)

In der Formel A ist A sind 2 Aspekte enthalten. Der eine Aspekt betrifft den Geltungsanspruch des A = A. Der zweite Aspekt betrifft den Sinn, den die beiden A's der Formel aufweisen. Fichte spricht im Zitat von der Bedeutung der logischen Kopula. Damit meint er den formalen Geltungsanspruch des Urteils. Wir hatten im Kantteil gesehen, dass schon der bloßen Form des (kategorischen) Urteils ein solcher Anspruch auf Geltung inhärent sei. Dieser Anspruch schließt solche Formulierungen aus, wie: „Es ist wahr, dass die Türe offensteht (A), aber es ist unzutreffend, dass die Türe offensteht (–A)." Bedient man sich formal korrekt der logischen Kopula in einem Urteil, so behauptet man Wahrheit und Wissen. In formaler Hinsicht gilt, dass man in einem Urteil nicht zugleich einen Sinn als gültig und ungültig behaupten kann. Dies meint Fichte, wenn er sagt:

„Wenn aber Jemand einen Beweis desselben fordern sollte, so würde man sich auf einen solchen Beweis gar nicht einlassen, sondern behaupten, jener Satz sey *schlechthin*, d. i. *ohne allen weiteren Grund*, gewiss: und indem man dieses, ohne Zweifel mit allgemeiner Beistimmung, thut, schreibt man sich das Vermögen zu, etwas schlechthin zu setzen." ((WL), S. 93)

Der unausweichliche formale Geltungsanspruch des Urteils

Allein schon durch Gebrauch der Form des behauptenden Urteils ist dieser Geltungsanspruch enthalten, er ist ein „Vermögen, etwas schlechthin zu setzen". Die Formel A = A betrifft somit keinesfalls nur Tautologien wie „Steine sind Steine" oder „Philosophen sind Philosophen" Es geht hier primär um die minimale Sinnkonstanz und Sinnkohärenz zwischen Subjektbegriff des Urteils und dessen Prädikatbegriff, die durch den formalen Geltungsanspruch des behauptenden Urteils notwendig gemacht wird.

„Man setzt durch die Behauptung, dass obiger Satz an sich gewiss sey, *nicht*, dass A sey. Der Satz: *A ist A* ist gar nicht gleichgeltend dem: *A ist*, oder: *es ist ein A*. (Seyn, ohne Prädicat gesetzt, drückt etwas ganz anderes aus, als seyn mit einem Prädicate; worüber weiter unten.) Man nehme an, A bedeute einen in zwei gerade Linien eingeschlossenen Raum, so bleibt jener Satz immer richtig; obgleich der Satz: *A ist*, offenbar falsch wäre. Sondern man *setzt*: wenn A sey, *so* sey A. Mithin ist davon, ob überhaupt A sey oder nicht, gar nicht die Frage. Es ist nicht die Frage vom *Gehalte* des Satzes, sondern bloss von seiner *Form*; nicht von dem, *wovon* man etwas weiss, sondern von dem, *was* man weiss, von irgend einem Gegenstande, welcher es auch seyn möge." ((WL), S. 93)

Mit dem formalen Geltungsanspruch des Urteils wäre also der Satz „Dieses Gebilde ist ein zwischen zwei geraden Linien eingeschlossener Raum" vereinbar, obgleich dieser Satz inhaltlich unwahr ist. Nicht vereinbar wäre der Satz „Es ist wahr, dass dieses Gebilde ein zwischen zwei geraden Linien eingeschlossener Raum ist – jedoch ist dieser Satz falsch, da es nicht zutrifft, dass dieses Gebilde ein zwischen zwei geraden Linien eingeschlossener Raum ist." Letzterer Satz könnte in folgende, die Geltungsprätention aufhebende Kurzform zusammengezogen werden: „Dieser *ausschließlich* zwischen zwei Linien eingeschlossene Raum (A) wird durch 3 Linien eingeschlossen (–A)." Es geht hier also nicht etwa darum, dass ein Begriff etwa in einem analytischen Urteil kantischen Formats widersprüchlich „erläutert" würde, sondern es geht einzig und allein darum, dass die implizite Geltungs-Behauptung von A durch das Prädikat nicht aufgehoben werden darf. Nur deshalb steht in Fichtes Form A = A das A an Prädikatsstelle und nicht nur an Subjektstelle. Auch wäre der Satz „Körper sind nicht ausgedehnt" mit dieser ursprünglichen Geltungsprätention gut vereinbar. Die wohlgeformte Geltungsprätention des Urteils „Körper sind nicht ausgedehnt" scheiterte nur dann, wenn der Teilsatz "[…] und Körper sind zugleich ausgedehnt" beigefügt würde. Nehmen wir als ein weiteres Beispiel den Satz „Das Haus ist blau." Falsch wäre der Satz formuliert: „Das Haus ist blau – aber dies ist unwahr, denn das Haus ist nicht blau." Verkürzt könnte dies sich auch so anhören: „Das Haus ist blau, aber ohne Farbe." In diesem Falle wäre – so Fichte – der Zusammenhang A = A nicht gewährleistet. Dies aber nicht deshalb, weil er Begriffe in widersprüchlicher Weise verbände, sondern weil der Anspruch auf Wahrheit, den der erste Teil des Urteils (Das Haus ist blau) erhebt, durch den zweiten Teil (aber ohne Farbe) zugleich bestritten würde (anders stellt sich die Sachlage natürlich dann dar, wenn Sigmund, der diesen Satz formuliert, nicht wüsste, dass Blau eine Farbe ist). In den Kurzformen der vorigen Sätze geht es ausschließlich darum, dass ein gesetzter Sinn – eine Geltungsprätention – zugleich erhoben wie aufgehoben wird. Deshalb fährt Fichte fort:

> „Mithin wird durch die Behauptung, dass der obige Satz schlechthin gewiss sey, *das* festgesetzt, dass zwischen jenem *Wenn* und diesem *So* ein nothwendiger Zusammenhang sey; und *der nothwendige Zusammenhang zwischen beiden* ist es, der schlechthin, und ohne allen Grund gesetzt wird. Ich nenne diesen nothwendigen Zusammenhang vorläufig = X." ((WL), S. 93)

Ein konkretes Subjekt, das mit seinen Bewusstseinsakten [= den empirisch-psychischen Urteilsvollzügen] den notwendigen Zusammenhang x erfüllt – und seine Urteile nach x formt –, fungiert in diesen Urteilsvollzügen als *das* erkennende Subjekt. Im nächsten Schritt fasst Fichte die konkreten, aber wohlgeformten Gedanken und Erkenntnisprätentionen deshalb inbegrifflich als Ich – als „Ich als Prinzipiat".

<small>Ich als inbegriffliches Prinzipiat – Das ‚Ich bin'</small>

„In Rücksicht auf A selbst aber, ob es sey oder nicht, ist dadurch noch nichts gesetzt. Es entsteht also die Frage: unter welcher Bedingung ist denn A?" ((WL), S. 93)

Fichte qualifiziert die unhintergehbare formale Notwendigkeit der Geltungsprätention des Urteils als das unbedingt gültige Gesetz des Zusammenhanges von A = A – als Gesetz X. Dessen Unbedingtheit sei vom Ich als das Prinzip selbst in das Ich als das Prinzipiat gesetzt.

> „X wenigstens ist *im* Ich, und *durch* das Ich gesetzt – denn das Ich ist es, welches im obigen Satze urteilt, und zwar nach X als einem Gesetze urteilt; welches mithin dem Ich gegeben, und da es schlechthin und ohne allen weiteren Grund aufgestellt wird, dem Ich durch das Ich selbst gegeben seyn muss." ((WL), S. 93 f.)

Damit ist bereits klar, dass wir die Perspektive des konkreten Subjekts verlassen haben, eines konkreten Subjekts, welches seine Gedanken und Vorstellungen ‚nur' gemäß X wohlformt und sie damit als formal geltungsrelevant erzeugt. Dieses Ich, dem der Zusammenhang X (allerdings von sich selbst) vorgeschrieben wird, ist das Ich als DAS Prinzipiat. Eine erste nähere Charakterisierung des Ich als DAS Prinzipiat könnte darin bestehen, in ihm den Inbegriff aller Bewusstseinsleistungen konkreter Subjekte zu sehen, die im Sinne der reinen Funktionalität des Erkennens wohlgeformt sind und damit Geltung beanspruchen können.

Der erste Grundsatz steht jenseits der Unterscheidung zwischen endlichem und unendlichem Wissen

Auch wenn Fichte beständig Beispiele strapaziert, die aus unserer menschlichen Erkenntnissituation zu stammen scheinen, dürfen wir uns dadurch in einem Punkte nicht verwirren lassen. Der erste Grundsatz fasst Prinzip und Prinzipiat nicht etwa nur abstraktiv-inbegrifflich, sondern er hat einen Wissensbegriff zur Grundlage, der noch nicht auf die menschliche Erkenntnissituation spezifiziert ist. Die Themen unserer Erkenntnissituation – nämlich Weltobjekte (Nicht-Ich) und Prinzipien (Teilbares Ich) – sind im ersten Grundsatz noch keineswegs begrifflich oder der Sache nach entfaltet. Um unsere Beispiele zu strapazieren: Die Herzfunktion ist eine nähere Spezifikation der allgemeinen Pumpfunktion, die auch von einer schnöden Wasserpumpe ausgeübt werden könnte. Fichte fasst die Funktion des Wissens im ersten Grundsatz ganz allgemein als Generierung von Geltung. Im Sinne des angeführten Beispiels: Wir bewegen uns zunächst sozusagen auf der Ebene der Pumpfunktion. Die nachfolgenden Grundsätze determinieren erst diese Wissensfunktion auf die Erkenntnisstruktur eines Wesens namens Mensch, das Geltung für zwei unterschiedliche theoretische Themenbereiche prätendieren muss – nämlich gegenständliche Geltung und Reflexionsgeltung. Scherzhaft auf unser Beispiel angewandt: Erst die nachfolgenden Grundsätze spezifizieren die Pumpfunktion zur Herzfunktion. Wenn Fichte insbesondere schon die Struktur des Urteilens strapaziert und die Prinzipiierung durch die Prinzipien bezogen auf menschliche Bewusstseinsleistungen erläutert, ist seine Argumentation eigentlich sachlich inkonsistent, da Urteilen ein Spezifikum menschlichen Bewusstseinslebens ist. Denn geht es hier ja um so etwas wie eine reine Geltungsprätention. Eine solche können wir uns als Menschen aber nur am Modell der Urteilsprätention vorstellen. Also ist hier das ‚menschliche' Urteilen nur als ein Modus (unter anderen möglichen Wissensformen) zu verstehen. Aus diesen Gründen spricht Fichte auch relativ abstrakt von Setzen eines Zusammenhanges X.

Es ist für Fichtes Argumentationsduktus im Rahmen des ersten Grundsatzes der Wissenschaftslehre ganz konsequent, wenn er nun darauf insistiert, das Gesetz, gemäß dem keine erhobene Geltungsprätention eines Urteils zugleich in diesem Urteil als aufgehoben behauptet werden dürfe, sei vom Ich im Ich selbst gesetzt. Das in das Ich setzende Ich ist natürlich als Ich als Prinzip zu verstehen – das Ich, in welches gesetzt wird, müssen wir als Ich als Prinzipiat im Sinne der Flach-Wagnerischen Prinzipienlogik deuten. Bei dem Ich als Prinzipiat handelt es sich mit Blick auf die endliche Erkenntnissituation um den Inbegriff aller wohlgeformten, theoretisch geltungsrelevanten Leistungen konkreter Subjekte. Von diesem Ich als DAS Prinzipiat wird nun behauptet, es bleibe stets ein und dasselbe. Dieses Argument kann sich sehr schnell erschließen. Es ist prinzipiell möglich, dass Gerhild und Gisela (sozusagen in verteilten Rollen) jeweils für sich einen Satz formulieren können, der dem Satz der jeweils anderen logisch widerspricht. Unmöglich ist es jedoch im Sinne des Gesetzes X, dass jeweils Gerhild und/oder Gisela beide widersprechende Sätze zugleich behaupten und vor allem zugleich deren Geltung beanspruchen. Gisela kann behaupten „Das Haus ist blau". Gerhild kann behaupten „Das Haus ist farblos." Weder Gisela noch Gerhild können jedoch den Satz formulieren „Das Haus ist blau, aber ohne Farbe" und damit zugleich dessen Geltung und Nichtgeltung behaupten. Anders formuliert: Damit A = A in der beschriebenen Form gelten kann, darf nicht beim Übergang vom Satzsubjekt A zum Prädikat-A des Satzes *das erkennende Subjekt*, das mit dem Urteil Geltung behauptet, wechseln. Die formale Geltungsprätention des Urteils hat also ein ursprüngliches identisch-invariantes funktionales Gehalt-Moment zu ihrer Bedingung, welches „nicht wechseln darf" – DAS inbegriffliche und invariante Prinzipiats-Ich selbst. (Auch Peter Baumanns weist 1974 in „Fichtes Wissenschaftslehre. Problem ihres Anfangs", S. 170, auf die Notwendigkeit der ‚Stabilität' des ‚Grundrelates Ich' beim Übergang von Subjekt zu Prädikat des Urteils hin: Siehe Auswahlbibliographie, S. 146). Der Clou dieser Überlegungen besteht letztlich darin, dass Gerhild und Gisela Widersprüchliches ‚mit Absicht' deshalb nicht behaupten würden, weil sie jeweils konkrete Personen sind, sondern, dass Gerhild und Gisela *vielmehr deshalb nicht* Widersprüchliches ‚mit Absicht' behaupten würden, weil sie als DAS EINE, SINGULARE und INVARIANTE ERKENNENDE SUBJEKT jeweils fungieren. Anders gesagt: Um die Invarianz *des* erkennenden Subjekts prinzipiell garantieren zu können, muss es als ein durchgängiges Singular betrachtet werden können. Dies rekonstruiert Fichte, indem er den Inbegriff aller wohlgeformten und damit geltungsrelevanten Bewusstseinsleistungen konkreter Subjekte einem einzigen formalen, inbegrifflichen Subjekt zuschreibt, DEM erkennenden Subjekt, als das jedes einzelne konkrete Subjekt fungiert. Mit Wagner Flach gewendet, sprechen wir dann von *dem* Prinzipiat und nicht mehr von konkreten Prinzipiaten. In der Sprache Fichtes ist hier *das* gesetzte Ich das Thema und eben nicht mehr konkrete Subjekte.

„Es wird demnach durch das Ich vermittelst X gesetzt: *A sey für das urtheilende Ich schlechthin und lediglich kraft seines Gesetztseyns im Ich überhaupt;* das heisst: es wird gesetzt, dass im Ich – es sey nun insbesondere setzend, oder urtheilend, oder was es auch sey – etwas sey, das sich stets gleich, stets Ein und ebendasselbe sey; und das schlechthin gesetzte X lässt sich auch so ausdrücken: *Ich = Ich; Ich bin Ich.*" ((WL), S. 94)

> DAS erkennende Subjekt muss prinzipiell invariant bleiben

2 Fichtes Erkenntnislehre

„Ich bin" als reflexive Vorstellung *des* Prinzipiats

Fichte formt dieses ‚Identitätstheorem' des Ich = Ich in die Formel „Ich bin" um. Zunächst müssen wir hier zwei Punkte beachten. Einmal hat Fichte ja im Gegensatz zu Kant auch die Prinzipien der Sinnlichkeit [= Anschauungsformen] als funktionale Momente des Ich gefasst. Deshalb kann die Formel nicht mehr „Ich denke" heißen, sondern muss eben „Ich bin" lauten. Andererseits ist betreffs dieser Formel das symmetrische Prinzipienverhältnis zu beachten. Wir sagten ja: Im Sinne der Flach-Wagnerschen Prinzipienlogik sei das Prinzip durch das Prinzipiat auch bedingt. Das heißt: Ohne Bewusstseinsleben eines konkreten Subjektes, welches durch die Prinzipien in einer Weise geformt werden kann, dass es als DAS erkennende Subjekt fungiert, gäbe es das Prinzip nicht. In diesem Sinne artikuliert das „Ich bin" immer auch und zugleich ein seiendes Ich. Die Prinzipien der Erkenntnis haben nur dann irgendeine Gültigkeit, wenn es etwas gibt, das sich ihnen gemäß bestimmt. Andererseits ist das schlichte seiende Bewusstseinsleben von Gisbert oder Walther noch überhaupt keine Erkenntnis – es könnte auch vergleichbar mit dem völlig undienlichen Joghurtbechernagel sein. Erst das durch die funktionalen Prinzipien geformte Bewusstseinsleben ist ein solches, das als DAS erkennende Subjekt fungieren kann – und deshalb legitimerweise Geltung zu beanspruchen vermag. Dieses wohlgeformte Bewusstseinsleben *als* wohlgeformtes Bewusstseinsleben ist aber das angesprochene ‚Singular'. Es bezieht sich auf jene konkreten Subjekte, die als *das* erkennende Subjekt fungieren.

Amphibolie des Seinsbegriffs

So wird nun auch klarer, was es heißt, wenn Fichte schreibt:

> „Das Ich *setzt sich selbst*, und es *ist*, vermöge dieses blossen Setzens durch sich selbst; und umgekehrt: das Ich *ist*, und es *setzt* sein Seyn, vermöge seines blossen Seyns." ((WL), S. 96)

Ich als Prinzip ist bedingt durch konkrete „seiende Bewusstseinsakte" der Subjekte. Ohne solche Konkreta hätten die Prinzipien keine Gültigkeit. Insofern setzt das Ich sich selbst vermöge seines bloßen Seins, denn die Prinzipien treten nur in Geltung, wenn sie realiter von konkreten, seienden Subjekten in Anspruch genommen werden. Die Prinzipien sind also dadurch bedingt, dass reale konkrete Subjekte wirklich Geltungsansprüche in Urteilsakten erheben. Da nun aber andersseits das Bewusstseinsleben der konkreten Subjekte als solches noch kein gültiges Wissen ist, bzw. gültiges Wissen beanspruchen kann, so ist das konkrete Bewusstseinsleben weder schon als das „Ich als Prinzipiat" aufzufassen, geschweige denn, als das Ich als Prinzip. Das „Ich als Prinzip" formt und begründet erst das Ich als Prinzipiat, indem es das konkrete Bewusstseinsleben zu einer geltungsrelevanten Struktur konstituiert, welche ausschließlich kraft dieser Formung als das erkennende Subjekt fungieren kann. Das Ich als Prinzip begründet also kraft seiner Formungsleistung das Sein des Ich als Prinzipiat – und damit zugleich auch das Sein des gesamten Prinzip-Prinzipiats-Komplexes. Es tut dies, indem es die seienden Bewusstseinsakte der konkreten Subjekte zu geltungsrelevanten Akten formt und hierdurch diese seienden Akte erst zu formal gültigen seienden (wirklichen) Erkenntnisprätentionen konstituiert, die wahr oder falsch sein können. Das Ich als Prinzip begründet damit das Sein des Ich als Prinzipiat – des Ich bin.

„Durch diese Operation sind wir schon unvermerkt zu dem Satze: *Ich bin* (zwar nicht als Ausdruck einer *Thathandlung*, aber doch einer *Thatsache*) angekommen. Denn X ist schlechthin gesetzt; das ist Thatsache des empirischen Bewusstseyns. Nun ist X gleich dem Satze: Ich bin Ich; mithin ist auch dieser schlechthin gesetzt. Aber der Satz: Ich bin Ich, hat eine ganz andere Bedeutung als der Satz: A ist A. – Nemlich der letztere hat nur unter einer gewissen Bedingung einen Gehalt. *Wenn* A gesetzt ist, so ist es freilich *als* A, mit dem Prädicate A gesetzt. Es ist aber durch jenen Satz noch gar nicht ausgemacht, *ob* es überhaupt gesetzt, mithin, ob es mit irgend einem Prädicate gesetzt sey. Der Satz: Ich bin Ich, aber gilt unbedingt und schlechthin, denn er ist gleich dem Satze X; er gilt nicht nur der Form, es gilt auch seinem Gehalte nach. In ihm ist das Ich, nicht unter Bedingung, sondern schlechthin, mit dem Prädicate der Gleichheit mit sich selbst gesetzt; es ist also gesetzt; und der Satz lässt sich auch ausdrücken: Ich bin." ((WL), S. 94 f.)

Das „Ich bin", welches die oberste Tatsache des empirischen Bewusstseins darstellen soll, artikuliert also den formalen Inbegriff des Ich als Prinzipiat – den Inbegriff aller empirischen Erkenntnisprätentionen, die wohlgeformt sind und deshalb Geltung beanspruchen können. Das „Ich bin" in diesem Sinne kann immer nur einem einzelnen Subjekt bewusst werden. Im „Ich bin" wird dem einzelnen konkreten Subjekt unmittelbar reflex, dass es die Funktionalität des Erkennens erfüllt (= Ich als Prinzip) und deshalb Erfüllungsmoment des Inbegriffs wahrheitsdifferenter Geltungsprätentionen ist (=Ich als das Prinzipiat, als Ich = Ich). Wir wissen, dass die Unmittelbarkeit dieses Bewusstseins nach Fichte Ergebnis der intellektuellen Anschauung sein soll. In der WL von 1794/95 hat Fichte jedoch noch nicht expressis verbis den Terminus der Intellektuellen Anschauung eingeführt. Das „Ich bin" entspricht in etwa Kants Terminus des „Bewusstseins überhaupt".

Damit erreichen wir nun die Ebene DES PRINZIPS, die Ebene der Tathandlung (vgl. zu den Seiten 85–86 Hiltscher (23), S. 173 f.). Fichtes Begründungsreflexionen ‚steigen' nun also von dem Ich als *dem* Prinzipiat zu dem Ich als *dem Prinzip* auf. Die Diskussion schließt wieder am A = A an. A = A sei Ergebnis eines Urteils. Nun sei Urteilen als Handlungsart des Geistes zu betrachten. Dem Urteilen liege der selbstkonstitutive Zusammenhang X zugrunde, den das „Ich bin" zu empirischen Bewusstsein brächte. Das „Ich bin" als reflexiv gemachtes Ursprungsprinzipiat verweise auf den letzten Grund des Wissens, ohne dieser Grund qua Ursprungsprinzip selbst zu sein. Nun sind wir darüber informiert, dass Prinzipien als unthematisch geltende Strukturen von Fichte als „Handlungen bezeichnet werden. Wenn das bewusst gemachte Ich als Prinzipiat (qua Ich bin) also auf das letzte notwendigerweise unthematisch geltende Prinzip verweist, dann verweist es auf eine Handlungsart. Das oberste Prinzip ist reine Tätigkeit, da es jede Handlung des Geistes überhaupt erst zu einer geltungsrelevanten Handlung formt. Tätigkeit bedeutet mitnichten eine zeitbetroffene Aktion, sondern artikuliert den Charakter eines Prinzips, welches grundsätzlich auch unthematisch fungieren muss. Dass Fichte Handeln des obersten Prinzips nicht als zeitlichen Akt ansieht, wird auch deutlich, wenn er die Tätigkeit als Charakter kennzeichnet.

Das Ich als Prinzip – die Tathandlung

„Demnach ist das *schlechthin gesetzte*, und *auf sich selbst gegründete* – Grund *eines gewissen* (durch die ganze Wissenschaftslehre wird sich ergeben, *alles*) Handelns des menschlichen Geistes, mithin sein reiner Charakter; der reine Charakter der Thätigkeit an sich abgesehen von den besonderen empirischen Bedingungen derselben. Also das Setzen des Ich durch sich selbst ist die reine Thätigkeit desselben." ((WL), S. 95 f.)

Die reine Tätigkeit der Tathandlung des Ich als Prinzip formt alle empirischen Handlungsarten des konkreten Subjekts zu geltungsrelevanten Strukturen, welche die reine Funktionalität des Erkennens (= Ich als Prinzip) erfüllen. In dieser Formung durch das Ich als Prinzip fungieren diese ‚empirischen Handlungsarten' als Erfüllungselemente des inbegrifflichen Ich als Prinzipiat.

„Das Ich als Prinzip [das setzende Ich] ist Grund des Prinzipiates [= des gesetzten Ich]. Das setzende Ich setzt somit sein Sein sowohl als Prinzip als auch als Prinzipiat. Das Ich ist nicht erst als Prinzip da – und setzt dann noch das ichliche Prinzipiat seiner selbst, sondern der Prinzip/Prinzipiat-Komplex ist eine untrennbare selbstkonstitutive Einheit, welche nicht von einem Außen initiiert wird. Andererseits kann dieser Komplex nur dann in Geltung treten, wenn konkrete Subjekte Gedanken erzeugen. Insofern erzeugt sich der Komplex ‚vermöge seine bloßen Seins'". (Hiltscher (23), S. 174)

2.2.2.2 Der zweite, seinem Gehalte nach bedingte Grundsatz: Die endliche Erkenntnissituation des Menschen

Wissen, so wie wir es kennen, ist gegenstandsgebunden (Ich verwende auf den Seiten 86–90 Ergebnisse aus Hiltscher (22), S. 80). Diese Gegenstandsgebundenheit unseres Wissens ist durch zwei Aspekte charakterisiert. Einmal ist der Gegenstand, den das Wissen intendiert, diesem immer vorgegeben – und wird nicht durch das Wissen in seiner Eigenständigkeit erzeugt. Diese Vorgegebenheit des Gegenstandes gegenüber dem Wissen bedeutet, dass menschliches Wissen prinzipiell irrtumsbetroffen ist. Die Gültigkeitsprätention des Wissens kann auch scheitern. Das Wissen, das von einem unabhängigen Gegenstand behauptet wird, kann sich als verfehlt erweisen. Dazu kommt weiterhin, dass der Gegenstand, den das Wissen als ihm vorgeben intendiert, nie eine solcher sein kann, der in endlicher Zeit vollständig und durchgängig gewusst, bzw. bestimmt werden könnte.

Endlichkeit als Charakteristikum menschlichen Wissens

Terminologisch gefasst: Menschliches Wissen ist endlich. Die Endlichkeitscharakterisierung unseres Wissens ist nicht etwa eine triviale Charakterisierung. Es mag ein auf den ersten Blick abstrus anmutender Gedanke sein. Aber für Fichte ist der Begriff des Wissens nicht analytisch mit dem Begriff der Gegenstandsbezogenheit des Wissens verbunden. Betreffs eines göttlichen Wesens und dessen Wissen ist eine unabhängige Fremdheit des Gegenstandes keinesfalls in der Weise anzunehmen, wie dies bei unserem endlichen Wissen der Fall zu sein hat. Das, was das göttliche Wissen (in diesem Falle sollten wir vielleicht eher von einem Analogon der Intentionalität sprechen) zu seinem Thema macht, erschafft es auch in eine zeitfreien Akt dem Sein nach. Deshalb kann das, was Gott intendiert, keinesfalls mit dem Terminus ‚Gegenstand' bezeichnet werden. Der Gegenstandsbegriff beinhaltet stets ein Etwas, das dem Wissen unverfügbar ist (vgl. Heidegger (15)).

„Setzet zur Erläuterung, das Selbstbewusstseyn Gottes solle erklärt werden, so ist dies nicht anders möglich, als durch die Voraussetzung, dass Gott über sein eigenes Seyn reflectire. Da aber in Gott *das reflectirte* Alles in Einem und Eins in Allem, und *das reflectirende* gleichfalls Alles in Einem und Eins in Allem seyn würde, so würde in und durch Gott reflectirtes und reflectirendes, das Bewusstseyn selbst und der Gegenstand desselben, sich nicht unterscheiden lassen, und das Selbstbewusstseyn Gottes wäre demnach nicht erklärt, wie es denn auch für alle endliche Vernunft, d. i. für alle Vernunft, die an das Gesetz *der Bestimmung* desjenigen, worüber reflectirt wird, gebunden ist, ewig unerklärbar und unbegreiflich bleiben wird." (WL), 275 f.)

Der erste Grundsatz expliziert im absoluten Wissensgrund der Tathandlung eine inbegriffliche Struktur aller Prinzipien des Wissens. Mit Blick auf den zweiten Grundsatz ist in dieser Problemsicht sogar eine gnoseologische Pointe enthalten.

Diese Inbegrifflichkeit wird von Fichte nämlich nicht nur als ein Inbegriff der Prinzipien *unseres* Wissens gedacht, sondern sogar als Inbegriff der Prinzipien jeder Form des Wissens. Das Explikationsproblem Fichtes im ersten Grundsatz besteht allerdings darin, dass er die Prinzipien jeder Art des Wissens nur an der Geltungsprätention der Urteilsform erläutern kann, die ohne jeden Zweifel zu unserer spezifischen endlichen Erkenntnisart gehört. Es besteht jedoch offenkundig keine andere Explikationsmöglichkeit, da wir nicht in der Lage sind, unsere Wissensform zu verlassen. So muss Fichte im ersten Grundsatz anhand gewisser Aspekte *einer spezifischen Spielart* von Wissen die eigenbestimmte Struktur von Wissen überhaupt erläutern. Dieser Rückgriff auf die Urteilsform gehört natürlich in die Explikationsordnung, nicht jedoch in die Sachordnung. Der zweite Grundsatz entfaltet nun aber jene spezifischen Prinzipien, welche den Inbegriff der Prinzipien *jeder Form* des Wissens zum Inbegriff der Prinzipien *unserer Form* des Wissens machen. Anders gesagt, geht es im zweiten Grundsatz um eine Spezifikation der Prinzipien des Wissens überhaupt zu Prinzipien unserer endlichen Erkenntnissituation. Gehört also die Gegenstandsreferenz des Wissens nicht in den Inbegriff jeder nur denkbaren möglichen Form des Wissens, so ist die Gegenstandsbezogenheit unseres Wissens eine Spezifizierung des Sinnes von Wissen überhaupt. Der zweite Grundsatz führt deshalb eine neue Handlungsart des Wissens – die des „Gegensetzens" ein, welche endlichen Gegenstand und Gegenstandsbezug erzeugt. (Siehe (WL), S. 101 ff.)

> Vom Inbegriff der Prinzipien jeder Form des Wissens zum Inbegriff der Prinzipien unserer Form der Wissens

Diese Handlungsart ist „formal unbedingt". Logisch ist kein Schluss von einem allgemeineren Begriff auf die spezifischen Besonderheiten einer jener Spezien erlaubt, die unter ihm enthalten sind. Aus dem Begriff ‚Hund' kann ich nicht auf die evtl. Besonderheiten des Begriffs ‚Westie' schließen. Ebensowenig kann ich aus dem allgemeineren Begriff der Prinzipien jeder Form des Wissens auf die spezifischen Prinzipien endlichen gegenstandsgebundenen Wissens schließen. Das, was neu zu den Prinzipien jeder Form des Wissens hinzukommt und es zu unserem, endlichen Wissen macht, ist aus dem allgemeinen Wissensbegriff nicht deduzierbar, es ist ein neues Prinzip. Das Gegensetzen ist nicht analytisch im Begriff jeder denkbaren Form von erkennender Subjektivität enthalten. Somit ist das Gegensetzen für Fichte eine völlig ursprüngliche Handlungsart unseres Wissens. Obschon diese Handlungsart ursprünglich ist – der Form nach unbedingt, wie Fichte sagt – ist der Gehalt des Gegensetzens gleichwohl bedingt. Denn natürlich muss auch die spezifisch endliche Form des Wissens, die dem Menschen eigen ist, den Prinzipien jeder Form des Wissens entsprechen. Die Prinzipien, welche die

> Was sind die Bedingungen dafür, dass unser Wissen in den Begriff jeder Form des Wissens fallen kann?

Möglichkeit jeder Form des Wissens stiften, müssen per definitionem vollständig sein. Die Handlungsart, die im zweiten Grundsatz neu hinzukommt, kann also keine Fundierung der Möglichkeit des Wissens überhaupt sein, denn dann wäre der Prinzipieninbegriff des ersten Grundsatzes unvollständig, sondern kann nur die Fundierung des *möglichen* (!) *Anderen* des Wissens betreffen. Dieses mögliche Andere kann nur der wissensunabhängige Gegenstand sein. In der Sprache Fichtes gesagt: Da es zunächst nur die zweigliedrige Disjunktion zwischen Ich und Nicht-Ich geben kann, weil diese erkennbar ohne jede Erweiterungsmöglichkeit vollständig ist, gilt: Konstituiert das Ich als Inbegriff der Prinzipien jeder Form des Wissens etwas anderes als sich, so muss dieses andere die Verfasstheit des Nicht-Ich aufweisen. Zwei Dinge sind hier zu beachten. Im ersten Grundsatz werden die inbegrifflich, mithin unentfaltet gefassten Prinzipien des Wissens als solche gedacht, die alle Formen und Modi des Wissens begründen (noch vor der Unterscheidung zwischen endlicher und unendlicher Vernunft). Wir sahen, dass Fichte somit auch das begründete Wissen inbegrifflich fasst. Auch das göttliche Wissen zerfiele in Wissen als Grund und Wissen als Begründetes seiner selbst. Begründen nun die Prinzipien des Wissens etwas anderes als jede Form des Wissens *selbst*, begründen sie Nicht-Wissen. Dieses Nicht-Wissen kann aber, da es *in Beziehung* zum Wissen steht, sofern es von den Prinzipien des Wissens begründet gedacht werden soll, nicht einfach schlechthin Nichts für das Wissen sein. Das Nicht-Wissen, welches die Prinzipien des endlichen Wissens über das Wissen *selbst* hinaus konstituieren sollen, kann mithin keine dunkle Leerheit bedeuten. Das Nicht-Wissen kann somit nur *das* Andere des endlichen Wissens sein, nämlich der gewusste Gegenstand in seiner partiellen Unabhängigkeit gegenüber dem Wissen. Begründen also die Prinzipien des endlichen Wissens nicht sich selbst, sondern ihr Anderes, so begründen sie den Gegenstand des Wissens: Begründen die inbegrifflich gefassten Prinzipien des Wissens nicht nur das inbegrifflich verstandene begründete Wissen, sondern auch und zugleich das inbegrifflich gefasste Andere des Wissens, das qua Anderes des Wissens gleichwohl auf es notwendig bezogen ist, fundieren sie die Gegenständlichkeit überhaupt. Diese Gegenständlichkeit überhaupt heißt in Fichtes Sprache Nicht-Ich. Die Handlungsart des Gegensetzens, die der zweite Grundsatz darlegt, ist also ihrem Gehalt nach bedingt, denn wenn Wissens sich nicht selbst konstituiert, kann das, was es ansonsten noch konstituieren könnte, nur etwas dem Wissen Fremdes sein, das gleichwohl *wesenhaft* auf es bezogen gedacht werden muss: Gemeint ist der Gegenstand qua Nicht-Ich.

2.2.2.3 Dritter, seiner Form nach bedingter Grundsatz

Die Wissenschaftslehre legt nun aber auch einen abschließenden dritten Grundsatz vor. Ich und Nicht-Ich sind offenkundig gleichsam komplementäre Stücke eines Ganzen. Besagte Struktur, gemeinsam ein Ganzes auszuschöpfen, sich aber gerade als Glieder dieses Ganzen wechselseitig auszuschließen, erzeugt ein doppelaspektiges Verhältnis. Ich und Nicht-Ich schließen sich voneinander wechselseitig aus. Fasst man etwas als zur ichlichen Seite gehörig auf, schließt dies die Möglichkeit aus, dass es zur nicht-ichlichen gerechnet werden kann – und umgekehrt. Anderseits sind Ich und

Nicht-Ich nur deshalb bestimmt, weil jedes von beiden *nicht* das jeweils andere Glied ist. Genau deshalb erhält der Gegenstand die Bezeichnung des Nicht-Ich. Nicht-Ich (Gegenständlicher Sinn) ist nur bestimmt als Negation des Ich (vgl. zu dieser Struktur Überlegungen von Wagner (41), S. 106–118).

Dem dritten Grundsatz obliegt die Aufgabe, beide Aspekte des Verhältnisses von Ich und Nicht-Ich kompatibel zu machen. Das heißt genauerhin: Es muss sich ohne Widerspruch denken lassen, dass Ich und Nicht-Ich *einerseits*, um bestimmt sein zu können, sich wechselseitig fordern, *andererseits* aber gleichwohl einander strikt ausschließen. (Vgl. Wagner (41), a.a.O.) Die Aufgabe des dritten Grundsatzes ist durch die vorhergehenden Grundsätze – so Fichte – bestimmt. Im dritten Grundsatz soll sich erweisen, dass und wie die spezifischen Prinzipien endlichen Wissens (= zweiter Grundsatz) mit denen jedes Wissens (= erster Grundsatz) vereinbar sind. In die Sprache Fichtes selbst gewendet heißt dies: Der dritte Grundsatz ist seiner Form nach bedingt. Denn wenn es endliches Wissen gibt, muss dieses trivialerweise mit den Prinzipien jedes Wissens kompatibel sein. Die beiden ersten Grundsätze begründen gemeinsam die nicht bestreitbare Tatsache, dass es endliches Wissen im Sinne von Geltungsansprüchen gibt (die inhaltliche Gelungenheit des Wissens steht hier nicht zur Debatte). Denn wenn wir mit Anspruch auf Wahrheit über Gegenstände urteilen, weisen wir nach, dass endliche Wesen zumindest über einen Begriff von Wissen verfügen müssen. Der erste Grundsatz entfaltet die Prinzipien jeder möglichen Form des Wissens, der zweite Grundsatz zusätzlich die Prinzipien endlichen Wissens.

> Das doppelaspektige Verhältnis von wechselseitiger Forderung und wechselseitigem Ausschluss von Ich und Nicht-Ich

Dem dritten Grundsatz kommt jetzt die Aufgabe zu, darzulegen, welche „Handlung des Ich" es möglich macht, dass die Prinzipien des endlichen Wissens unter den Prinzipieninbegriff jeder Form des Wissens gerechnet werden können. Die sich in ihnen andeutenden Gegensätze, die scheinbar diese Möglichkeit des Wissens bedrohen, müssen im dritten Grundsatz als miteinander vereinbar gedacht werden können. Der dritte Grundsatz ist somit dem Gehalt nach unbedingt. Denn es kann nicht im allgemeinen Inbegriff der Prinzipien jeder Form des Wissens schon der Grund mitgedacht werden, warum ein spezifischer Modus des Wissens, nämlich endliches Wissen, mit den Prinzipien jeder Form des Wissens übereinstimmt, bzw. eine Form des Wissens ist. Diese gesuchte spezifische (im dritten Grundsatz exponierte) Handlungsart ist das „Teilbarsetzen" (vgl. (WL), S.108 ff.). Endliches menschliches Wissen ist auf zwei Themata bezogen. Diese Themata sind: ‚Nicht-Ich' (Welt, Gegenstand) sowie das Thema ‚Ich' (Prinzipien des Wissens). Wissen ist nach Fichte Ursprung und Ermöglichungsgrund von Bestimmbarkeit. Man könnte hier auch an eine Raummetapher denken. Ein Raum ist teilbar. Teilbarkeit im Sinne der Raummetapher lässt das biaspektige Verhältnis von Ich und Nicht-Ich zu. Besteht nämlich die Möglichkeit, Ich und Nicht-Ich jeweils ‚im Raum des Wissens' als teilbar zu setzen, so können das Thema ‚Ich' (Reflexion) und das Thema ‚Nicht-Ich' (Welt) gleichermaßen in jedem Wissensakt involviert sein, sodass beide Themata gegeneinander Bestimmung finden können. Andererseits kann in jenen Teilen der Realität im Wissen jedoch, in denen das Nicht-Ich gesetzt ist, keinesfalls das Ich gesetzt sein – und vice versa. Gegenstandsbestimmung (Nicht-Ich) und Reflexion (Ich) schließen einander somit auch aus, obschon sie sich jeweils voraussetzen, wenn sie bestimmt sein können sollen. Es gibt keinen Gedan-

> Menschliches Wissen als Fall jeder Form des Wissens

ken, der nicht gleichzeitig ein Reflexionsmoment und ein Moment der Weltbezüglichkeit enthält – und es gibt keinen Gedanken theoretischer Valenz, der nicht eindeutig zur intentio recta (Gerichtetheit auf Gegenstände) oder zur intentio obliqua (Gerichtetheit auf sich selbst) zu rechnen ist.

2.2.3 Anhang

Meine Ausführungen im Anhang sind von Überlegungen Gotthard Günthers inspiriert (vgl. zu der Problematik des Anhangs deshalb: Günther (14), bes. S. 156 ff. und S. 186 ff.).

„Ein Grad ist immer ein Grad; es sey ein Grad der Realität, oder der Negation. (Theilet z. B. die Totalität der Realität in 10 gleiche Theile; setzt deren 5 in das Ich; so sind nothwendig 5 Theile der Negation in das Ich gesetzt). So viele Theile der Negation das Ich in sich setzt, so viele Theile der Realität setzt es in das Nicht-Ich; welche Realität in dem entgegengesetzten die Realität in ihm eben aufhebt. (Sind z. B. 5 Theile der Negation in das Ich gesetzt, so sind 5 Theile Realität in das Nicht-Ich gesetzt). Demnach setzt das Ich Negation in sich, insofern es Realität in das Nicht-Ich setzt, und Realität in sich, insofern es Negation in das Nicht-Ich setzt […]". ((WL), S. 129 f.)

Diese Aussage Fichtes macht das Gesetz der Teilbarkeit deutlich. Man müsse das Ich qua Bewusstsein als eine Ansammlung von Realität begreifen. Nehmen wir an, wir hätten 10 Einheiten der Realität zur Verfügung. Setze das Ich 5 Teile der Realität in sich, so müsse es die gleiche Anzahl von Negation in das Nicht-Ich setzen.

> Kein Gedanke, der nicht zugleich Gegenstandsbestimmungen und Reflexionsbestimmungen enthielte

Damit erklärt Fichte zugleich Gegenstandsbestimmung (= teilbares Nicht-Ich) und Reflexion (teilbares Ich) zu den beiden gleichgewichtigen Themata des Wissens. In der gleichen Umfangsgröße das eine Glied Thema des Wissens ist, ist es das andere gerade nicht. Diese paritätische Struktur kann jedoch nur die funktionale Konstitution der beiden Themata im Wissen als Grundthemata des menschlichen Wissens überhaupt betreffen (vgl. Hiltscher (23) S. 212 ff. zu den nachfolgenden Passagen S. 90 f.).

> Jeder Gedanke ist entweder ein Gedanke der Reflexion oder der Gegenstandsbestimmung

Ein konkreter geltungsrelevanter Gedanke ist jedoch stets ein Gedanke, der eindeutig in das Lager der Reflexion oder aber in das Lager der Bestimmung von Weltgegenständen gehört. Ein 5:5-Verhältnis ist hier nicht möglich. Wenn man sich dies klarmacht, so lässt sich aus Fichtes Lehre vom teilbaren Ich und teilbaren Nicht-Ich eine hoch interessante Theorie der Geltung von Wissensformen rekonstruieren, die Fichte freilich nie als solche dargelegt hat. Dennoch wollen wir zum Abschluss des Fichteteiles den Versuch einer Rekonstruktion wagen. Auch wenn also ein konkreter, geltungsrelevanter Gedanke nicht im Sinne des 5:5 der Urkonstitution gefasst werden kann und stets eindeutig ein Reflexionsgedanke oder ein Gedanke der Gegenstandsbestimmung ist, so gilt dennoch andererseits, dass kein gültiger Gedanke nur einen Gegenstand der Welt bestimmen kann – oder ausschließlich einen Gedanken der Reflexion darstellt. Beide Themen des Wissens müssen stets einem gültigen Gedanken inhärent sein (Günther (14); bes. S. 193 f. und S. 203 zeigt dies mit Blick auf Hegel). Am radikalsten objektbezogen ist das Wissen bei einzelnen, elementaren Urteilen wie „Dies ist ein Stein". Bei solchen elementaren Urteilen könnte man im Sinne Fichtes sagen, dass 9 Teile der Realität des Gedankens nichtichlich seien – 1 Teil ichlich. In diesem Falle wäre das Thema der Reflexion nur in dem durch die intellektuelle Anschauung mitpräsentierten unmittelbaren Identitäts-Bewusstsein enthalten, in welchem inbegrifflich die Fülle des Ich als Prinzip repräsentiert wird – ohne dass jedoch diese Prinzipienfülle begrifflich bestimmt und entfaltet wäre. Das andere Extrem wäre die transzendentale Geltungsreflexion des Philosophen. Hier könnte man evtl. davon ausgehen, dass in dem Reflexionsgedanken 9 Einheiten ichlicher Realität gebunden wären, aber nur 1 Teil als nichtichlich zu begreifen sei. Die Fülle aller Prinzipien des Wissens wäre hier das Thema, das vom „radikalen" Reflexionsgedanken intendiert würde. Das Thema des Nicht-Ich würde durch das Identitätsmoment der invarianten synthetischen Einheit repräsentiert. Denn alle konkreten Gegenstände würden auf ihren invarianten Sinn [der synthetischen Einheit] reduziert gedacht werden können. Synthetische Einheit wäre der invariante Sinn, den jeder objektive Weltgegenstand für das Denken erfüllen müsste – und dieser Sinn würde als durch die Prinzipienfülle begründet reflektiert werden. Auch ein 6:4-Verhältnis von Ichlichkeit und Nichtichlichkeit eines Gedankens könnte eine Interpretation finden. Stiftet ein Begriff eine Wahrnehmungssequenz als anschauliche Einheit – und wird deshalb diese anschauliche Sinneinheit als etwas gedacht, dem Gegenstandsbezug zukommt, so hat der Gedanke, der der die Wahrnehmungssequenz vermittels des Begriffes auf den Gegenstand bezieht, 6 ichliche und 4 nichtichliche Realitätsteile. Fasse ich dagegen eine Wahrnehmungssequenz vermittels eines Begriffes als Sinneinheit auf, weil ich sie zuerst vermittels eines Begriffes als Repräsentation eines Gegenstandes beurteilt habe, so hat der gegenstandsreferente Gedanke 6 nichtichliche und 4 ichliche Bestandteile. 2:8, 3:7 oder aber andere Verhältnisse könnten ebenso gedeutet werden: So wäre der Versuch lohnenswert und möglich, z. B. mathematische Gedanken, Gedanken der Geistewissenschaften etc. durch ein spezifisches Verhältnis von Ichlichkeit und Nichtichlichkeit zu definieren. Fichtes Lehre von der Teilbarkeit böte dann die Möglichkeit einer Schichtenanalyse der verschiedenen Themenvarianten des Wissens.

3 Schellings Erkenntnislehre

3.1 Die problemgeschichtlichen Wurzeln von Schellings Wendung zur Naturphilosophie

3.1.1 Schellings Fehlverständnis der funktionalen Erkenntnistheorie Kants und Fichtes

Die systematischen Neuerungen, die Schellings Philosophie gegenüber von Fichtes Wissenschaftslehre bietet, kann man sehr gut in seiner Frühschrift aus dem Jahre 1795 „Vom Ich als Princip der Philosophie – oder – über das Unbedingte im menschlichen Wissen" studieren (in diesem Schellingabschnitt orientiere ich mich stark und ausdrücklich an 2 Arbeiten, die m. E. den Denkweg von ‚Fichte zu Schelling' besonders gut beleuchten, vgl. deshalb zu meiner Interpretation [1.]: Iber (28), und [2.] Gloy (12). Ibers und Gloys genannte Arbeiten werden im Schellingteil als zutreffende Interpretationen zugrundegelegt). Besonders interessant ist hier zudem, dass man an dieser Schrift Schellings gut erkennen kann, wie philosophische Positionen, selbst dann – vielleicht sogar gerade dann –, wenn sie in sehr ähnlicher Sprache vorgetragen werden, völlig verschiedene Thesen beinhalten können.

3.1.1.1 Die Ontologisierung des Absoluten Ich

Im § 1 dieser Schrift meint man nichts anderes als einen braven Fichteschüler aus den Äußerungen Schellings herauszuhören.

„Gibt es überhaupt ein Wissen, so muß es ein Wissen geben, zu dem ich nicht wieder durch ein anderes Wissen gelange, und durch welches allein alles andere Wissen Wissen ist. Wir brauchen nicht eine besondere Art des Wissens vorauszusetzen, um zu diesem Satze zu gelangen. Wenn wir nur überhaupt etwas wissen, so müssen wir auch Eines wenigstens wissen, zu dem wir nicht wieder durch ein anderes Wissen gelangen, und das selbst den Realgrund alles unseres Wissens enthält." ((I), S. 42 f.)

Ibers These von Schellings ‚Lehre vom Ich' als einer „Ontologisierung von Fichtes Absolutem Ich"

Scheinbar hätte so etwas auch Fichte sagen können. Auch Fichte hatte ja ein nur aus Sätzen bestehendes Begründungsverhältnis als ungeeignet für das Konzept einer Letztbegründung zurückgewiesen (zu dieser Unmöglichkeit des Satzregresses vgl. auch Iber (28), S. 65 f.). Doch analysiert man Schellings Äußerungen genauer, so artikulieren die angeführten Sätze beinahe das Gegenteil von Fichtes Auffassungen. Dies hat Iber ((28), S. 64) zur These bewogen, Schelling ontologisiere das absolute Ich Fichte'schen Zuschnitts. Wenn wir uns im primitiven hermeneutischen Horizont der Subjekt-Objekt-Differenz bewegen wollen, so ist ein Punkt gänzlich klar (Subjekt-Objekt-Relation kürze ich mit SOR ab). Die SOR ist laut Fichte ausschließlich durch die funktionale Bestimmtheit unseres Wissens selbst konstituiert. Um die Sprache Fichtes zu bemühen: Ich und Nicht-Ich sind beide im Ich durch das Ich gesetzt. Obschon Fichte die starre SOR in der Erkenntnistheorie Kants beklagt, so lässt er letztlich keinen Zweifel daran bestehen, dass das absolute Ich nur die selbstkonstitutive, sich in Prinzip-Prinzipiats-Struktur organisierende Funktionalität des Wissens selbst bezeichnen kann, jedoch keinerlei ontologische Bedeutung hat (zur „Ontologisierung" des ‚Fichte'schen Ich' durch Schelling vgl. Iber (28), S. 64 f.). Das letzte funktionale Wissensprinzip ist für Fichte das setzende Ich, das als Inbegriff der Eigenbestimmtheit des Wissens Inbegriff aller Prinzipien des Wissens sein soll. Dass Schelling dies ganz anders sehen muss, ergibt sich aus folgendem Zitat:

> „Der letzte Grund aller Realität nämlich ist ein Etwas, das nur durch sich selbst, d.h. durch sein Seyn denkbar ist, das nur insofern gedacht wird, als es ist, kurz, *bei dem das Princip des Seyns und des Denkens zusammenfällt.*" ((I), S. 43)

Mit einer – wenn man Fichteaner sein sollte – geradezu provozierenden Selbstverständlichkeit reklamiert Schelling für den letzten Grund des Wissens, dieser müsse auch einen ontologischen Status besitzen und mithin eine ontologische Funktion aufweisen. Auch dieser Grund besäße einen ‚Seinscharakter' (vgl. hierzu die angeführten Arbeiten von Iber (28) und Gloy (12). Für Fichte hingegen setzt zwar das Prinzipien-Ich „Sein", aber das Ich als Prinzip *selbst* ist als solches keine seiende Größe und das Sein übernimmt keinerlei Begründungsfunktion. Schellings Version des absoluten Ich beinhaltet das Konzept eines absoluten Grundes, welcher uno actu letzter Grund des Wissens und des Seins ist (vgl. Iber (28), S. 66 und Gloy (12), S. 267–273, bes. S. 269). Damit deutet sich die Tendenz der späteren Schelling'schen Überlegungen an, Naturphilosophie und Transzendentalphilosophie als gleichrangige Geschwisterwissenschaften zu konzipieren. Was Schelling zu seiner Fehlinterpretation der Ich-Theorie Fichtes veranlasst haben mag, kann man gut verstehen, indem man sich eine terminologische Unterscheidung der Phänomenologie (bzw. des Neukantianismus) vergegenwärtigt.

Es gibt nämlich bezüglich eines jeden geltungsdifferenten Gedankens eine Unterscheidung zwischen Noesis und Noema (vgl. zu den Termini ‚Noesis' und ‚Noema' exemplarisch Wagner (41), S. 15–83. Geltungsdifferenz bezeichnet nach Werner Flach den Umstand, dass ein Gedanke korrekt geformt ist, deshalb Gegenstandsbezug hat – und somit empirisch wahr *oder falsch* sein kann). Fichte hat diese Differenzierung leider noch nicht präzise vorgenommen, als er seine Lehre vom absoluten Ich entwickelte. Darin liegt einer der Gründe dafür, dass Schelling Fichtes Ansatz nicht adäquat durchschaut hat. Das Noema bezeichnet den Gehalt, den Sinn eines Urteils. Die Noesis ist der Urteilsakt, den ein konkretes Subjekt vollzieht. Der Urteilsakt [Noesis] ist ein Handeln und weist damit in einem psychologischen Sinne eine tatsächliche Seiendheit auf. Die Noesis als solche ist nun keineswegs geltungsdifferent. Sie ist als solche der psychische Akt eines Subjektes in ähnlicher Weise, wie z.B. das Heben des Armes ein physischer Akt ist. Das Noema jedoch, das durch die Noesis erzeugt wird, ist ein geltungsrelevanter Sinngehalt. Das korrekt geformte Noema ist wahr oder falsch, denn es ist ein gegenständlicher Sinn, den das Denken auf den Gegenstand bezieht. Die Noesis kann immer nur psychischer Akt einer konkreten Person sein und ist

Noesis und Noema

deshalb niemals intersubjektiv. Das Noema hingegen ist [qua gültiger, auf einen Gegenstand bezogener Gedanke] kraft seiner Erkenntnis- und Wahrheitsrelevanz intersubjektiv. Fichte hatte in seiner Konzeption ein großes Gewicht auf die Geleistetheit des Noema durch die Noesis gelegt. Nur wenn ein Gedanke ist – also vollzogen wird – können die ihn konstituierenden Prinzipien überhaupt in Geltung treten. Das Vollzogenwerden konkreter situationsbedingter Gedanken kann nicht durch das Prinzip deduziert werden. Der Vollzug konkreter Gedanken als solcher ist für Fichte vollständig kontingent. Wir hatten versucht, Fichtes sich selbst setzendes Ich mit der Wagner-Flach'schen Prinzipienlogik zu rekonstruieren. Das Prinzipiat hatten wir als Inbegriff aller korrekt gemäß dem funktionalen Prinzip geformten Geltungsprätentionen gefasst. Jedes konkrete Subjekt fungiert somit nach Fichte, wenn es korrekt geformte Gedanken und Urteile erzeugt, als DAS erkennende Subjekt – und diese wohlgeformten Gedanken sind deshalb wahr oder falsch. Ein konkretes Subjekt, welches solcherlei funktionsgemäße und somit geltungsdifferente Urteile erzeugt, ist Teil des Inbegriffes des Prinzpiats [= des gesetzten Ich].

Der Gedanke als funktionale Spezifikation des Prinzipiats

Jeder konkrete Gedanke, den ein konkretes Subjekt erzeugt, ist deshalb zugleich als eine funktionale Spezifikation DES Prinzipiats – also des gesetzten Ich – zu betrachten. Weil Fichte nicht distinkt zwischen Noesis und Noema unterscheidet, kann diese Spezifikation aus zwei Aspekten heraus erläutert werden.

(i) Vom Noema aus betrachtet, muss jedes gültige Urteil gegenständlichen Sinn überhaupt funktional spezifizieren (gegenständlicher Sinn ist nach Kant-Fichte notwendige synthetische Einheit). Das gesetzte Ich – also DAS Ich als Prinzipiat – lässt sich hier inbegrifflich als *das* Noema deuten. Das Noema ist der Inbegriff jener Struktur, die jeder konkrete gedankliche Sinn aufweisen muss, soll er auf einen Gegenstand bezogen sein und deshalb die Werte empirisch wahr oder falsch erhalten können. Das Noema ist der formale Inbegriff alles geltungsrelevanten Sinns. Nehmen wir das Urteil „Das Haus ist blau."
Der Sinn des Ich als das Prinzipiat ist durch diesen Satzsinn sozusagen spezifiziert. Wenn unter dem noematischen Aspekt das gesetzte Ich [= Ich als das Prinzipiat] als der Inbegriff jedweden gültigen Gedankens, der kraft seines Gegenstandsbezuges wahr oder falsch sein kann, verstanden wird, dann heißt obiger Satz auch: „Der Sinn des Prinzipiats-Ich qua „*das* Noema" wird durch den Sinn spezifiziert ‚Das Haus ist blau'".

(ii) Vom Aspekt der Noesis aus betrachtet, ist das Spezifikationsverhältnis auch verständlich zu machen. Denn jeder Akt der Noesis, dessen erzeugtes Noema wohlgeformt ist, weist den Urheber dieser Noesis – ein x-beliebiges konkretes Subjekt also – als einen Teil des Ich als DAS Prinzipiat aus und spezifiziert mithin das funktionale Ich-Prinzipiat. Da es bei Fichte aber keine echte Unterscheidung zwischen der noematischen und der noetischen Seite des Prinzipiats gibt, kann Fichte das Ich als DAS Prinzipiat als durchgängig seiend auffassen. Das Ich als das Prinzip [= das setzende Ich] konstituiert, indem es das Prinzipiat konstituiert und formt, eine seiende Struktur. Die funktionale Begründung des gesetzten Ich durch das setzende Ich begründet also auch das Sein des Prinzipiats. Dies heißt für Fichte jedoch keineswegs, dass das setzende Prinzipien-Ich (der Ausgang der Tathandlung) rücksichtlich seiner Konstitutionsfunktion seiend sei. Für die Konstitutions- und Prinzipienfunktion des setzenden Ich spielt dessen Seiendheit keinerlei Rolle. Wenn Fichte ausführt, dass Ich sei vermöge seines Setzens, so betrifft dieses Sein das Ich als das Prinzipiat und den gesamten Prinzip-Prinzipiat-Komplex, nicht aber das Ich als das (funktionale) Prinzip, wenn man es isoliert als reine Prinzipienfunktionalität in der Reflexion denkt. Die Prinzipien des funktionalen setzenden Prinzip-Ich lassen bei Fichte unter keinen Umständen eine ontische Interpretation zu. Das setzende Ich – das Ich als das Prinzip – hat keine ontologische Kontamination, wenngleich seine Begründungstüchtigkeit sich nur an dem seienden Prinzipiat – dem gesetzten Ich – ausweisen kann.

Indem das nichtseiende Prinzip [= das setzende Ich] das seiende Prinzipiat [das gesetzte Ich] konstituiert, konstituiert es zugleich den gesamten Prinzip-Prinzipat-Komplex, der durchaus nach Fichte als seiend zu verstehen ist. Aber das funktionale Prinzipien-Ich selbst – das setzende Ich – ist niemals seiend, sondern eine reine Sinn- und Geltungsstruktur. Dies ist in Schellings Konzeption des begründenden Ich vollständig anders. Er konzipiert das absolute Ich als letzten Wissens-und Realitätsgrund. *Dieses* begründende Ich sei nicht nur eine reine Geltungsstruktur, sondern immer auch eine ontologische Größe (vgl. hierzu die angeführten Arbeiten von Gloy (12) und Iber (28).

> Laut Fichte ist das setzende Prinzip nicht seiend, wohl aber der Prinzip-Prinzipiatkomplex

3.1.1.2 Das Unbedingte

Schellings Perspektive auf die begründungstheoretische Sachlage schließt es gleichermaßen aus, das Unbedingte des Wissens, welches Wissen allererst zu einer geltungsprätendierenden Struktur mache, entweder ausschließlich als Subjektives oder alternativlos als Objektives zu fassen. Denn Subjekt und Objekt seien einerseits nur als Disjunktionsglieder bestimmt und begründeten weder jeweils für sich noch in ihrer Begründungskooperation zureichend das Wissen (vgl. Iber (28), S. 67–73, bes. S. 73). Weder Subjekt noch Objekt könnten also als das Unbedingte betrachtet werden. Hier zeigt sich Schellings Änderung im Letztbegründungskonzept überdeutlich. Fichtes Wissenschaftslehre fasste das „setzende Ich" „ohne wenn und aber" als Inbegriff der gegenstandskonstituierenden Prinzipien des Subjekts auf. Für Fichte war das Unbedingte mithin eine subjektive Struktur (vgl. Gloy (12), S. 267–273, bes. S. 269).

Der Grund des Wissens wird zwar nach Schelling im Wissen begründend wirksam, er kann aber nicht mehr wie bei Fichte als reine funktionale Eigenbestimmtheit des Wissens selbst verstanden werden, sondern liegt Subjekt und Objekt zugrunde (vgl. Gloy: S. 267–273, bes. S. 269).

> Nach Schelling ist der Wissensgrund keine Funktionalität

3.1.1.3 Die Bewusstseinstranszendenz des Absoluten Ich

In einer Klarheit, die diesbezügliche Einlassungen Kants und Fichtes bei weitem übertrifft, lehrt Schelling, unter dem absoluten Ich könne man nicht irgendein Ich des ‚Bewusstseins' verstehen. Das absolute Ich stehe sogar zum

‚Bewusstsein' in einem Verhältnis der „Transzendenz" (so Iber). Doch was kann es dann heißen, von einem absoluten, jedoch bewusstseinstranszendenten Prinzip des Wissens ein Wissen zu erlangen? (Zu dieser Bewusstseinstranszendenz vgl. Iber (28), S. 64, S. 73–81, bes. S. 74 und S. 77.)

> „*Daß* es ein absolutes Ich gebe, das läßt sich schlechterdings nicht *objektiv*. d. h. vom Ich als Objekt, beweisen, denn eben das soll ja bewiesen werden, daß es gar nie Objekt werden könne." ((I), S. 47)

Ganz ähnlich wie bei Fichte muss auch hier die intellektuale Anschauung aushelfen (vgl. Iber (28), S. 64, S. 73–81, bes. S. 77). Schelling verwendet im Gegensatz zu Kant und Fichte nicht den Begriff intellektuelle Anschauung, sondern intellectuale Anschauung. Da Schellings absolutes Ich auch eine massive ontische Attitüde aufweist und nicht nur eine funktionale Natur hat, ähnelt Schellings intellektuale Anschauung eher einer Offenbarung (vgl. Iber (28), S. 66 und S. 76 f.). Ist die intellektuelle Anschauung bei Fichte als unmittelbares Bewusstsein der Denkintentionalität zu verstehen und unauflöslich mit den anderen Bewusstseinsfunktionen verknüpft, ist sie bei Schelling fast schon eine Art Delphisches Orakel. Sie wird in den Frühschriften nicht hinreichend begriffstechnisch bestimmt. Man wird den Verdacht nicht los, die intellektuale Anschauung in ihrer Schelling'schen Variante sei eine bloße Beschwörung des Bewusstseinsjenseitigen. Sie kann jedenfalls sicherlich nicht das Problem lösen, wie etwas, das nicht bewusst intendiert werden kann, doch intendiert werden soll.

> „Eben hieraus erhellt aber, daß, sobald wir das, was niemals Objekt werden kann, zum *logischen* Objekt machen, und Untersuchungen darüber anstellen wollen, diese Untersuchungen eine ganz eigene *Unfaßlichkeit* haben müssen." ((I), S. 48)

3.1.2 Das Problem besonderer Gegenständlichkeit

Die Kritik der reinen Vernunft entfaltet in den Kategorien des Denkens Prinzipien, vermöge derer das Denken sich a priori auf Gegenstände beziehen kann, weil diese Prinzipien die Gegenständlichkeit der Gegenstände erst konstituieren. Die apriorischen Prinzipien der Gegenstandsreferenz des Denkens können nur deshalb konstitutive apriorische Prinzipien dieser Gegenstandsreferenz sein, weil sie uno actu auch Prinzipien der Gegenständlichkeit selbst sind. Es gibt also auch bei Kant eine Art Komplementarität von subjektivem und objektivem Moment – etwa wenn er lehrt, die Bedingungen der Erfahrung seien zugleich die Bedingungen der Gegenstände der Erfahrung. (Siehe A 111) Doch hat diese Theorie ihre strikte Grenze in der Verfasstheit endlichen Denkens. Die „Bedingungen der Gegenstände der Erfahrung" zielen auf das Gegenständliche in allen konkreten Gegenständen. Die Bedingungen der Gegenstände der Erfahrung sind Bedingungen der Gegenständlichkeit in allen konkreten Gegenständen. Gegenstandsbesonderung im Sinne besonderer Gegenständlichkeit kann keine Rolle spielen, denn besondere Gegenständlichkeit bedarf der Referenz auf empirische Gegebenheit des Mannigfaltigen der Anschauung. Schon per definitionem lässt sich eine bestimmte empirische gegenständliche Besonderheit nicht apriorisch ableiten. Für den Begründungsgang der Kategoriendeduktion der Kritik der reinen Vernunft haben besondere Gegenstände oder besondere Gegenstandstypen keine Bedeutung. Es geht nur um *die* Gegenstandsreferenz des Denkens und *die* Gegenständlichkeit. In der Kritik der Urteilskraft greift Kant nun explizit das Problem besonderer Gegenständlichkeit auf. Dabei geht er von einer spezifischen Eigentümlichkeit unserer Subjektivität aus.

Das menschliche Denken unterscheidet bei Begriffen zwischen Gattung (= Genus) – Art (= Species) – und Einzeldingen (auf die sich die Begriffe beziehen; ich kürze ab: GS-Struktur). Beispiel: Einige Produkte der empirischen Natur haben teilweise gemeinsame Merkmale – sie werden deshalb unter den Begriff Blume subsumiert. Blumen haben gemeinsame Merkmale mit Kräutern, Bäumen etc. Blumen, Kräuter und Bäume werden deshalb unter den gemeinsamen Ober-Begriff Pflanze subsumiert. Pflanzen, Tiere und Menschen haben teilweise gemeinsame Merkmale – sie werden deshalb unter den gemeinsamen Ober-Begriff Lebewesen rubriziert. Diese Ordnung gemäß der GS-Struktur erzeugt ein System der Begriffe. Kant unterscheidet in diesem Kontext nun zwischen bestimmender und reflektierender Urteilskraft. Sei das Allgemeine gegeben – etwa eine Regel, ein Gesetz, ein Allgemeinbegriff – so werde das Besondere unter dieses Allgemeine subsumiert. Dies sei die Aufgabe der bestimmenden Urteilskraft. Sei aber nur das Besondere gegeben, so hätte man es mit der reflektierenden Urteilskraft zu tun. Diese „suche" allererst für eine gegebene besondere Vorstellung nach einem allgemeinen Begriff, unter den diese subsumiert werden könne. Mit diesen Termini sinnt Kant letztlich der Frage nach, wie besondere Gegenständlichkeit möglich sei. Zwei Grundbedingungen muss besondere Gegenständlichkeit unausweichlich erfüllen.

> Genus – Species – Einzelding

(i) Es sei zum Zwecke einer besonderen Erkenntnis notwendig, dass für jede empirisch-anschauliche Struktur ein empirischer Begriff gefunden werden könne. Denn jede Erkenntnis – also auch die besondere – erfolge im Urteil und müsse somit letztlicher begrifflicher Artung sein.
(ii) Unsere empirischen Erkenntnisse müssten in ein logisches System gebracht werden können, sodass jede einzelne, besondere empirische Erkenntnis in ein nach der GS-Struktur formiertes Begriffsschema eingepasst werden könne.

Nur unter diesen beiden Voraussetzungen sei ein System von allgemeineren und besonderen empirischen Naturgesetzen überhaupt möglich. Beide Forderungen bedeuten letztlich für Kant, dass die Natur der GS-Struktur unserer begrifflichen Ordnungsform alternativlos entsprechen müsse. Das Heterogene [= das empirische Mannigfaltige der Anschauung] der Natur müsse die Anwendung der GS-Struktur wenigstens zulassen. Nach Kant führt dies letztlich zur Forderung an die Natur, diese müsse sich in ein System von Naturgesetzen analog zu unserer GS-Struktur spezifizieren.

Diese Selbstspezifikation kann aber vom Denken selbst nicht mehr fundiert oder gar bei der Natur durchgesetzt werden. Da es hier um die Organisation empirischer Gesetze und empirischer Erkenntnisse geht, kann das Denken diese Forderung an die Natur nicht mehr in der selben Weise durchsetzen, wie dies für die Prinzipien der Gegenständlichkeit überhaupt in der Deduktion der Kritik der reinen Vernunft beschrieben wird.

> Fehlende objektive Dignität von Kants Selbstspezifikationstheorie der Natur

„Denn es läßt sich wohl denken: daß ungeachtet aller der Gleichförmigkeit der Naturdinge nach den allgemeinen Gesetzen, ohne welche die Form eines Erfahrungserkenntnisses überhaupt gar nicht Statt finden würde, die specifische Verschiedenheit der empirischen Gesetze der Natur sammt ihren Wirkungen dennoch so groß sein könnte, daß es für unseren Verstand unmöglich wäre, in ihr eine faßliche Ordnung zu entdecken, ihre Producte in Gattungen und Arten einzutheilen, um die Principien der Erklärung und des Verständnisses des einen auch zur Erklärung und Begreifung des andern zu gebrauchen und aus einem für uns so verworrenen (eigentlich nur unendlich mannigfaltigen, unserer Fassungskraft nicht angemessenen) Stoffe eine zusammenhängende Erfahrung zu machen. Die Urtheilskraft hat also auch ein Princip a priori für die Möglichkeit der Natur, aber nur in subjectiver Rücksicht in sich, wodurch sie, nicht der Natur (als Autonomie), sondern ihr selbst (als Heautonomie) für die Reflexion über jene, ein Gesetz vorschreibt, welches man *das Gesetz der Specification der Natur* in Ansehung ihrer empirischen Gesetze nennen könnte, das sie a priori an ihr nicht erkennt, sondern zum Behuf einer für unseren Verstand erkennbaren Ordnung derselben in der Eintheilung, die sie von ihren allgemeinen Gesetzen macht, annimmt, wenn sie diesen eine Mannigfaltigkeit der besondern unterordnen will. Wenn man also sagt: die Natur specificirt ihre allgemeinen Gesetze nach dem Princip der Zweckmäßigkeit für unser Erkenntnißvermögen, d. i. zur Angemessenheit mit dem menschlichen Verstande in seinem nothwendigen Geschäfte, zum Besondern, welches ihm die Wahrnehmung darbietet, das Allgemeine und zum Verschiedenen (für jede Species zwar Allgemeinen) wiederum Verknüpfung in der Einheit des Princips zu finden: so schreibt man dadurch weder der Natur ein Gesetz vor, noch lernt man eines von ihr durch Beobachtung (obzwar jenes Princip durch diese bestätigt werden kann). Denn es ist nicht ein Princip der bestimmenden, sondern bloß der reflectirenden Urtheilskraft; man will nur, daß man, die Natur mag ihren allgemeinen Gesetzen nach eingerichtet sein, wie sie wolle, durchaus nach jenem Princip und den sich darauf gründenden Maximen ihren empirischen Gesetzen nachspüren müsse, weil wir, nur so weit als jenes Statt findet, mit dem Gebrauche unseres Verstandes in der Erfahrung fortkommen und Erkenntniß erwerben können." ((ZE), S. 185 f.)

„Wir haben in der Kritik der reinen Vernunft gesehen, daß die gesammte Natur als der Inbegriff aller Gegenstände der Erfahrung, ein System nach transscendentalen Gesetzen, nämlich solchen, die der Verstand selbst a priori giebt (für Erscheinungen nämlich, so fern sie, in einem Bewußtsein verbunden, Erfahrung ausmachen sollen) ausmache. [...] Daraus folgt aber nicht, daß die Natur auch nach empirischen Gesetzen ein für das menschliche Erkenntnißvermögen faßliches System sei, und der durchgängige systematische Zusammenhang ihrer Erscheinungen in einer Erfahrung, mithin diese selber als System, den Menschen möglich sei. Denn es könnte die Mannigfaltigkeit und Ungleichartigkeit der empirischen Gesetze so groß sein, daß es uns zwar theilweise möglich wäre, Wahrnehmungen nach gelegentlich entdeckten besondern Gesetzen zu einer Erfahrung zu verknüpfen, niemals aber diese empirische Gesetze selbst zur Einheit der Verwandtschaft unter einem gemeinschaftlichen Princip zu bringen, wenn nämlich, wie es doch an sich möglich ist (wenigstens soviel der Verstand a priori ausmachen kann) die Mannigfaltigkeit und Ungleichartigkeit dieser Gesetze, imgleichen der ihnen gemäßen Naturformen, unendlich groß wäre und uns an diesen ein rohes chaotisches Aggregat und nicht die mindeste Spur eines Systems darlegte, ob wir gleich ein solches nach transscendentalen Gesetzen voraussetzen müssen." ((EE), S. 208 f.)

Das empirische Denken vermag diese Selbstspezifikation der Natur nur zu fordern, wenn es sich durchgängig gültig auch auf besondere empirische Gegenstände beziehen können will. Diese Selbstspezifikationsforderung an die Natur ist nach Kant jedoch ausschließlich ein subjektives Prinzip der Urteilskraft, welches diese sich selbst gibt. Besagtes Prinzip besitzt nur eine subjektive Gültigkeit, da niemals objektiv bewiesen werden kann, dass die Natur wirklich nach der GS-Struktur aufgebaut ist, bzw. die Anwendung dieser Struktur auf sich durchgängig und für alle Zukunft zulässt (vgl. zu dieser chaotischen Welt und deren Folgen Henrich (18), S. 28–32, *bes.* S. 32 *und* S. 52 f. sowie S. 54–107). Aber nur dann, wenn die Urteilskraft für sich selbst voraussetzen kann, die Natur spezifiziere sich selbst im Sinne der angesprochenen GS-Struktur, ergibt es überhaupt Sinn, für Naturbesonderheiten allgemeinere empirische Naturgesetze zu suchen, die zugleich für andere unterschiedliche, aber ebenso besondere Naturgegenstände gelten können. Es kann jedoch niemals in einem objektiven Sinne bewiesen werde, dass die Natur diesem Prinzip entspreche. Die systematische Konstellation ist durchaus bedrohlich. Denn was wäre, gesetzt, es gäbe empirische Daten, die so „isoliert-atomisch" strukturiert wären, dass sie niemals durch empirische Allgemeinbegriffe erfasst werden könnten. Für Kant sind Begriffe als solche allgemeine Vorstellungen, unter die weitere unterschiedliche, speziellere Begriffe, jedoch auch verschiedene Einzeldinge fallen können. Der identische Vorstellungsgehalt von Begriffen kann immer wieder erneut – potentiell unendlich – auf verschiedene und unterschiedliche Gegenstände angewandt werden. Mit dem Begriff „Haus" kann ich z. B. immer wieder erneut Gegenstände unterschiedlicher Bauart als Häuser identifizieren. Wahrnehmungen [= empirische Anschauungen] hingegen sind immer einzelne, konkrete Vorstellungen. Jede Wahrnehmung ist absolut einmalig – jede empirische Anschauung qua Wahrnehmung bezieht sich immer jetzt auf einen einzelnen Gegenstand. Empirische Begriffe müssen als allgemeine Vorstellungen nicht nur potentiell unendlich auf andere Begriffe, sondern auch potentiell unendlich oft und auf verschiedene Wahrnehmungen empirischer Einzeldinge angewandt werden können.

Subjektive Konstitutivität der logisch reflektierenden Urteilskraft

Dies setzt aber voraus, dass verschiedene Einzeldinge und deren einmalige empirischen Wahrnehmungen auch Gemeinsamkeiten aufweisen, die es erlauben, sie gleichermaßen unter die selben empirischen Allgemeinbegriffe zu subsumieren. Nichts schließt jedoch die erkenntnistheoretische Katastrophe von „Daten" und „Individuen" aus, die kraft ihrer absoluten isolierten Atomik nicht unter Begriffe geordnet werden können, welche qua Begriffe auch einen Bezug auf mehrere, verschiedene Dinge aufweisen müssen (vgl. Henrich (18), a. a. O.). Kant schließt zudem kategorisch Begriffe aus, die sich nur und ausschließlich auf ein einziges Individuum bezögen. Aus der Tatsache, dass wir bisher die GS-Struktur anwenden konnten, folgt keineswegs, dass uns dies auch zukünftig gelingen wird. An dieser Konzeption Kants setzt Schellings Kritik ein. Was hat denn Kant erreicht, wenn er die Begründung

Einzeldinge müssen mit gemeinsamen Allgemeinbegriffen beschrieben werden können

besonderer Gegenständlichkeit einem Prinzip mit nur subjektiver Dignität überlassen muss – so in etwa die polemische systematische Anfrage Schellings an Kant?

Transzendentalphilosophie und Naturphilosophie als Geschwisterwissenschaften

Die naturfundierenden allgemeinen Grundsätze des reinen Verstandes reichen bestenfalls aus, einzelne Gegenstände überhaupt (!) sicher zu begründen, sie reichen aber keineswegs mehr dazu aus, ein System der besonderen Erfahrung letztgültig abzusichern. Als letzten Grund einen Grund mit nur subjektiver „Dignität" anzuführen, offenbare eine massive begründungstheoretische Schwäche. Schelling will nun – im Gegensatz zu Kant – gerade auch die Konstitution des Besonderen [besonderer Gegenstandstypen] in der Natur als eine Leistung rationaler Gründe (des Geistes) aufweisen. Deshalb legt er das Konzept zweier unterschiedlicher Grund-Wissenschaften vor, welche beide jeweils die Konstitution unterschiedlicher Seinsbereiche zum Thema haben. Da aber beide Seinsbereiche vom selben, identischen Grund fundiert würden, seien beide Wissenschaften Geschwisterwissenschaften, die sich zueinander sozusagen spiegelbildlich verhielten.

Im „System" ist deshalb zu lesen:

> „Alles Wissen beruht auf der Übereinstimmung eines Objektiven mit einem Subjektiven. […] Die Wahrheit aber wird allgemein in die Übereinstimmung der Vorstellungen mit ihren Gegenständen gesetzt. Wir können den Inbegriff alles bloß *Objektiven* in unsrem Wissen *Natur* nennen; der Inbegriff alles *Subjektiven* dagegen heiße das *Ich,* oder die *Intelligenz.* […] Nun ist aber in jedem *Wissen* ein wechselseitiges Zusammentreffen beider nothwendi[g]. […] Im Wissen selbst – *indem* ich weiß – ist Objektives und Subjektives vereinigt, daß man nicht sagen kann, welchem von beiden Priorität zukomme. Es ist hier kein Erstes und kein Zweites, beide sind gleichzeitig und Eins. – In dem ich diese Identität *erklären will*, muß ich sie schon *aufgehoben* haben. Um sie zu erklären, muß ich, da mir außer jenen beiden Faktoren des Wissens […] sonst nichts gegeben ist, nothwendig den einen dem anderen *vorsetzen*, von dem einen *ausgehen*, und von ihm auf den andern zu kommen, von welchem von beidem ich ausgehe, ist durch diese Aufgabe nicht bestimmt. […] *Entweder wird das Objektive zum Ersten gemacht, und gefragt; wie ein Subjektives zu ihm hinzukomme, das mit ihm übereinstimmt.* […] Die Aufgabe kann […] auch so ausgedrückt werden: Wie kommt zu der Natur das Intelligente hinzu, oder wie kommt die Natur dazu, vorgestellt zu werden?" ((TR), S. 339f.) […] „*Oder das Subjektive wird zum Ersten gemacht, und die Aufgabe ist die: wie ein Objektives hinzukomme, das mit ihm übereinstimmt.*" ((TR), S. 341) […] „In die beiden möglichen Richtungen der Philosophie haben sich also Natur- und Transzendental-Philosophie getheil[t]." ((TR), S. 342)

Wir können zunächst konstatieren, dass diese beiden philosophischen Geschwister-Grund-Wissenschaften nach Schelling Naturphilosophie einerseits und Transzendentalphilosophie anderseits sind. Diese Doppelung der philosophischen Wissenschaften ermöglicht es nun auch, besondere Gegenständlichkeit als Thema der objektiven Konstitution zu behandeln. Denn im Sinne dieser ontognoseologischen Theorie (gemeint ist eine Theorie, die zugleich Ontologie und Erkenntnistheorie ist!) Schellings konstituiert nicht etwa das Denken und Erkennen mit seinen Funktionen die identisch-invariante Gegenständlichkeit der Gegenstände (bzw. der Natur), wie dies Kant und Fichte gedacht hatten, sondern die selben rationalen Prinzipien, die unser Denken fundieren, begründen auch die Entwicklung der Produkte der ansichseienden Natur selbst. Die Wissenschaft, welche jene Prinzipien entfaltet, die erkennende Subjektivität ermöglichen, nennt Schelling Transzendentalphilosophie. Die Wissenschaft, die exakt diese Prinzipien, die auch die Transzendentalphilosophie exponiert, nun auch als das Reich der Natur begründend entfaltet, ist die Naturphilosophie.

Diese systematische Operation hat zwei Folgen:

(i) Einerseits vermag dieses Konzept natürlich die objektiv gültige Konstitution besonderer Gegenständlichkeit aus den Prinzipien der absoluten Rationalität zu erklären.
(ii) Andererseits fällt damit aber der von Kant und Fichte entwickelte funktionale Begriff der Erkenntnis. Der Weg zu Hegel ist damit vorgezeichnet. Schellings Begriff absoluter Subjektivität hat deshalb mit einem endlichen erkenntnistheoretischem Ich nun noch wenig gemeinsam.

„Dadurch, daß das reine Subjekt-Objekt allmählich *ganz* objektiv wird, erhebt sich die im *Princip* unbegrenzbare ideelle (anschauende) Thätigkeit von selbst zum Ich, d. h. zum Subjekt, für welches jenes Subjekt-Objekt (jenes Ideal-Reale) selbst Objekt ist. Auf dem Standpunkt des Bewußtseyns erscheint mit daher die Natur als das Objektive, das Ich dagegen als das Subjektive; von diesem Standpunkt aus kann ich daher das Problem der Naturphilosophie nicht anders ausdrücken, als so, wie es auch in der Einleitung zu meinem System des Idealismus ausgedrückt ist, nämlich: *aus dem Objektiven das Subjektive entstehen zu lassen*. In der höheren philosophischen Sprache ausgedrückt heißt dies so viel als: *aus dem reinen Subjekt-Objekt das Subjekt-Objekt des Bewußtseyns entstehen zu lassen*." ((WBN), S. 642 f.)

3.2 Grundskizze von Schellings „früher" Natur- und Transzendentalphilosophie

3.2.1 Verschiedene Aspekte von Schellings Philosophie

Die Schellingforschung ist sich nie gänzlich einig darüber geworden, welche wirklich eigenständige Phasen man im Werk Schellings anzunehmen hat. In den letzten Jahrzehnten vertritt Walther. E. Erhardt die Auffassung, es gebe solche eigenständigen Phasen überhaupt gar nicht so, wie die ältere Schellingforschung dies annehme. In allen Schriften Schellings finde sich vielmehr durchgängig als das zentrale und beherrschende Thema die Beantwortung der Frage nach „Möglichkeit und Wirklichkeit der Freiheit". Diese Richtigstellung der Phasentheorie legte Erhardt erstmals 1977 im Aufsatz vor: ‚Nur ein Schelling' in Studi Urbinati 51 B, S. 111–121. Der Sichtweise dieses bedeutenden Schellingforschers ist uneingeschränkt zuzustimmen. Wir sollten uns deshalb angesichts der Forschungsergebnisse Erhardts darauf „zurückziehen", von Aspekten der philosophischen Selbstaufklärung dieses Grundthemas bei Schelling zu sprechen – genauer gesagt von Aspekten, die in bestimmten Schriften besonders hervortreten. Wenigstens folgende Aspekte und die ihnen zuzuordnenden Schriften werden gewöhnlich in populären Philosophiegeschichten (wie z. B. dem „Großen Hirschberger" Bd. II, Freiburg/Basel/Wien z. B. 1976, S. 376 ff.) angeführt: Schelling als vermeintlicher Fichteaner, der Naturphilosoph, der Identitätsphilosoph, Schelling als Freiheitstheoretiker, der „positive Philosoph".

Schelling als vermeintlicher Fichteaner
Zu nennen sind die Schriften: Über die Möglichkeit einer Form der Philosophie überhaupt [1794]; Philosophische Briefe über Dogmatismus und Kritizismus [1795]; Vom Ich als Princip der Philosophie – oder – über das Unbedingte im menschlichen Wissen [1795].

Schelling als Naturphilosoph
Schriften: Ideen zu einer Philosophie der Natur [1797]; Von der Weltseele [1798]; Erster Entwurf eines Systems der Naturphilosophie [1799]; System des transzendentalen Idealismus [1800]. Schelling fasst das menschliche Selbstbewusstsein als bewusste und bewusstwerdende Selbstbezüglichkeit des Absoluten auf. Subjektivität wird als ‚imago naturae' verstanden. Schelling postuliert deshalb eine strikte Symmetrie und Korrelation zwischen den Handlungsarten der Natur und denen der Subjektivität.

Die Identitätsphilosophie
Schriften: Bruno oder über das göttliche und natürliche Prinzip der Dinge [1802] und Vorlesungen über die Methode des akademischen Studiums [1803]. Es wird das Fundament eines gründenden Absoluten dargelegt, welches es möglich macht, Natur und Geist als eine Konvergenzverhältnis deuten zu können.

Freiheitsreflexion
Schriften: Philosophische Untersuchungen über das Wesen der menschlichen Freiheit [1809], Die Weltalter [1811/1813], sowie die sogenannten Münchner Vorlesungen [1827]. Neben dem zentralen und integralen Thema der Freiheit nimmt Schelling hier auch eine Auseinandersetzung mit der Philosophiegeschichte vor. Besonders die Kritik an der Philosophie Hegels in den „Münchner Vorlesungen" verdient Beachtung.

Spätphilosophie/ Positive Philosophie
Schriften: Vorlesungen über die Philosophie der Mythologie sowie die Vorlesungen über die Philosophie der Offenbarung: Was ist positive Philosophie? Nach Schelling ist sie eine philosophische Methode, an den ‚metaphysischen Urrealitäten' direkt anzusetzen. Schelling hält Kant und dessen Nachfolgern vor, diese hätten sich keinen Zugang zum *Sein* der Freiheit, der Wirklichkeit und Gottes erschlossen und sozusagen den ‚Wald des Seins' vor lauter ‚Bäumen' seinsverstellender *Begriffe* nicht gesehen. Sie seien Begriffsdenker, aber keine Seinsdenker gewesen.

3.2.2 Blick durch Schellings Thesen zu Natur und Transzendentalphilosophie

In diesem Abschnitt soll ein kurzer Blick auf Schellings Natur- und Transzendentalphilosophie geworfen werden. Beginnen wir bei der Naturphilosophie.

3.2.2.1 Die Naturphilosophie

Der Naturbegriff Schellings ist von einer Doppelaspektigkeit geprägt.
(i) Der Natur kommt nach Schelling (anders als für Kant und Fichte) durchaus eine Ansichbestimmtheit zu, die nicht Folge einer Konstitutionsleistung eines endlichen Subjekts ist.

(ii) Dies hindert Schelling aber nicht daran, die Natur nicht nur als den Prozess der Erscheinung durchgängiger Rationalität zu fassen, sondern obendrein der Natur sogar ein ‚reflexiv-selbstreferentielles Wesen' zuzuschreiben.

Es ist ganz offensichtlich, dass es letztlich keine andere Möglichkeit als die Identitätsphilosophie dafür gibt, (i) und (ii) als miteinander kompatibel fassen zu können. Deshalb bereitet auch das System des transzendentalen Idealismus die Position der Identitätsphilosophie vor.

a. Transzendentalphilosophie und Naturphilosophie werden als gleichberechtigte und jeweils unverzichtbare Glieder innerhalb einer gesamten Begründungsreflexion verstanden.
b. Beide Teilwissenschaften haben ein und denselben absoluten Grund zu ihrem Fundament.

Natur, wie Schelling, als ein eng vernetztes, systemisches Ganzes zu verstehen, ist zunächst keine besonders ‚aufregende' Erkenntnis. Interessanter ist da schon Schellings Lehre von der Natur als eines rational strukturierten und gesteuerten Gesamtorganismus. Diese ‚Totumslehre' kann von der Einsicht profitieren, die Teile des ‚Gesamtorganismus' seien ihrerseits Organismen. Das Verhältis zwischen dem Totum des Gesamtorganismus und seinen ihm inhärenten Partialorganismen ist als Relation der Konkretion zu denken. Die Teilorganismen sind nichts anderes als der Gesamtorganismus unter dem Aspekt einer bestimmten Konkretion. Jeder Teilorganismus ist qua ‚imago naturae' immer auch und zugleich Repräsentation des Gesamtorganismus' (vgl. Gloy (12), S. 270). Diese Zusammenhänge versieht Schelling mit der Metapher des „unendlichen Stromes". Im Wasser entstehen einzelne Verwirbelungen durch gegenläufige Teilströmungen des Wassers. Einzelne Produkte der Natur müssten in Analogie zu solchen Verwirbelungen des Wassers philosophisch gedeutet werden (vgl. zu dieser Wirbelmetapher die Ausführungen von Karen Gloy (12), S. 270). Natur sei ein unendlicher Strom, der sich aus gegenläufigen, sich widerstreitenden Teilströmungen zusammensetze. Jeder einzelne Wirbel dieses Stromes der Gesamtnatur müsse als ein einzelnes Produkt dieser Natur begriffen werden. Dieses Bild legt zwei Dinge klar. Erstens macht es die Entstehung der Naturprodukte durch einander widerstreitende Tätigkeiten klar. Zweites wird aus diesem Bild aber auch überdeutlich, dass der Gesamtstrom jedem seiner Produkte in Gänze präsent sein muss, ohne dass jedoch der Gesamtstrom, das Totum der Natur also, in einem seiner Wirbel (einem Teilprodukt) vollständig aufginge (vgl. Gloy (12), S, 270). Das funktionale Verhältnis, gemäß dem die Funktionalität all ihren Erfüllungsgliedern präsent sein muss, ohne jemals in einem diese Glieder aufgehen zu dürfen, wird damit von Schelling ontologisch umgemodelt (Karen Gloy hat die eben skizzierten Zusammenhänge in ihrem Aufsatz in aller Deutlichkeit herausgearbeitet – wir schließen uns grundsätzlich ihren Ergebnissen an. Gloys instruktive Analyse von Schellings „Wirbelmetapher" wird von uns als grundsätzlich zutreffend anerkannt). Jedes Naturprodukt stelle eine – so Gloys Sicht – geronnene Tätigkeit der Gesamtnatur dar.

„Alles Einzelne (in der Natur) sey nur eine Form des Seyns selbst, das *Seyn selbst* aber = absolute Thätigkeit. Denn, wenn das Seyn selbst = Thätigkeit ist, so kann auch das *einzelne* Seyn nicht absolute *Negation* der Thätigkeit

Natur als Gesamtorganismus und die Einzelorganismen

seyn. Das Naturprodukt selbst müssen wir uns allerdings unter dem Prädicat des Seyns denken. Aber dieses Seyn selbst ist von einem höheren Standpunkt angesehen nichts anderes als als eine *continuirlich-wirkende Naturthätigkeit,* die in ihren Produkten erloschen ist." ((EN), S. 13)

Das Absolute als Subjekt jeder Tätigkeit

Genauer gesagt, ist das Subjekt dieser Tätigkeit (der Gesamtnatur) das der gesamten erscheinenden Natur zugrundeliegende und diese Erscheinung formende Absolute. Alle Wirbel des Wassers vergehen im Augenblick ihrer Entstehung. Wie die Tätigkeit des gesamten Wasserstromes die eigentliche Realität ist und die Wirbel nur kurz auftretende Erscheinungen sind, so ist die eigentliche Wirklichkeit die reine Tätigkeit des Absoluten. Einzelne Naturprodukte sind nur Momentaufnahmen oder kurzfristige Erscheinungen der Gesamtnatur und des sie gründenden Absoluten (vgl. Gloy (12), S. 270). Einzelne Dinge der Natur haben im Verhältnis zur Gesamtnatur den gleichen Status, den ein aus einem Spielfilm ausgegliedertes Standbild zu den durchgängig bewegten Bildern dieses Films aufweist.

Karen Gloy zitiert in diesen Zusammenhängen folgende Schellingpassage (zitiert nach Gloy (12), S. 270):

> „Es ist schlechterdings *kein Bestehen* eines Produkts denkbar, *ohne ein beständiges Reproducirtwerden.* Das Produkt muß gedacht werden als *in jedem Moment vernichtet,* und in *jedem Moment neu reproducirt.* Wir sehen nicht eigentlich das Bestehen des Produkts, sondern das beständige Reproducirtwerden." (Einleitung zu dem Entwurf eines Systems der Naturphilosophie)

Das der Natur und dem wissenden Subjekt zugrundeliegende Absolute wird durch einzelne Naturprodukte repräsentiert und in diesen in verschiedenen Modi zum Selbstbewusstsein gebracht. Gloy ((12), S. 271) weist darauf hin, dass (wenn Schelling jener Prozessualität, welcher er in der Naturphilosophie beschreibt, im Ich das Ziel finden lasse) dies nichts anderes hieße, als der Natur aus ihr selbst heraus, einen Drang zur Herausbildung der Intelligenz zu attribuieren. Natur sei nicht nur durch den Geist geformt, sondern genauer gesagt, durch den *selben* Geist, welcher immer auch und zugleich die erkennende Subjektivität ermögliche. Da Schellings Ichtheorie nicht mehr eine funktionale Erkenntnistheorie fundiert, wie dies bei Kant und Fichte der Fall ist, so kann man in Form eines Schlagworts sagen: Das Selbstbewusstsein konstituiert nach Fichte und Kant funktional alles Wissen von Gegenständen und deshalb in Folge alle erkennbaren Gegenstände. Bei Schelling hingegen fallen die gesamte Wirklichkeit und das Selbstbewusstsein (resp. das Analogon des Selbstbewusstseins) zusammen. Das absolute Ich Schellingscher Lesart ist das rationale Regelwerk eines erschaffenden Wirklichkeitsprozesses, welcher stets Realitätsmomente erzeugt – aber kein Prinzip mehr, das durch kontingente und ihm unverfügbare Prinzipiate *auch* bedingt wird, wie dies Fichte und Kant gedacht haben. Schellings absolutes Ich ähnelt mehr einem Schöpfer und ist gewiss kein endliches Prinzip mehr. Damit destruiert Schelling den funktionalen Begriff der Erkenntnis sowie die kantisch-fichtesche Prinzipientheorie des Wissens.

3.2.2.2 Die Transzendentalphilosophie

Mit der Transzendentalphilosophie, die Schelling als gleichberechtigte Zwillingsschwester der Naturphilosophie im System des Transzendentalen Idealismus der philosophischen Öffentlichkeit vorgestellt hat, legt Schelling (S. 342 ff.) eine (quasi)erkenntnistheoretische philosophische Wissenschaft vor.

„Wie der aufs Objektive gerichtete Natur-Philosoph nichts so sehr zu verhindern sucht als Einmischung des Subjektiven in sein Wissen, so umgekehrt der Transscendental-Philosoph nichts so sehr als die Einmischung des Objektiven in das Princip des Wissens." ((TR), S. 343) „Wenn dem Transcendental-Philosoph nur das Subjektive ursprüngliche Realität hat, so wird er auch nur das Subjektive im Wissen unmittelbar zum Objekt machen: das Objektive wird ihm nur indirekt zum Objekt werden, und anstatt daß im gemeinen Wissen *das Wissen selbst* (der Akt des Wissens) über das Objekt verschwindet, wird im transscendentalen umgekehrt über dem Akt des Wissens das Objekt als solches verschwinden. Das transscendentale Wissen ist also Wissen des Wissens, insofern es rein subjectiv ist." ((TR), S. 345)

Transzendentalphilosophie muss also als Reflexionswissenschaft verstanden werden. Die Transzendentalphilosophie reflektiere jene subjektive Eigenbestimmtheit des Wissens, welche den Zugang des erkennenden Denkens zu Objekten erst ermögliche. Dies unterscheide sie von der Wissenschaft, die auf das Wissen gerichtet sei, sofern es objektiv ist. Letztere Wissenschaft kann natürlich keine andere sein als die Naturphilosophie. Die u. a. von Iber herausgestellte und hier kritisierte Ontologisierung des transzendentalen Projekts wird überdeutlich (vgl. zur Ontologisierung ‚Fichtes' den schon angeführten Iber-Aufsatz (28). Nun ist hier allerdings einschränkend anzumerken, dass diese Ontologisierung durchaus nicht plump ist. In der Schrift „Erster Entwurf eines Systems der Naturphilosophie" von 1799 ist etwa zu lesen:

Aufgabe der Transzendentalphilosophie

„Welcher Gegenstand Objekt der Philosophie seyn soll, derselbe muß als schlechterdings unbedingt angesehen werden. Es fragt sich, inwiefern der Natur Unbedingtheit könne zugeschrieben werden. [...] *Das Unbedingte kann überhaupt nicht in irgend einem einzelnen Ding, noch in irgend etwas gesucht werden, von dem man sagen kann, daß es ist. Denn was ist, nimmt nur an dem Seyn Theil, und ist nur eine einzelne Form des Seyns – Umgekehrt kann man von dem Unbedingten niemals sagen, daß es ist. Denn es ist nur das Seyn selbst, das in keinem endlichen Produkte sich ganz darstellt, und wovon das Einzelne nur gleichsam ein besonderer Ausdruck ist.* [...] Denn obschon zum absolut-Unbedingten sich im menschlichen Wissen nur die Transscendental-Philosophie sich erhebt, so muß diese doch selbst erweisen, daß jede Wissenschaft, die nur *Wissenschaft* ist, ihr Unbedingtes hat. Der obige Satz gilt also auch für die Naturphilosophie. [...] vielmehr offenbart sich in jedem Naturding ein *Princip* des Seyns, das *nicht selbst ist*. Daß nun aber das Unbedingte überhaupt nicht unter dem Prädicat des Seyns gedacht werden könne, folgt von selbst daraus, daß es als Princip alles Seyns an keinem höheren Seyn teilnehmen kann. Denn wenn alles, was *ist*, nur gleichsam die Farbe des Unbedingten ist, so muß das Unbedingte selbst – gleich dem Licht, das keines höheren Lichts bedarf, um sichtbar zu seyn – überall durch sich selbst offenbar werden. Was ist nun der Transcendental-

Philosophie das *Seyn selbst*, von dem alles einzelne Seyn nur eine besondere Form ist. Wenn nach Principien derselben, alles was ist, Construktion des Geistes ist, so ist *das Seyn* selbst nichts anderes als *das Construiren selbst*, oder da Construction überhaupt nur als Thätigkeit vorstellbar ist, nichts anderes als die höchste construirende Thätigkeit, die obgleich selbst nie Objekt, doch Princip des Objektiven ist. […] *Der Begriff des Seyns als eines Ursprünglichen soll aus der Naturphilosophie* (eben so wie aus der Transcendental-Philosophie) *schlechthin eliminiert werden*". […] „Alles Einzelne (in der Natur) sey nur eine Form des Seyns selbst, das *Seyn selbst* aber = absolute Thätigkeit. Denn, wenn das Seyn selbst = Thätigkeit ist, so kann auch das *einzelne* Seyn nicht absolute *Negation* der Thätigkeit seyn. Das Naturprodukt selbst müssen wir uns allerdings unter dem Prädicat des Seyns denken. Aber dieses Seyn selbst ist von einem höheren Standpunkt angesehen nichts anderes als als eine *continuirlich-wirkende Naturthätigkeit,* die in ihren Produkten erloschen ist." ((EN), S. 11–S. 13)

<small>Keine Legokastenontologie</small>

Auch Schelling profiliert den Begriff der Handlung scheinbar in ähnlicher Weise, wie dies Fichte unternommen hatte. Schelling macht deutlich, dass das Absolute nicht eines plumpen Seinscharakters sei. Das Unbedingte selbst qua Sein könne nur als eine absolute geistig geformte Tätigkeit verstanden werden. Die absolute Tätigkeit des Unbedingten sei ein Grund, der jedem einzelnen Seienden präsent wäre. Aber auch wenn Schelling hier die Auffassung bestreitet, man könne das Unbedingte als totes Sein interpretieren und den Handlungs- und Prozessualitätscharakter stark macht, ist seine Position eine vollständig ontologiezentrierte. Denn für Fichte und Kant ist das gründende und begründende Prinzip auch funktional bedingt durch das Prinzipiat (es sei an die Wagner-Flach-Prinzipienlogik erinnert, mit der wir Fichtes Tathandlung rekonstruiert hatten). Für beide ist jedes konkrete Prinzipiat, welches *das* Prinzipiat erfüllen kann, vollständig kontingent und faktisch gegeben. Nach Schelling steuert der Grund jedoch zugleich auch den Seinsprozess des von ihm Begründeten. Eine solche Sicht, welche die Kontingenz des Prinzipiates wegdenkt – und vor allem dessen Entstehung (quasi)temporal genetisiert –, kann ausschließlich ontologisch verstanden werden (wenn auch vielleicht nicht schlicht ontologisch).

„So gelangt […] nur das Objektive zum gemeinen Bewußtseyn, das Anschauuen selbst verliert sich am Gegenstand, indeß die transscendentale Betrachtungsart vielmehr nur durch den Akt des Anschauens hindurch das Angeschaute erblickt. So ist das gemeine Denken ein Mechanismus, in welchem Begriffe herrschen, aber ohne *als* Begriffe unterschieden zu werden, indeß das transscendentale Denken jenen Mechanismus unterbricht, und indem es des Begriffs als Akts sich bewußt wird, zum *Begriff des Begriffs* sich erhebt. Im gemeinen Handeln wird über dem Objekt der Handlung das *Handeln selbst* vergessen, das Philosophiren ist auch ein *Handeln,* aber nicht ein Handeln nur, sondern zugleich ein beständiges *Selbstanschauen* in diesem Handeln." ((TR), 345)

Schelling schließt an Fichte an, wenn er Handlung als in der direkten Gegenstandsbeziehung unthematisierte Prinzipialität des Wissens fasst.

„Die Natur der transscendentalen Betrachtungsart muß also überhaupt darin bestehen, *daß in ihr auch das, was in allem anderen Denken, Wissen oder Handeln das Bewußtseyn flieht, und absolut nicht-objektiv ist, zum Be-*

wußtseyn gebracht, und objektiv wird, kurz in einem beständigen sich-selbst-Objekt-Werden des Subjektiven." ((TR), S. 345)

Dieser Satz beinhaltet zudem eine weitere Bestimmung der Transzendentalphilosophie nach Schelling. Ihr obliege die philosophische Aufgabe, das beständige Sich-selbst-Objekt-Werden der erkennenden Subjektivität zu dokumentieren und in Reflexionsbegriffe zu fassen. Signifikant und prinzipientheoretisch außerordentlich bedenklich muss hier allerdings die Geschichtlichkeit der Konstitution des Selbstbewusstseins beurteilt werden. Spielt Geschichtlichkeit bei Fichtes Lehre von der Ichkonstitution keine Rolle, so fasst Schelling die Selbstkonstitution des Selbstbewusstseins dezidiert als einen geschichtlichen Progress. Um eine solche Geschichtsschreibung des Selbstbewusstseins kann Schelling nicht herumkommen, da das Selbstbewusstsein auch einer ontologischen Geschichte der Natur verbunden gedacht werden muss. Eine solche Temporalisierung – auch dann, wenn man sie nur rekonstruktiv wie (Gloy (12), S. 271) verstehen will – tötet jeden guten Sinn einer erkenntnistheoretischen Geltungslehre ab. Denn eine Theorie der Geltung, die dem Prinzipienbegriff und dem Funktionsbegriff der Erkenntnis verpflichtet ist, darf nicht die ontische Entstehung der Gestalten der Natur und des Bewusstseins aus dem Prinzip ableiten. Die Funktionalität und das, was sie begründet, haben eine normative Beziehung der Geltung zueinander – aber sie haben notwendigerweise nie ein Verhältnis zueinander, das sich in ähnlicher Weise beschreiben lässt, wie das zwischen Creator und Creatur.

> Vergeschichtlichung

4 Hegels Erkenntnislehre

4.1 Die problemgeschichtlichen Wurzeln von Hegels „Absolutem Idealismus"

Auch Hegels absoluter Idealismus steht in der systematischen Tradition der Transzendentalphilosophie. Inwiefern Hegel Philosophie als eine Radikalisierung der Transzendentalphilosophie Kants und Fichtes verstanden werden kann, wird sich hoffentlich im Laufe dieses Abschnittes erweisen.

4.1.1 Die neue Konzeption der Reflexivität

Um Hegels Denkweg zu verstehen, müssen wir zum Reflexionsproblem zurückkehren. Wir hatten im Fichteteil lernen können, dass Kants Vermischung von funktionaler Reflexivität und Selbstbewusstsein im Begriff der Transzendentalen Apperzeption ein großes Problem für die Prinzipienreflexion der Transzendentalphilosophie darstellt. Fichte hat diese Problematik mit der Einführung des operativen Terminus der Intellektuellen Anschauung zu lösen versucht. Mit guten Gründen ist Hegel der Ansicht, niemand wisse ganz genau, was denn nun unter einer solchen Intellektuellen Anschauung zu verstehen sei. Wir haben in diesen Zusammenhängen mit Blick auf Schelling etwas böswillig vom Deus ex machina gesprochen. Hegels Position teilt auch die Kritik Schellings am Ungenügen der kantischen Transzendentalphilosophie bei der Konstitutionsanalyse besonderer Gegenständlichkeit.

„Die reine Vernunft dieses Idealismus wird also durch sich selbst, um zu diesem *Anderen*, das ihr *wesentlich*, d. h. also das *Ansich* ist, das sie aber nicht in ihr selbst hat, zu gelangen, an dasjenige Wissen zurückgeschickt, das nicht ein Wissen des Wahren ist; sie verurteilt sich so mit Wissen und Willen zu einem unwahren Wissen und kann vom Meinen und Wahrnehmen, das für sie selbst keine Wahrheit hat, nicht ablassen. Sie befindet sich in unmittelbarem Widerspruche, ein Gedoppeltes, schlechthin Entgegengesetztes als das Wesen zu behaupten, die *Einheit der Apperzeption* und ebenso das *Ding*, welches, wenn es auch *fremder Anstoß* oder *empirisches Wesen* oder *Sinnlichkeit* oder *das Ding an sich* genannt wird, in seinem Begriffe dasselbe jener Einheit Fremde bleibt." ((PH), S. 163)

<small>Gemeinsamkeit der Perspektive auf die gnoseologische Letztbegründung bei Kant, Fichte und Hegel</small>

Hegel ist durchaus einer Meinung mit Kant und Fichte darüber, was unter Letztbegründung zu verstehen sei. Wie Kant und Fichte hängt er der Auffassung an, Wissen sei nur dann möglich, wenn die letzten Gründe seiner Geltung ausschließlich in seinen eigenen Prinzipien lägen (vgl. zur geltungstheoretischen Interpretation Hegels: Aschenberg (2) und neuerdings: Krijnen (32). Hegel ist der Auffassung, Kant treffe mit der Konzeption des transzendentalen Idealismus einen wichtigen und zutreffenden Punkt. Kant und Fichte begriffen im Kern sehr richtig, dass Wissen nur dann als letztbegründet verstanden werden könne, wenn es selbstkonstitutiv sei. Doch könne dieser

Letztbegründungsgedanke Kants und Fichtes nicht erfolgreich von diesen durchgeführt werden, da beide die Geltungs-Selbstkonstitutions-Reflexion des Wissens fälschlicherweise mit der Gegenstandskonstitution konfundierten. Im Sinne des Zitates: Die Geltung des Wissens sei insbesondere nach Kant gleichermaßen durch die Einheit der Apperzeption (= Prinzipien des Wissens selbst) sowie das Ding (= Bezug auf dem Wissen fremde Gegenständlichkeit) fundiert. Was Hegel hier andeutet, sind mehrere Aspekte einer Kantkritik, die den Vater des Absoluten Idealismus zu einer Revolution in Sachen Gnoseologie motiviert haben.

Hegel macht zunächst geltend, dass Wissen kraft eigener Prinzipien niemals autark in der Lage sein könne, sich seine Geltung autonom selbst zu stiften, wie Kant dies gefordert hatte, wenn Geltungskonstitution des Wissens zugleich Konstitution der Gegenstände des Wissens sein solle. Wenn Kant glaube, das Erkenntnisproblem dadurch lösen zu können, indem er verkünde, die Gegenstände hätten sich nach der Erkenntnis und nicht umgekehrt die Erkenntnis nach den Gegenständen zu richten, so scheitere dieses Konzept genau daran, dass niemals die spezifische Besonderheit des Gegenstandes von den Prinzipien des Wissens apriori begründet werden könne. Kategorialität im Sinne Kants könne nur Gegenständlichkeit überhaupt konstituieren, nicht aber besondere Gegenständlichkeit in ihrer Besonderheit. Aus diesem Grunde verunmögliche sich eine Geltungsreflexion des Wissens selbst, wenn diese uno actu als Gegenstandskonstitution des Wissens aufgefasst werde. Denn wegen der dem Wissen quasi vorgegeben uneliminierbaren Besonderheit des Gegenstandes könne Wissen seine eigene Geltung grundsätzlich nicht autonom begründen. Denn es gilt: (a) Die Konstitution der Geltung des Wissens ist zugleich die Konstitution des Gegenstandes des Wissens. (b) Die Konstitution des Gegenstandes des Wissens ist zugleich die Konstitution der Geltung des Wissens. (c) Wissen ist nur autonom durch sich selbst letztbegründet, wenn die in ihm angelegte Geltungsprätention (Geltungsfähigkeit) nur von seinen ureigenen Prinzipien begründet wird. (d) Nach (a) und (b) müssen also die Prinzipien, die autonom die Geltung des Wissens sichern, zugleich vollständig dessen Gegenstand konstituieren. (e) Jeder Weltgegenstand des Wissens ist nun ein besonderer Gegenstand. (f) Die Besonderheit des Gegenstandes ist aber von Einflüssen bedingt, die nicht vom Wissen selbst abhängen, sondern vielmehr von empirischen, kontingent vorgegeben Umständen. (g) Somit kann die autonome GeltungsSelbstkonstitution des Wissens nicht gelingen, sofern die Bedingungen (e) und (f) alternativlos gelten. Soweit ist Hegels Kritik an Kant nicht weit entfernt von der Schellings.

Doch tritt hier ein zweiter Aspekt hinzu, der insbesondere Kants Ansatz betrifft. Kant ist nämlich ganz dezidiert der Auffassung, all unser Erfahrungswissen müsse letztlich durch einen Bezug zu einzeln präsentierten Gegenständen gerechtfertigt werden. Jedes empirisch-inhaltliche Wissenssystem habe letztlich einzelne Urteile über einzelne, anschaulich präsentierte Gegenstände zum Fundament. Denn Korrektur und Erweiterung des empirischen Wissens- und Erfahrungssystems hat die Referenz auf einzelne Gegenstände zur Voraussetzung. Genau diese Problemsicht kritisiert Hegel. Denn es ist erkennbar so, dass einzelne empirische Wahrnehmungen, welche jeweils die einzelnen Gegenstände geben sollen, überhaupt nur von konkreten Subjekten gehabt werden können. Hegel verwirft aus diesen Gründen

Gegenstandskonstitution und Geltungskonstitution sind nicht identisch

Verfehltheit einer Fundierung des Wissens durch Bezug zu einzelnen Gegenständen

Kants Problemsicht, gemäß der letztlich ein konkretes und vereinzeltes Subjekt letzter Wissensgrund sein muss. Das konkrete Subjekt nach Kant und Fichte fungiert als das erkennende Subjekt, indem es korrekt und wohlgeformt die Funktionalität des Erkennens erfüllt. Dies ändert aber aus der Perspektive Hegels nichts daran, dass nur ein konkretes Subjekt nach dieser Gnoseologie Erkenntnisurteile fällen und die transzendentale Reflexion vollziehen kann. (Vgl. meine Ausführungen in (24), z. B. S. 124 und insbesondere in (26), exempl. S. 40–44.)

Das konkrete ‚Ich' verhält sich exludierend zu seinen Vorstellungen

Ein konkretes Subjekt aber muss all die Vorstellung, die es auf sich qua „Ich" bezogen denkt, zugleich auch als von seinem Ich unterschieden fassen (vgl. zur Problematik des ausschließenden Selbstbewusstseins und der Ungeeignetheit einer Annahme der Primitiven Erkenntnisrelation für eine Reflexionsphilosophie Günther (14), z. B. S. 130f. und S.160). Dieses Verhältnis gilt gerade auch dann, wenn das denkende Subjekt die Prinzipien seines Denkens intendiert, welche doch auch als gedachte Prinzipien nichts anderes als Momente des Ich qua Invarianzform der Prinzipienfunktionalität des Wissens selbst sein müssten (vgl. Günther (14), a.a.O.). Ein konkretes Subjekt, das als das erkennende Subjekt fungiert, bleibt ein konkretes Subjekt – und muss alle seine Prinzipien, die es denkend intendiert, in der selben Weise denken, in der bloße Weltobjekte denkt (vgl. zu dieser Problematik Hiltscher (26), exempl. S. 40–44). Darin liegt auch das ‚Versagen' des unglücklichen Bewusstseins verborgen.

„Es hat die Gewißheit, in Wahrheit seines *Ich* sich entäußert und sein unmittelbares Selbstbewußtsein zu einem *Dinge*, zu einem gegenständlichen Sein gemacht zu haben." (PH), (S. 155)

Das heißt nach Hegel also: Ein konkretes Subjekt muss sich selbst in dinglicher Form denken, sofern seine selbstreferentiellen Vorstellungen auch von sich (dem ICH als Bezugspunkt der Vorstellungen) unterschieden gefasst werden müssen. Als Vorstellung seiner selbst ist dieser vom konkreten Subjekt erzeugte selbstreferentielle Ichgedanke qua Vorstellung im selben Sinne *für* das Ich (als Bezugspunkt der Vorstellungen) wie z. B. die Vorstellung eines Hauses. Denn die Vorstellung seiner selbst, die mit dem „Ich denke" erzeugt wird, könne im Sinne Kants einerseits nur die Vorstellung des leeren Bezugspunktes aller Vorstellungen sein und andererseits damit ausschließlich die bewusste Vorstellung der notwendigen Differenz zwischen Vorstellungen und deren Bezugspunkt darstellen (vgl. hierzu Hiltscher (26), exempl. S. 40–44; zum Verhältnis zwischen dem „Ich" als Bezugspunkt und als „Differenzvorstellung" vgl. Königshausen (31), z. B. S. 75, S. 102, S. 108 f., S. 170, S. 172 f. oder S. 176. Zur Problematik des ausschließenden Selbstbewusstseins und der Ungeeignetheit einer Annahme der primitiven Erkenntnisrelation für eine Reflexionsphilosophie mit Blick auf Hegel, vgl. Günther (14), z. B. 130 f. und S. 160). Eine Differenz ohne Relata der Differenz ist unmöglich. Deshalb meint Kant, das im „Ich denke" gedachte und vorgestellte Ich sei nur durch die Gedanken bestimmt, die es habe. Im Beispiel: Zwei äußerlich völlig identische Schachteln mit Legosteinen kann man – sofern man für unser Beispiel von einer lokalen Unterscheidbarkeit dieser Schachteln durch verschiedene Örter, an denen sie sich befinden, absieht – nur durch die Anzahl und den Typus der Legosteine unterscheiden, die sich in ihnen befinden.

4.1 Die problemgeschichtlichen Wurzeln von Hegels „Absolutem Idealismus"

„Durch dieses Ich oder Er oder Es (das Ding), welches denkt, wird nun nichts weiter als ein transscendentales Subject der Gedanken vorgestellt = X, welches nur durch die Gedanken, die seine Prädicate sind, erkannt wird, und wovon wir abgesondert niemals den mindesten Begriff haben können, um welches wir uns daher in einem beständigen Cirkel herumdrehen, indem wir uns seiner Vorstellung jederzeit schon bedienen müssen, um irgend etwas von ihm zu urtheilen; eine Unbequemlichkeit, die davon nicht zu trennen ist, weil das Bewußtsein an sich nicht sowohl eine Vorstellung ist, die ein besonderes Object unterscheidet, sondern eine Form derselben überhaupt, so fern sie Erkenntniß genannt werden soll; denn von der allein kann ich sagen, daß ich dadurch irgend etwas denke." (B 404)

Was Hegel letztlich sagen will, ist also, dass eine letztbegründende Prinzipienwissenschaft des Denkens und Wissens, eben wenn sie letztbegründend soll sein können, ihren Funktionalitätssinn nicht nach den Erfordernissen zufälliger besonderer Gegenstände richten dürfe, weil sie sich damit zugleich konkrete Subjekte einhandele, von denen niemals eine erfolgreiche Reflexionsfähigkeit nachgewiesen werden könne. Denn konkrete Subjekte unterlägen stets der Subjekt-Objektspalte des Bewusstseins und könnten damit auch ihre Prinzipien nur wie von sich unterschiedene andere Objekte denken. Das exkludierende Ich müsse daher auch die Vorstellungen der Prinzipien von sich ausschließen, denn auch diese Vorstellungen seien ‚für das Ich'.

<small>Ein gegenstandsgebundenes Wissen muss auch seine eigenen Prinzipien wie Weltvorstellungen von sich ausschließen</small>

Drei Punkte der kantischen Erkenntnisdoktrin gilt es hier zu beachten: Punkt 1: Thematisierte Prinzipien sind nicht in Raum und Zeit gegeben, sie sind ausschließlich Prinzipien-Gedanken. Auch die reflexiv in der Transzendentalen Ästhetik dargelegten Anschauungsformen von Raum und Zeit (die Prinzipien der Sinnlichkeit) sind nicht in Raum und Zeit gegeben, sondern sind vielmehr reine Reflexionsgedanken. Punkt 2: Nach Kant darf ein Urteil nur dann legitimerweise theoretische Geltung beanspruchen, wenn sein Gegenstand in Raum und Zeit gegeben ist. Punkt 3: Auch im Denken vorgestellte Prinzipien müssen aus der Vorstellung des „Ich" (qua Vorstellung des Bezugspunktes aller Vorstellungen) ausgeschlossen werden – und haben deshalb keine privilegierte Beziehung zu diesem „Ich". Zwischen der Vorstellung einer Hauswand und dem Reflexionsgedanken der Kausalkategorie lässt sich kein struktureller Unterschied mit Blick auf das ‚Bezugs-Ich' erkennen.

<small>Nur über ‚Gegenstände' in Raum und Zeit gibt es laut Kant gültiges theoretisches Wissen</small>

Weil also alle Prinzipien einerseits qua Prinzipvorstellungen einzig und allein kraft ihres Bezuges zum exkludierenden Ich gedacht werden können und andererseits eo ipso nicht in Raum und Zeit gegeben werden können, kann es nach Kants eigener Lehre eigentlich keine wohlbegründete Transzendentalphilosophie geben. Besondere Gegenständlichkeit und konkrete Subjektivität müssten also nach Hegel vielmehr aus der Selbstreferenz der Eigenbestimmtheit des reinen Wissens selbst ihrem Sinne nach (!) erzeugt gedacht werden (zur Problematik des ausschließenden Selbstbewusstseins und der Ungeeignetheit einer Annahme der Primitiven Erkenntnisrelation für eine Reflexionsphilosophie mit Blick auf Hegel vgl. Günther (14), z.B. S.130f. und S.160). Zuerst sei also autark und autonom die Geltung des Wissens ohne jeden Bezug auf Gegenstandskonstitution zu begründen – und dann erst die Weise aufzuzeigen, in der diese Geltungsbestimmtheit des reinen Wissens zu konkreter Subjektivität und den besonderen Themata des

<small>Kant und die Reflexion</small>

Wissens stehe. Dies genau bezeichnet das begründungstechnische Verhältnis, in welchem die Wissenschaft der Logik zur Realphilosophie steht. Und mit diesem Gedanken radikalisiert Hegel die Kopernikanische Wende Kants.

4.1.2 Die absolute Elenktik

Hegel dekretiert nicht einfach diese neue Theorie der Erkenntnis. Denn auch die Erkenntnislehre ist Erkenntnis. Auch betreffs der Erkenntnislehre stellt sich die Frage, inwiefern deren Erkenntnisprätention gerechtfertigt sei. In § 10 der Enzyklopädie belustigt sich Hegel über Kant:

> „Ein Hauptgesichtspunkt der *kritischen* Philosophie ist, daß, ehe daran gegangen werde, Gott, das Wesen der Dinge usf. zu erkennen, das *Erkenntnisvermögen* selbst vorher zu untersuchen sei, ob es solches zu leisten fähig sei; man müsse das *Instrument* vorher kennenlernen, ehe man die Arbeit unternehme, die vermittels desselben zustande kommen soll; wenn es unzureichend sei, würde sonst alle Mühe vergebens verschwendet sein. – Dieser Gedanke hat so *plausibel* geschienen, daß er die größte Bewunderung und Zustimmung erweckt und das Erkennen aus seinem *Interesse* für die Gegenstände und dem Geschäfte mit denselben auf sich selbst, auf das Formelle, zurückgeführt hat. Will man sich jedoch nicht mit Worten täuschen, so ist leicht zu sehen, daß wohl andere Instrumente sich auf sonstige Weise etwa untersuchen und beurteilen lassen als durch das Vornehmen der eigentümlichen Arbeit, der sie bestimmt sind. Aber die Untersuchung des Erkennens kann nicht anders als *erkennend* geschehen; bei diesem sogenannten Werkzeuge heißt dasselbe untersuchen nichts anderes, als es erkennen. Erkennen wollen aber, *ehe* man erkenne, ist ebenso ungereimt als der weise Vorsatz jenes Scholastikus, *schwimmen* zu lernen, *ehe er sich ins Wasser wage.*" ((ENZ), S. 43)

Hegel will also nicht einfach eine Erkenntnislehre konstruieren, sondern die Notwendigkeit und einzige Möglichkeit ihres Ausgangspunktes ausweisen. Hegel bedient sich einer Form der elenktischen Methode in der Phänomenologie des Geistes – und radikalisiert diese Methode, wie Aschenberg ((3), z. B. S. 388) dargelegt hat.

Radikalisierung der Elenktik

Die alte ‚aristotelische Kunst' der Elenktik ‚arbeitet' mit dem Selbstwiderspruch, den derjenige begeht, der eines der letzten Fundamentalprinzipien in Form einer Aussage bestreiten will ((1), S. 139 ff.). Derjenige, der z. B. die Gültigkeit des logischen Wideruchsprinzips bestreitet, muss dieses Prinzip schon für dessen Bestreitung als gültig voraussetzen. Denn wenigstens seine Behauptung, das Widerspruchsprinzip gelte nicht, muss er alternativlos als widerspruchsfrei annehmen, wenn er sie anderen Menschen gegenüber äußert (vgl. Aschenberg (3), a. a. O.). Hegels elenktische Methode geht in der Phänomenologie des Geistes vom Geltungsanspruch des Wissens aus. Wer Wissen behauptet, muss immer auch und zugleich die Gültigkeit des Wissens behaupten.

Das Ansich als intendierter Geltungsgrund endlichen Wissens

Wer Wissen behauptet und zugleich dessen Geltung bestreitet, widerspricht sich in elenktischer Manier. Doch erscheint nun die Frage dringlich zu sein, was denn der Geltungsgrund des Wissens sei. Hegel nimmt die Ansätze der Bewusstseinsphilosophie und deren konkreten Subjekte beim

4.1 Die problemgeschichtlichen Wurzeln von Hegels „Absolutem Idealismus"

Wort. Hegel nimmt deshalb zu Beginn der Phänomenologie des Geistes im Sinne der Bewusstseinsphilosophie an, dasjenige, was die Geltung eines Wissensanspruches letztlich rechtfertige, sei die angemessen geleistete Bestimmung eines unabhängigen Gegenstandes. Denn wenn wir als konkrete erkennende Subjekte gefragt werden, worin die Geltung etwa unser Satzäußerung „Das Haus ist blau" bestehe, antworteten wir vermutlich damit, dass der von unserem Wissen unabhängige Sachverhalt eines blauen Hauses zu den von uns kenntlich gemachten Raum-Zeit-Koordinaten realiter bestehe. Konkrete Subjekte rechtfertigen und begründen die Geltung ihrer Wissensprätentionen stets mit dem Hinweis darauf, dass diese Wissensprätentionen einen unabhängigen Gegenstand angemessen treffen. Diesen Standpunkt nennt Hegel den Bewusstseinsstandpunkt.

In der Einleitung in die Phänomenologie heißt es deshalb über das Bewusstsein

> „Dieses *unterscheidet* nämlich etwas von sich, worauf es sich zugleich *bezieh[t].*" ((PH), S. 64)

Doppelaspektigkeit des Gegenstandssinnes

Hegel operiert hier mit der Doppelaspektigkeit des Gegenstandsbegriffes. Der Gegenstand ist einerseits durchaus eine ‚wissensimmanente Größe'. Denn das Wissen bezieht sich von sich aus auf ihn, erzeugt seine Gegenstandsreferenz selbst. Andererseits kann der Gegenstand im Medium der Bewusstseinsphilosophie dann (und nur dann) den Geltungswert des Wissens bestimmen, wenn er nicht im Wissen aufgeht und diesem gegenüber eine unabhängige Seite aufweist. Denn nur der Gegenstand kann letztlich das Wissen von und über ihn als wahr oder falsch qualifizierbar machen. Der Gegenstand nach seiner Seite als bewusstseinsunabhängige Größe, die aber Geltung und Gültigkeit ermöglicht, wird von Hegel Ansich genannt. (Zu dieser Doppelaspektigkeit vgl. Cramer (7), bes. S. 377–382, exempl. S. 381 f.; S. 385 und S. 387 f. und Theunissen (40), bes. S. 326); zu den nachfolgenden Passagen S. 113–118 vgl. auch Hiltscher (23), S. 244–261, Hiltscher (24), bes. S. 117–125 und Hiltscher (25), bes. S. 154–169. Das, was das Bewusstsein also von sich unterscheidet, ist der Gegenstand in seiner Funktion als unabhängiger Geltungsgrund. Denn im Sinne der Bewusstseinsphilosophie kann das Wissen nur dann wahr oder falsch sein, wenn der Gegenstand auch als unabhängig vom Wissen „seiend" gedacht wird. Nur die Unabhängigkeit des Gegenstandes vom Wissen (bzw. Bewusstsein) kann den Gegenstand als letzten Maßstab für gültiges oder ungültiges Wissen fungieren lassen.

Deshalb fährt Hegel auch fort:

> „[Es] ist etwas *für dasselbe*; und die bestimmte Seite dieses *Beziehens* oder des *Seins* von etwas *für ein Bewußtsein* ist das *Wissen*. Von diesem Sein für ein Anderes unterscheiden wir aber das *Ansichsein*; das auf das Wissen Bezogene wird ebenso von ihm unterschieden und gesetzt als *seiend* auch außer dieser Beziehung; die Seite dieses Ansich heißt *Wahrheit*." ((PH), S. 64)

Prima facie mag es nun merkwürdig anmuten, dass laut Hegel Bewusstsein die Relation der Relata von „Wissen" und „Ansich" sein soll. Wieso sollte das bewusstseinsunabhängige „Ansich" denn ein Relat und damit Konstitutionsmoment des Bewusstseins selbst sein?

Spezifische Form der gegenständlichen Geltungsprätention des Wissens macht Gegenstand zu Moment des Bewusstseins

Mit welchen Recht kann Hegel „Bewusstsein" als spezifische Relation der Momente von Wissen und dem Ansich bestimmen? Wir haben den Grund hierfür schon angedeutet. Wenn das Bewusstsein qua Wissen Geltung prätendiert, so kann es diese Geltung für seine Erzeugungen nur dann und nur deshalb legitim einfordern, weil es diese selbst (und keine andere Instanz) als gültig und geltend behaupten muss. Wenn die Geltungsprätention im Medium der Bewusstseinsphilosophie aber nur legitim erhoben werden kann, sofern sie eine Wissensprätention betreffs eines unabhängigen Gegenstand ist, dann muss diese ursprüngliche Prätention des Wissens selbst den gemeinten Gegenstand als unabhängigen Gegenstand intendieren. Konrad Cramer hat deshalb verdienstvollerweise darauf verwiesen, dass nicht Wahrheit qua Ansich Thema des Wissens sei und eines der beiden Fundamentalrelate des Bewusstseins darstelle, sondern das Ansich qua Wahrheit die unabdinbare Wahrheitsprätention des Wissens artikuliere. Cramer legt glänzend dar, dass es nur der Geltungsanspruch des Wissens sein kann, der das Ansich zu einem konstitutiven Moment des Bewusstseins macht. Damit ist das wissensunabhängige Ansich der letzte Geltungsgrund der Bewusstseinsphilosophie. Auch in der Erkenntnistheorie Kants bleibt der besondere Gegenstand Maßstab der Gültigkeit der auf ihn gerichteten empirischen Urteile. Der Bewusstseinsstandpunkt führt also unausweichlich als letzten Grund der unabdingbaren Geltungsverfasstheit des Wissens den unabhängigen Gegenstand [das Ansich] an (vgl. Cramer (7), bes. S. 377–382, exempl. S. 381f., S. 385 und S. 387f.). Der nicht zu hintergehende Anspruch des Wissens auf erzielte Geltung – wenn es Wissen sein will – ist im Rahmen des Bewusstseinsstandpunktes stets ein solcher, den das Wissen selbst mit dem Ansich begründet, indem es behauptet, das Ansich angemessen erfasst zu haben. Das Wissen selbst behauptet seine Geltung ausschließlich deshalb, weil es mit dem Ansich übereinstimmt. Da also Wissen seinen notwendigen und unhintergehbaren Geltungsanspruch im Rahmen des Bewusstseinsstandpunktes ausschließlich dann erheben kann, wenn es ihn mit seinem Bezug auf das Ansich des Gegenstandes begründet, ist das Ansich durchaus als bewusstseinsimmanent zu verstehen (vgl. hierzu Cramer (7), a.a.O., sowie Theunissen (40), bes. S. 326). Das Ansich ist die Folge der das Wissen konstituierenden Geltungsprätention selbst. Hegel sagt dies so: „Allein gerade darin, daß es überhaupt von einem Gegenstande weiß, ist schon der Unterschied vorhanden, daß *ihm* etwas das *Ansich*, ein anderes Moment aber das Wissen oder das Sein des Gegenstandes *für* das Bewusstsein ist. Auf dieser Unterscheidung, welche vorhanden ist, beruht die Prüfung. Entspricht sich in dieser Vergleichung beides nicht, so scheint das Bewußtsein sein Wissen ändern zu müssen, um es dem Gegenstande gemäß zu machen; aber in der Veränderung des Wissens ändert sich ihm in der Tat auch der Gegenstand selbst, denn das vorhandene Wissen war wesentlich ein Wissen von dem Gegenstande; mit dem Wissen wird auch er ein anderer, denn er gehörte wesentlich diesem Wissen an. Es wird hiermit dem Bewusstsein, daß dasjenige, was ihm vorher das *Ansich* war, nicht an sich ist oder daß es nur *für es* an sich war. Indem es also an seinem Gegenstande sein Wissen diesem nicht entsprechend findet, hält auch der Gegenstand selbst nicht aus; oder der Maßstab der Prüfung ändert sich, wenn dasjenige, dessen Maßstab er sein sollte, in der Prüfung nicht besteht; und die Prüfung ist nicht nur eine Prüfung des Wissens, sondern auch ihres Maßstabes." ((PH), S. 66)

Puntel und Aschenberg zeigen auch auf, wie Hegels Terminologie dieser Struktur gerecht wird (vgl. Puntel (37), S. 289. Aschenberg (2) schließt sich dieser Deutung an, S. 233). Wie Puntel und Aschenberg darlegen, fasst Hegel den Unterschied zwischen Wissen und Ansich terminologisch durch Verwendung der Ausdrücke „Dem" und „Für".

Puntels und Aschenbergs Hinweis auf „Dem" und „Für" als terminologischen Trick Hegels

Ansich und Wissen seien beide „dem" (= ihm) Bewusstsein (vgl. Puntel (37), S. 289, Aschenberg (2), S. 233). Bezogen auf das Moment des Wissens sollte diese Charakterisierung nach unseren Erläuterungen keine Verständnisschwierigkeit bedeuten. Das Bewusstseinsmoment des Ansich indiziert damit die Minimalbestimmtheit des bewusstseinsunabhängigen Gegenstandes. Das Ansich ist im Bewusstsein, insofern jeder Geltungsanspruch des Wissens selbst die Unabhängigkeit des Geltungsgrundes ‚Gegenstand' unabdingbar voraussetzen muss, Eine weitere bewusstseinsimmanente Bestimmung hat das Ansich zunächst nicht.

Ansich und Wissen sind beide dem Bewusstsein

Allerdings ist nur das Wissen „für" das Bewusstsein, das Ansich verbleibt ausschließlich in seiner Qualifikation „dem" Bewusstsein zu sein, „für" das Bewusstsein jedoch ist es nicht (vgl. Puntel (37), S. 289 und Aschenberg (2), S. 233). Hegels terminologischer Trick wird nun argumentationslogisch gewendet. Hegel will seinen Lesern nämlich zu der Einsicht verhelfen, dass auf dem Bewusstseinsstandpunkt niemals Geltungsgrund und Geltungsnorm eine vermittelte Einheit bilden könnten. Genau eine solche vermittelte Einheit sei aber vonnöten, wolle Wissen sich selbst autonom rechtfertigen können.

Nur das Wissen ist für das Bewusstsein – nicht das Ansich

Den Geltungsanspruch, den das Wissen notwendig erheben muss, kann es ausschließlich mit dem Ansich rechtfertigen. Um diesen Anspruch zu rechtfertigen, muss der Geltungsgrund des Ansich bewusst gemacht werden. Damit würde der Geltungsgrund zugleich zur bewussten Geltungsnorm transformiert werden. Nur ergibt sich aber ein Problem. Wird das Ansich nämlich über seine Minimalbestimmtheit hinaus zu einem gewussten und bewussten Ansich transfomiert, ist es nicht mehr das Ursprungs-Ansich, sondern mutiert zu einem Ansich-für-es. Als Ansich-für-es jedoch ist es vollumfänglich dem Bewusstseinsmoment des Wissens zuzuordnen und verliert seinen autonomen Status als ein dem Wissen gegenüber eigenständiges Bewusstseinsmoment. Das Problem, das Aschenberg für den ‚Motor' der ‚Phänomenologie' hält, ist offenkundig. Kann nämlich das Ansich nur dann als Geltungsgrund fungieren, wenn es unabhängig vom Wissen bleibt, dann kann dieses Ansich, wenn es als Ansich-für-es eine gewusste Norm geworden ist, nicht mehr die Funktion des Geltungsgrundes übernehmen. Andererseits ist Wissen ohne gewusste Geltungsnorm nicht in der Lage, sich selbst in seinem unausweichlichen Geltungsanspruch zur rechtfertigen. Nun ist genau diese Divergenz zwischen wissensunabhängigem Geltungsgrund (Ansich) und Geltungsnorm (Ansich-für-es) laut Hegel der Ursprung der dialektischen Gestalten des Bewusstseins. Denn das Bewusstsein versteht das Auseinanderfallen von Geltungsnorm und Geltungsgrund auf der Basis seiner ‚Herrschaft' nicht sofort als grundsätzliches unlösbares Problem, sondern fasst dieses Auseinanderfallen als Problem einer bestimmten Bewusstseinsgestalt (bzw. eines bestimmten Begriffs von Ansich) auf. Genauer gesagt, fasst es in seinem Begriff vom Ansich, der das Ansich zu einem Ansich-für-es

Reinhold Aschenbergs Deutung

macht, das Ansich als einen bestimmten Gegenstandstypus auf (Aschenberg hat diesen gerade erläuterten systematischen Zusammenhang des Auseinanderfallens von Geltungsnorm und Geltungsgrund mit ein klein wenig anderen Termini vorbildlich herausgearbeitet. (2), bes. S. 234f.).

Das steuernde Prinzip der „Phänomenologie des Geistes"

Grundsätzlich läuft bis zum Ende der „Phänomenologie" folgende Prozedur ab. Das Wissen versucht den ansichseienden Geltungsgrund zu einer Wissensnorm zu transformieren, die es dem Wissen selbst ermögliche, über seine Geltung zu befinden. Aus den schon bezeichneten Gründen muss dieses Verfahren scheitern. Das natürliche Bewusstsein scheitert allerdings zunächst je und je an einem bestimmten unzureichenden Begriff des Ansich (= eines Gegenstandstypes) und wird beständig dazu getrieben, neue Begriffe des Ansich zu erzeugen. Da dieses Verfahren in sich widersprüchlich sein muss, scheitert es beständig bei allen Gegenstandstypen und Bewusstseinsgestalten immer erneut. Das Scheitern veranlasst aber das Bewusstsein qua Wissen stets einen neuen Begriff des Ansich zu entwerfen, von dem es jeweils annimmt, er könne seinen Anspruch auf Geltung begründen. Immer wieder muss also Wissen ein neues Ansich intendieren, welches als wissensunabhängiger Geltungsgrund fungieren kann; hat doch die Bestimmung des „alten" Ansich im Wissen diesem den Charakter eines wissensunabhängigen Ansich genommen. Das neue Ansich erhält eine Bestimmtheit, die es erlauben soll, es sowohl als bestimmte Geltungsnorm des Wissens als auch als wissensunabhängigen Geltungsgrund zu fassen. Aber auch dieser neue Versuch scheitert. Denn immer dann, wenn das wissensunabhängige Ansich des Geltungsgrundes zum wissensimmanenten Ansich-für-es der Geltungsnorm geformt wird, entschwindet das Ansich als unabhängiger Geltungsgrund. Hegels elenktische Methode in der Phänomenologie des Geistes besteht also darin, die Geltungsprätention des Wissens, so wie sie der Bewusstseinsstandpunkt auffasst, als Ausgang zu akzeptieren. Diese Geltungsprätention hat aber das Problem, dass in ihr Geltungsgrund und Geltungsnorm nicht vermittelt werden. Das Wissen hat auf dem Bewusstseinsstandpunkt keine andere ‚Wahl', als das Ansich des Gegenstandes als letzten Geltungsgrund zu behaupten. Soll dieser Geltungsgrund aber normierend wirkend – also eine Geltungsnorm darstellen – muss das Bewusstsein „sagen", was denn nun unter ansichseiender Gegenständlichkeit zu verstehen sei. Genau dann aber, wenn der ansichseiende Geltungsgrund zum Ansich-für-es einer bestimmten Geltungsnorm gebracht wird, kann er per definitionem kein wissensunabhängiger Geltungsgrund mehr sein (diesen hier beschriebenen Prozess legt Aschenberg (2) mustergültig dar, bes. S. 234 f.). Die Phänomenologie des Geistes führt alle nur möglichen Verständnisse des Ansich an. Diese Verständnisse des Ansich müssen aber alle scheitern, weil sie qua bestimmter wissensimmanenter Verständnisse des Ansich gerade kein wissensunabhängiges Ansich mehr repräsentieren können. Am Ende steht die Einsicht, dass Wissen und Ansich sich nicht gegenüberstehen dürfen – und der unabhängige Gegenstand niemals zugleich als Geltungsgrund und gewusste Geltungsnorm fungieren kann, wie dies der Bewusstseinsstandpunkt fälschlich in seiner Geltungsprätention behauptet. Die Geltungsbestimmtheit echten Wissens kann nicht durch Gegenstandsreferenz begründet werden.

„Es wird hiermit dem Bewußtsein, daß dasjenige, was ihm vorher das *an sich* war, nicht an sich ist oder daß es nur FÜR ES an sich war. Indem es also an seinem Gegenstande sein Wissen diesem nicht entsprechend findet, hält auch der Gegenstand selbst nicht aus; oder der Maßstab der Prüfung ändert sich, wenn dasjenige, dessen Maßstab er sein sollte, in der Prüfung nicht besteht; und die Prüfung ist nicht nur eine Prüfung des Wissens, sondern auch ihres Maßstabes. Diese *dialektische* Bewegung, welche das Bewußtsein an ihm selbst, sowohl an seinem Wissen als an seinem Gegenstande ausübt, *insofern ihm der neue wahre Gegenstand* daraus *entspringt*, ist eigentlich dasjenige, was *Erfahrung* genannt wird. Es ist in dieser Beziehung an dem soeben erwähnten Verlaufe ein Moment noch näher herauszuheben, wodurch sich über die wissenschaftliche Seite der folgenden Darstellung ein neues Licht verbreiten wird. Das Bewußtsein weiß *Etwas*, dieser Gegenstand ist das Wesen oder das *an sich*; er ist aber auch für das Bewußtsein das *Ansich*; damit tritt die Zweideutigkeit dieses Wahren ein. Wir sehen, daß das Bewußtsein itzt zwei Gegenstände hat, den einen das erste *an sich*, den zweiten *das für es Sein dieses an sich*." ((PH), S. 66)

Die verschiedenen Deutungsversuche des Ansich, die auf dem Bewusstseinsstandpunkt alle zum Scheitern verurteilt sind, stellen im Sinne Hegels die Gestalten des Bewusstseins dar (vgl. Aschenberg (2), S. 228). Im Übergang zur Wissenschaft der Logik muss das Fundament wahrer Geltung des Wissens erreicht sein. Geltung des Wissens ist nun nach Hegel ohne jede Referenz auf externe Gegenstände zu begründen. Ein solches Wissen, das rein durch die eigene Geltungsbestimmtheit geprägt ist, nennt Hegel das Absolute Wissen. Es ist Ausgangspunkt der Wissenschaft der Logik.

Gegenstandstypen und Gestalten des Bewusstseins

Hegels Phänomenologie des Geistes ist eine Propädeutik, die in den absoluten Standpunkt der Wissenschaft der Logik einleitet. Sie ist dies in einem dreifachen Sinne:

Dreifacher propädeutischer Sinn der Phänomenologie

(1) Sie destruiert den Bewusstseinsstandpunkt, gemäß dem, Geltung des Wissens ausschließlich von dessen Gegenstandsreferenz zu begründen und zu rechtfertigen ist.
(2) Sie ist eine der Elenktik ähnelnde Methode, indem sie die Geltungsprätention des Bewusstseinsstandpunktes beim Wort nimmt und wissensunabhängige Gegenständlichkeit zunächst konsequent als Geltungsgrund annimmt. Sie zeigt aber gerade darin, dass der Geltungsanspruch des Wissens, der dieses als Wissen allererst konstituiert, gerade dann zum Scheitern verurteil ist, wenn man diesen Geltungsanspruch mit der Gegenstandsreferenz des Wissens begründet.
(3) Die Phänomenologie durchläuft alle Gestalten des Bewusstseins und kann so eine Typologie gegenständlicher Geltung entwerfen, gerade indem sie gegenständliche Geltungsfundierung des Wissens als ein hölzernes Eisen zurückweist (vgl. Aschenberg (2), bes. S. 234f.).

4.2 Skizze von Hegels grundsätzlichen gnoseologischen Ansätzen

Nach der Problemgeschichte wollen wir uns seinen Überblick über relevante Teile des hegelschen Systems verschaffen.

4.2.1 Die Phänomenologie des Geistes

Wir haben nun bereits einige Dinge zu Hegels absoluten Elenktik lernen können. Wir hatten dies gesehen: Die Phänomenologie des Geistes nimmt den Geltungsanspruch des Wissens unter den Bedingungen der Bewusstseinsphilosophie *selbst* beim Wort. Geltungsgrund des Wissens auf dem Bewusstseinsstandpunkt ist der unabhängige Gegenstand, das Ansich. Die Phänomenologie des Geistes untersucht, ob das, was die jeweilige Bewusstseinsgestalt zu ihrem Ansich erklärt, den unhintergehbaren Geltungsanspruch des Wissens erklären könne.

4.2.1.1 Bewusstseinsgestalten – Skepsis – bestimmte Negation

Für Hegel ist die Phänomenologie des Geistes nur als Weg zur Wissenschaft zu verstehen, sie ist eine Propädeutik. Der Weg zur Wissenschaft ist abgeschlossen, sobald der Bewusstseinsgegensatz aufgehoben worden ist. In diesem Zusammenhang kennzeichnet Hegel die Phänomenologie des Geistes auch als Skeptizismus und führt die sogenannte bestimmte Negation ein. Die Phänomeologie ist die Bewegung eines methodisch elenktischen Prozesses, der immer erneut die je und je affirmierten Geltungsgründe des Wissens destruiert. Diese Destruktion ist aber aufgrund des Fungierens der bestimmten Negation zugleich ein propädeutischer Gang zum Wahren des Absoluten Wissens.

„Sie ist nämlich der Skeptizismus, der in dem Resultate nur immer das *reine Nichts* sieht und davon abstrahiert, daß Nichts bestimmt das Nichts *dessen* ist, *woraus es resultiert*. Das Nichts ist aber nur, genommen als das Nichts dessen, woraus es herkommt, in der Tat das wahrhafte Resultat; es ist hiermit selbst ein *bestimmtes* und hat einen *Inhalt*. Der Skeptizismus, der mit der Abstraktion des Nichts oder der Leerheit endigt, kann von dieser nicht weiter fortgehen, sondern muß es erwarten, ob und was ihm etwa Neues sich darbietet, um es in denselben leeren Abgrund zu werfen. Indem dagegen das Resultat, wie es in Wahrheit ist, aufgefaßt wird, als *bestimmte* Negatio[n]." ((PH), S. 62)

„Das Einzige, um den wissenschaftlichen Fortgang zu gewinnen – und um dessen ganz *einfache* Einsicht sich wesentlich zu bemühen ist –, ist die Erkenntnis des logischen Satzes, daß das Negative ebensosehr positiv ist oder daß das sich Widersprechende sich nicht in Null, in das abstrakte Nichts auflöst, sondern wesentlich nur in die Negation seines *besonderen* Inhalts, oder daß eine solche Negation nicht alle Negation, sondern *die Negation der bestimmten Sache*, die sich auflöst, somit bestimmte Negation ist; daß also im Resultate wesentlich das enthalten ist, woraus es resultiert, – was eigentlich eine Tautologie ist, denn sonst wäre es ein Unmittelbares, nicht ein Resultat.

Indem das Resultierende, die Negation, bestimmte Negation ist, hat sie einen Inhalt. Sie ist ein neuer Begriff, aber der höhere, reichere Begriff als der vorhergehende; denn sie ist um dessen Negation oder Entgegengesetztes reicher geworden, enthält ihn also, aber auch mehr als ihn, und ist die Einheit seiner und seines Entgegengesetzten. – In diesem Wege hat sich das System der Begriffe überhaupt zu bilden und in unaufhaltsamem, reinem, von außen nichts hereinnehmendem Gange sich zu vollenden." ((SL), S. 49) Hegel denkt jede neue Bewusstseinsgestalt, die sich aus der je spezifischen Konstellation von Wissen und Ansich ergibt, als erzeugt durch bestimmte Negation.

Jede neu erzeugte Bewusstseinsgestalt ist die bestimmte Negation der Bewusstseinsgestalt von der sie herkommt. Diese Sicht der Dinge hat zur Folge, dass Hegel die Ansicht vertritt, die durch Negation ihrer Vorgängestufe erzeugte neue Bewusstseinformation bewahre ihre Herkunftsbewusstseinsform(en) auf. Soll nämlich die ganze Bestimmheit einer Bewusstseinsgestalt aus der Negation der Vorgängerstufe resultieren, muss die Bestimmtheit der Herkunftsstufe noch verfügbar bleiben, soll die Stufe bestimmt sein können. Nehmen wir folgenden trivialen Satz: „Dies ist nicht der linke Schuh." Er könnte völlige Sinnaufhebung des „Dies" meinen. Er könnte bedeuten: „Ich weiß nicht, was der Gegenstand an dieser Raumstelle ist, ich kann nicht einmal sagen, ob sich an dieser Raumstelle überhaupt ein Gegenstand befindet." Nun kann die Negation aber auch bedeuten, dass nicht der linke Schuh, sondern vielmehr der rechte Schuh sich an dieser Raumstelle befindet. In diesem Falle läge eine etwas banale Form der bestimmten Negation vor. Diese Form der bestimmten Negation hat allerdings die Vollständigkeit der Bestimmungsmöglichkeiten zur Voraussetzung. Die Negation von ‚links' bezieht sich auf die Vollständigkeit der Disjunktion zwischen den komplementären Begriffsmomenten ‚links' und ‚rechts'. Befindet sich etwas alternativlos rechts oder links von mir, so erzeugt die Negation des Begriffsmomentes ‚links' unausweichlich das Begriffsmoment der Orientierungsrichtung rechts. Das bedeutet aber auch, dass ohne die ‚Vorhandenheit' des Begriffsmomentes „links" die bestimmte Negation nicht das Begriffsmoment „rechts" erzeugen könnte. Die bestimmte Negation muss deshalb das von ihr Negierte „aufbewahren".

Bestimmte Negation

Diese erste Stufe der Phänomenologie des Geistes überführt das Ansich in das Ansich-für-es des Wissens, indem sie den Sinn der wissenstranszendenten Gegenständlichkeit als Dieses [bzw. Hier] fasst (siehe zum geltungstheoretischen Verhältnis von Ansich und Ansich-für-es Aschenberg (2), bes. S. 234f.). Hegel rekonstruiert in dieser ersten Stufe der Phänomenologie des Geistes die elementare Stufe der Erstzuwendung eines konkreten Subjekts zu einem einzelnen, sinnlichen Gegenstand. Dies ist insofern plausibel, da die Bewusstseinsphilosophie – der nach Hegel auch Kant gehuldigt hat – das Wissenssystem mit einzelnen Urteilen über einzelne Gegenstände zu begründen beabsichtigt. Der einzelne Gegenstand wird also als ein solcher gefasst, der noch unverstellt durch selektive Begriffsbestimmungen in seiner ganzen Fülle durch die Sinnlichkeit unmittelbar gegeben wird. Die sinnliche Gewissheit reklamiert Geltung für ihre Prätentionen, weil sie diese unmittelbar mit dem einzelnen, besonderen anschauungsgegeben Gegenstand begründen kann. Anders gesagt, die sinnliche Gewissheit begründet ihre Geltungsprätention damit, dass in ihr jeweils ein einzelner Gegenstand, so wie

Die sinnliche Gewissheit

er wirklich ist, in seiner ganzen Bestimmungsfülle ohne irgendwelche ‚Erkenntnismanipulationen' durch das Denken empfangen wird.

„Das Wissen, welches zuerst oder unmittelbar unser Gegenstand ist, kann kein anderes sein als dasjenige, welches selbst unmittelbares Wissen, *Wissen* des *Unmittelbaren* oder *Seienden* ist. Wir haben uns ebenso *unmittelbar* oder *aufnehmend* zu verhalten, also nichts an ihm, wie es sich darbietet, zu verändern und von dem Auffassen das Begreifen abzuhalten. Der konkrete Inhalt der *sinnlichen Gewißheit* läßt sie unmittelbar als die *reichste* Erkenntnis, ja als eine Erkenntnis von unendlichem Reichtum erscheinen, für welchen ebensowohl, wenn wir im Raume und in der Zeit, als worin er sich ausbreitet, *hinaus-*, als wenn wir uns ein Stück aus dieser Fülle nehmen und durch Teilung in dasselbe *hineingehen*, keine Grenze zu finden ist. Sie erscheint außerdem als die *wahrhafteste*; denn sie hat von dem Gegenstande noch nichts weggelassen, sondern ihn in seiner ganzen Vollständigkeit vor sich. [...] Sie sagt von dem, was sie weiß, nur dies aus: es *ist*; und ihre Wahrheit enthält allein das *Sein* der Sache; das Bewußtsein seinerseits ist in dieser Gewißheit nur als reines *Ich*; oder *Ich* bin darin nur als reiner *Dieser* und der Gegenstand ebenso nur als reines *Dieses*. Ich, *dieser*, bin *dieser* Sache nicht darum *gewiß*, weil *Ich* als Bewußtsein hierbei mich entwickelte und mannigfaltig den Gedanken bewegte." ((PH), S. 69)

Im Sinne der phänomenologisch-dialektischen Prüfung wird das Ansich der sinnlichen Gewissheit – der unverstellt als er selbst gegebene einzelne Gegenstand also – in seiner Funktion als wissensunabhängiger Geltungsgrund in das Ansich-für-es des Wissens als Geltungsnorm überführt.

„Es ist in ihr eines als das einfache unmittelbar Seiende oder als das Wesen gesetzt, *der Gegenstand*, das andere aber als das Unwesentliche und Vermittelte, welches darin nicht *an sich*, sondern durch ein Anderes ist, Ich, *ein Wissen*, das den Gegenstand nur darum weiß, weil *er* ist, und das sein oder auch nicht sein kann. Der Gegenstand aber *ist*, das Wahre und das Wesen; er *ist*, gleichgültig dagegen, ob er gewußt wird oder nicht; er bleibt, wenn er auch nicht gewußt wird; das Wissen aber ist nicht, wenn nicht der Gegenstand ist. Der Gegenstand ist also zu betrachten, ob er in der Tat, in der sinnlichen Gewißheit selbst, als solches Wesen ist, für welches er von ihr ausgegeben wird; ob dieser sein Begriff, Wesen zu sein, dem entspricht, wie er in ihr vorhanden ist. Wir haben zu dem Ende nicht über ihn zu reflektieren und nachzudenken, was er in Wahrheit sein möchte, sondern ihn nur zu betrachten, wie ihn die sinnliche Gewißheit an ihr hat. *Sie* ist also selbst zu fragen: *Was ist das Diese?*" ((PH), S. 70 f.)

Die Beispiele, die Hegel als Widerlegung für diesen Geltungsanspruch der sinnlichen Gewissheit vorlegt, sind in der Philosophiegeschichte außerordentlich berühmt geworden. Deshalb seien sie hier einmal vollständig angeführt. Hegel zeigt nämlich auf, dass zu jeder sinnlichen Gewissheit eine Zuwendung zum Gegenstand erforderlich ist, wenn die sinnliche Gewissheit einen Gegenstand präsentieren können soll. Diese Zuwendung erfordert aber eine Abgrenzung des ‚sinnlich-gewiss' präsentierten Gegenstandes von seiner raumzeitlichen Umwelt. Diese z. B. mit Ausdrücken wie ‚Dies' und ‚Hier' vorgenommene Abgrenzung ist aber bereits eine Funktion vermittelnden Denkens. Denn die intentionale Isolierung von Sinneseindrücken kann keine Funktion der ‚puren Sinnlichkeit' selbst sein.

4.2 Skizze von Hegels grundsätzlichen gnoseologischen Ansätzen

„Nehmen wir es in der gedoppelten Gestalt seines Seins, als das *Itzt* und als das *Hier*, so wird die Dialektik, die es an ihm hat, eine so verständliche Form erhalten, als es selbst ist. Auf die Frage: *was ist das Itzt?* antworten wir also zum Beispiel: *das Itzt ist die Nacht*. Um die Wahrheit dieser sinnlichen Gewißheit zu prüfen, ist ein einfacher Versuch hinreichend. Wir schreiben diese Wahrheit auf; eine Wahrheit kann durch Aufschreiben nicht verlieren; ebensowenig dadurch, daß wir sie aufbewahren. Sehen wir *itzt, diesen Mittag*, die aufgeschriebene Wahrheit wieder an, so werden wir sagen müssen, daß sie schal geworden ist. Das Jetzt, welches Nacht ist, wird *aufbewahrt*, d. h. es wird behandelt als das, für was es ausgegeben wird, als ein *Seiendes*; es erweist sich aber vielmehr als ein Nichtseiendes. Das *Itzt* selbst erhält sich wohl, aber als ein solches, das nicht Nacht ist; ebenso erhält es sich gegen den Tag, der es jetzt ist, als ein solches, das auch nicht Tag ist, oder als ein *Negatives* überhaupt. Dieses sich erhaltende Itzt ist daher nicht ein unmittelbares, sondern ein vermitteltes; denn es ist als ein bleibendes und sich erhaltendes *dadurch* bestimmt, daß anderes, nämlich der Tag und die Nacht, nicht ist. Dabei ist es eben noch so einfach als zuvor, *Itzt*, und in dieser Einfachheit gleichgültig gegen das, was noch bei ihm herspielt; sowenig die Nacht und der Tag sein Sein ist, ebensowohl ist es auch Tag und Nacht; es ist durch dies sein Anderssein gar nicht affiziert. Ein solches Einfaches, das durch Negation ist, weder Dieses noch Jenes, ein *Nichtdieses*, und ebenso gleichgültig, auch Dieses wie Jenes zu sein, nennen wir ein *Allgemeines*; das Allgemeine ist also in der Tat das Wahre der sinnlichen Gewißheit. […] Es wird derselbe Fall sein mit der anderen Form des Dieses, mit dem *Hier*. Das *Hier* ist z. B. der *Baum*. Ich wende mich um, so ist diese Wahrheit verschwunden und hat sich in die entgegengesetzte verkehrt: *Das Hier ist nicht ein Baum*, sondern vielmehr ein *Haus*. Das *Hier* selbst verschwindet nicht; sondern *es ist* bleibend im Verschwinden des Hauses, Baumes usf. und gleichgültig, Haus, Baum zu sein. Das *Dieses* zeigt sich also wieder als *vermittelte Einfachheit* oder als *Allgemeinheit*." ((PH), S. 71 f.)

(1) Die Transformation des unabhängigen Gegenstandes des Ansich in die Geltungsnorm des Dieses und Hier der sinnlichen Gewissheit kann nicht den Geltungsanspruch des Wissens erklären. Die Transformation des Ansich in das Ansich-für-es scheitert, da die sinnliche Gewissheit entgegen ihrem eigenen Anspruch, die Geltung des Wissens nicht mit einem unmittelbar und unverstellt gegebenen, einzelnen, konkreten Gegenstand zu begründen vermag. Der einzelne Gegenstand erweist sich nicht etwa als unvermittelt, sondern die Zuwendung zu einem einzelnen Gegenstand enttarnt sich bereits als ein Modus der Vermittlung, der Allgemeiheit. Einen Gegenstand räumlich und zeitlich bestimmt zu lokalisieren, ist bereits eine Leistung des Denkens.

(2) Da die sinnliche Gewissheit fälschlicherweise als Geltungsgrund den unmittelbar gegebenen einzelnen Gegenstand angeführt hat, muss ein neues Ansich angenommen und zum Ansich-für-es einer Wissensnorm transformiert werden. Die Auffindung des neuen Ansich-für-es geschieht mit der Methodik der bestimmten Negation. Hatte also die sinnliche Gewissheit fälschlich den unvermittelten einzelnen Gegenstand zum Maßstab erhoben, muss nun das neue Ansich-für-es als bestimmte Negation des

2 Aspekte von Hegels Methode

Sinnes des unmittelbar, einzeln präsentierten Gegenstand verstanden werden. Wir erkennen die Voraussetzung: Sie besteht in der (verfehlten) Annahme, die Disjunktion zwischen Einzelheit und Allgemeinheit sei vollständig, sodass die bestimmte Negation des einen Relates das andere erzeugen müsse.

„Die unmittelbare Gewißheit nimmt sich nicht das Wahre, denn ihre Wahrheit ist das Allgemeine; sie aber will das *Diese* nehmen. Die Wahrnehmung nimmt hingegen das, was ihr das Seiende ist, als Allgemeines. Wie die Allgemeinheit ihr Prinzip überhaupt, so sind auch ihre in ihr unmittelbar sich unterscheidenden Momente, Ich ein allgemeines und der Gegenstand ein allgemeiner." ((PH), S. 79)

Das geistige Tierreich und der Betrug und die Sache selbst

Führen wir ein weiteres Beispiel aus der „Phänomenologie" an. In diesem Kapitel analysiert Hegel das Spezifikum der durch das „Werk" erzeugten Gegenständlichkeit. Bei einem Zweck, den man sich selbst setzt, müssten doch, sofern dieser Zweck verwirklicht wird, die Unterschiede zwischen Ansich und Ansich-für-es, zwischen Wissen und Ansich, sowie insbesondere zwischen Geltungsgrund und Geltungsnorm bedeutungslos sein. (Wir identifizieren an dieser Stelle für das bessere Verständnis wohl etwas exegetisch unsauber schon „Werk" und Zweck".) Denn die „Transzendenz" des unabhängigen Gegenstandes dem Wissen gegenüber scheint doch bei realisierter Zweckgegenständlichkeit aufgehoben zu sein. Im „Werk" versucht das Individuum gleichsam, sich in der vermeintlich unabhängigen Wirklichkeit zu vergegenständlichen und zu realisieren. (Vgl. zu meiner Interpretation dieses ‚Werkbegriffes' auch Theunissen (40), S. 329.) Als bloßer, noch unrealisierter Zweck des Individuums ist das Werk zunächst zwar der unabhängigen Wirklichkeit entgegengesetzt. Mit der Zweck- und Werkverwirklichung beansprucht das Individuum nun aber, die unabhängige Wirklichkeit zur eigenen Wirklichkeit transformiert zu haben. Doch auch hier entsprechen sich Geltungsgrund und Geltungsnorm nicht. Die vermeintliche Absorption der Unabhängigkeit des Ansich, welche der Zwecksetzer mittels seines Werkes erreichen will, ist nur eine scheinbare. Denn auch andere Individuen schaffen Werke und realisieren Zwecke, die zwangsläufig mit dem realisierten Werk und dem realisierten Zweck des Ausgangsindividuums konfligieren müssen. Jedes Individuum beansprucht die Formung der Gesamtwirklichkeit nach den Bestimmungen der jeweils eigenen Individualität und will seine individuelle Formung der Wirklichkeit gegen die „Ansprüche" der anderen Individuen durchsetzen. Das einzelne realisierte Werk und der einzelne realisierte Zweck eines Individuums können deshalb nicht als Konvergenz von Wissen und Ansich betrachtet werden – und damit scheitert auch dieser Versuch das Ansich gültig in ein Ansich-für-es zu transformieren.

„Das Werk *ist,* d. h. es ist für andere Individualitäten, und für sie eine fremde Wirklichkeit, an deren Stelle *sie* die ihrige setzen müssen, um durch *ihr* Tun sich das Bewußtsein *ihrer* Einheit mit der Wirklichkeit zu geben. […] Das Werk ist also überhaupt etwas Vergängliches, das durch das Widerspiel anderer Kräfte und Interessen ausgelöscht wird, und vielmehr die Realität der Individualität als verschwindend, denn als vollbracht darstellt. […] Die *Unangemessenheit* des Begriffs und der Realität, die in seinem Wesen liegt, erfährt das Bewußtsein in seinem Werk[e]." ((PH), S. 267 f.)

Nach dieser beschriebenen Methodik erzeugt die Phänomenologie des Geistes alle nur denkbaren Gegenstandstypen, Geltungstypen und „Bewusstseinsgestalten". Stets zeigt sich, dass kein Typus im Rahmen der Bewusstseinsphilosophie den Geltungsanspruch des Wissens erklären kann.

4.2.1.2 Natürliches Bewusstsein und wissenschaftliche Reflexion

„Diese *dialektische* Bewegung, welche das Bewußtsein an ihm selbst, sowohl an seinem Wissen als an seinem Gegenstande ausübt, *insofern ihm der neue wahre Gegenstand* daraus *entspringt*, ist eigentlich dasjenige, was *Erfahrung* genannt wird." ((PH), S. 66)

Allerdings wäre es eine völlig verfehlte Annahme, zu glauben, die Erzeugung des Gegenstandstypen wäre eine Leistung der wissenschaftlichen Reflexion. Die Generierung der Bewusstseinsgestalten, Gegenstandstypen und Geltungsformationen ist eine Leistung des natürlichen Bewusstseins selbst, aber sie ist eine Leistung, die das natürliche Bewusstsein *nicht* ‚bewusst' als die seinige erfasst.

Darin liegt folgende Pointe begründet: Dem natürlichen Bewusstsein selbst erscheint jeder neue Gegenstandstyp als ein solcher, der ihm im Sinne Kants „Anschauungsdoktrin" vorgegeben ist. Darin liegt eine Doppelung der Konzeption des natürlichen Bewusstseins begründet (vgl. zu dieser „Doppelung" und zum Unterschied zwischen „FÜR-ES" und „FÜR-UNS" sowie zur Unkenntnis der eigenen reflexiven Leistung des natürlichen Bewusstseins die vorzüglichen Arbeiten von Aschenberg (2), S. 239 und Heinrichs (16), S. 35 ff.; vgl. zu den folgenden Passagen Hiltscher (23), S. 258 ff.). Einerseits ist es das natürliche Bewusstsein selbst, das mit der Operationsweise der bestimmenden Negation jeden neuen Gegenstandstyp hervorruft. Andererseits hat das natürliche Bewusstsein selbst keinen Begriff dieser Selbsterzeugungsgeschichte und nimmt das Ansich je und je als vorgegeben an. Wir aber als Philosophen haben den dialektischen Prozess der Erzeugung der Bewusstseinsgestalten und der Gegenstandstypen selbst zum Gegenstand. Hegel unterscheidet beide Intentionalitäten durch die Termini FÜR-ES und FÜR-UNS. FÜR-ES (also für das natürliche Bewusstsein) ist die ihm genuin zukommende negative Reflexivität, welche die Gegenstandstypen und Geltungstypen generiert, nicht. FÜR-ES ist alle Gegenständlichkeit vorgegeben. FÜR-UNS ist es aber durch eine Art protokollierende Reflexivität luzide, dass alles Ansich letztlich Produkt der negativen Reflexivität des natürlichen Bewusstseins selbst ist. Allerdings sind WIR nicht der Motor des Reflexionsprozesses, sondern nur dessen Protokollanten. Damit WIR aber protokollieren können, ist es unabdingbar notwendig, die Einheit des vom natürlichen Bewusstsein erzeugten Reflexionsprogresses zu erfassen. Es muss UNS also gelingen, den Progress der Bewusstseinsgestalten als eine Einheit fassen zu können. Kurz gesagt, müssen WIR jenes innere Prinzip, das den Progress der Bewusstseinsgestalten steuert, erfassen – und damit dieses Prinzip zu Unserem Gegenstand erklären. Damit deklariert das WIR die Erkenntnis des Prinzips dieses einheitlichen Progresses zu seinem genuinen Gegenstand. Wir erkennen als einheitsstiftendes Prinzip die Reflexivität mit ihrer Form der bestimmten Negation. Erkennen wir methodisch diese Prinzipien, treiben wir Wissenschaft. Besagtem Prozess des natürlichen Bewusstseins selbst, welches aus unserer

Für uns und Für es

Perspektive Geltungstypen, Gegenstandstypen und neue Bewusstseinsgestalten mit dem Mittel der bestimmten Negation erzeugt, entspricht auf dessen Ebene die Umkehrung des Bewusstseins:

„In jener Ansicht aber zeigt sich der neue Gegenstand als geworden durch eine *Umkehrung des Bewußtseins* selbst. Diese Betrachtung der Sache ist unsere Zutat, wodurch sich die Reihe der Erfahrungen des Bewußtseins zum wissenschaftlichen Gange erhebt und welche nicht für das Bewußtsein ist, das wir betrachten. Es ist aber dies in der Tat auch derselbe Umstand, von welchem oben schon in Ansehung des Verhältnisses dieser Darstellung zum Skeptizismus die Rede war, daß nämlich das jedesmalige Resultat, welches sich an einem nicht wahrhaften Wissen ergibt, nicht in ein leeres Nichts zusammenlaufen dürfe, sondern notwendig als Nichts desjenigen, dessen Resultat es ist, aufgefaßt werden müsse; ein Resultat, welches das enthält, was das vorhergehende Wissen Wahres an ihm hat. [...] Dieser Umstand ist es, welcher die ganze Folge der Gestalten des Bewußtseins in ihrer Notwendigkeit leitet. Nur diese Notwendigkeit selbst oder die *Entstehung* des neuen Gegenstandes, der dem Bewußtsein, ohne zu wissen, wie ihm geschieht, sich darbietet, ist es, was für uns gleichsam hinter seinem Rücken vorgeht. Es kommt dadurch in seine Bewegung ein Moment des *an sich* oder *für uns Seins*, welches nicht für das Bewußtsein, das in der Erfahrung selbst begriffen ist, sich darstellt; der *Inhalt* aber dessen, was uns entsteht, ist *für es*, und wir begreifen nur das Formelle desselben oder sein reines Entstehen; *für es* ist dies Entstandene nur als Gegenstand, *für uns* zugleich als Bewegung und Werden. Durch diese Notwendigkeit ist dieser Weg zur Wissenschaft selbst schon *Wissenschaft* und nach ihrem Inhalte hiermit Wissenschaft der *Erfahrung des Bewußtseins*." ((PH), 67f.)

4.2.2 Wissenschaft der Logik

Im reinen Wissen, das Thema der Wissenschaft der Logik sein soll, ist das Wissen in seiner Geltungsstruktur ganz bei sich und deshalb – so Hegels Ansicht – von jedem Bezug auf externe Gegenständlichkeit befreit. Wie ist aber ein absoluter Anfang der Selbstentfaltung des reinen Wissens überhaupt möglich? Dieser Frage wollen wir gemeinsam mit Hegel in diesem Abschnitt nachspüren.

4.2.2.1 Erkenntnis- und Sachgrund – Wahrheit und Gewissheit – Unmittelbarkeit und Vermittlung

„In neueren Zeiten erst ist das Bewußtsein entstanden, daß es eine Schwierigkeit sei, einen *Anfang* in der Philosophie zu finden, und der Grund dieser Schwierigkeit sowie die Möglichkeit, sie zu lösen, ist vielfältig besprochen worden. Der Anfang der Philosophie muß entweder ein *Vermitteltes* oder *Unmittelbares* sein, und es ist leicht zu zeigen, daß er weder das eine noch das andere sein könn[e] [...] [u]nd das Bedürfnis führt sich herbei, daß die Methode mit dem Inhalt, die *Form* mit dem *Prinzip* vereint sei. So soll das *Prinzip* auch Anfang und das, was das *Prius* für das Denken ist, auch das *Erste* im *Gange* des Denkens sein. Es ist hier nur zu betrachten, wie der logische Anfang erscheint; die beiden Seiten, nach denen er genommen werden kann, sind schon genannt, entweder als Resultat auf vermittelte oder als eigentlicher Anfang auf unmittelbare Weise. […] Hier mag daraus nur dies angeführt werden, daß es Nichts *gibt*, nichts im Himmel oder in der Natur oder im Geiste oder wo es sei, was nicht ebenso die Unmittelbarkeit enthält als die Vermittlung, so daß sich diese beiden Bestimmungen als *ungetrennt* und *untrennbar* und jener Gegensatz sich als ein Nichtiges zeigt. ((SL)), S. 65 f."

Thema der „Wissenschaft der Logik" ist das „reine Wissen". Dies bedeutet zunächst, dass diese Wissenschaft vom Wissen nicht mehr auf externe Gegenstände oder konkrete Subjekte bezogen ist. Damit entfällt aber auch der Unterschied zwischen Sachgrund (=ratio essendi) und Erkenntnisgrund (= ratio cognoscendi). Um ein einfaches Beispiel zu geben: Das Herunterfallen von Gegenständen – z. B. des Newton'schen Apfels – ist Erkenntnisgrund dafür, so etwas wie „Schwerkraft" als durchgängige Naturursache überhaupt erst einmal annehmen und entdecken zu können. Der Sachgrund, welcher als Ursache das Herunterfallen der Gegenstände bewirkt, ist aber natürlich die Schwerkraft. Dies zeigt: Ein konkretes Subjekt nimmt bei seinen Begründungsversuchen seinen Ausgang zumeist bei dem etwas, welches es für begründungsbedürftig hält. Dieses Begründungsbedürftige fungiert damit in gewisser Weise sogar als Erkenntnisgrund der Vorhandenheit eines Sachgrundes. Das, was in einer Erklärung begründet werden soll, ist damit zugleich der Erkenntnisgrund des Sachgrundes. Der Sachgrund begründet allerdings realiter das Begründungsbedürftige – den Erkenntnisgrund. Dies hat natürlich Auswirkungen auf das philosophische Begründen. So ist etwa – um die sicherlich verfehlte Kantexegese Hegels zu bemühen – das Faktum der Erfahrung für Kant zumindest ein Teil-Erkenntnisgrund der reinen Prinzipien des Erkennens. Denn nur das Faktum der Erfahrung könne belegen, dass es Erfahrung gebe. Zu diesem faktischen Erkenntnisgrund suche Kant dann die Sachgründe, welche dieses Faktum begründeten und erklärten. Hegel versteht also die Prinzipien des reinen Verstandes und die reinen Prinzipien der Anschauung Kants als „Sachgründe" der Möglichkeit der Erfahrung – das als ‚gültig' angenommene Faktum der Erfahrung selbst jedoch als Erkenntnisgrund der Prinzipien des Wissens und der Erfahrung.

Da es nun auf der Ebene der Wissenschaft der Logik weder konkrete Subjekte noch externe, begründungsbedürftige Gegenstände mehr geben soll, fallen Erkenntnisgrund und Sachgrund zusammen. Denn die Differenz zwischen Sachgrund und Erkenntnisgrund kann es nur geben, wenn sich ein konkretes Subjekt auf einen von ihm unterschiedenen externen Gegenstand bezieht und nach dessen Sachgrund fragt. Ausschließlich dann gibt es eine Differenz zwischen der subjektiven Explikationsordnung der Gründe des Denkens und der objektiven Sachordnung des denkunabhängig gedachten Gegenstandes. Fallen Denken und Sachthema des Denkens strikt zusammen, wie Hegel dies in der Wissenschaft der Logik beansprucht, ist dieser Unterschied bedeutungslos. Denn das Denken hat nur sich zum Thema. Denken und sein Thema stellen im reinen Wissen eine unzertrennbare Einheit dar. Die Wissenschaft der Logik hat aufzuweisen, wie sich das reine Wissen selbst in seiner Kategorialität fortbestimmt und entwickelt. Die dialektische Selbstbezüglichkeit des reinen Wissens selbst erzeugt die Bestimmungen seiner selbst, nicht aber analysiert und rekonstruiert ein konkretes Subjekt – wie etwa in Kants Konzeption – ‚bloß' eine ihm ‚statisch' vorlie-

Erkenntnis- und Sachgrund

Konvergenz von ratio essendi und ratio cognoscendi im Absoluten Wissen

gende unabhängige funktionale Grundprinzipienstruktur des Wissens, die es zwar in Anspruch nehmen müsste, aber nur reflexiv thematisieren könnte (diese Struktur läge auch in Fichtes Differenzierung zwischen thematischen und unthematischen Prinzipien des Wissens vor).

Wahrheit und Gewissheit

Die beschriebene Konstellation hat auch Auswirkungen auf das Verhältnis von Wahrheit und Gewissheit.

„Der bisherige Begriff der Logik beruht auf der im gewöhnlichen Bewußtsein ein für allemal vorausgesetzten Trennung des *Inhalts* der Erkenntnis und der *Form* derselben, oder der *Wahrheit* und der *Gewißheit*. Es wird *erstens* vorausgesetzt, daß der Stoff des Erkennens als eine fertige Welt außerhalb des Denkens an und für sich vorhanden, daß das Denken für sich leer sei, als eine Form äußerlich zu jener Materie hinzutrete, sich damit erfülle, erst daran einen Inhalt gewinne und dadurch ein reales Erkennen werde. Alsdann stehen diese beiden Bestandteile (denn sie sollen das Verhältnis von Bestandteilen haben, und das Erkennen wird aus ihnen mechanischer- oder höchstens chemischerweise zusammengesetzt) in dieser Rangordnung gegeneinander, daß das Objekt ein für sich Vollendetes, Fertiges sei, das des Denkens zu seiner Wirklichkeit vollkommen entbehren könne, dahingegen das Denken etwas Mangelhaftes sei, das sich erst an einem Stoffe zu vervollständigen, und zwar als eine weiche unbestimmte Form sich seiner Materie angemessen zu machen habe. Wahrheit ist die Übereinstimmung des Denkens mit dem Gegenstande, und es soll, um diese Übereinstimmung hervorzubringen – denn sie ist nicht an und für sich vorhanden –, das Denken nach dem Gegenstande sich fügen und bequemen." ((SL), S. 36f.)

„Das absolute Wissen ist die *Wahrheit* aller Weisen des Bewußtseins, weil, wie jener Gang desselben es hervorbrachte, nur in dem absoluten Wissen die Trennung des *Gegenstandes* von der *Gewißheit seiner selbst* vollkommen sich aufgelöst hat und die Wahrheit dieser Gewißheit sowie diese Gewißheit der Wahrheit gleich geworden ist." ((SL), S. 43)

Hegel hält die traditionsreiche Adäquationstheorie der Wahrheit nicht nur für die unvermeidliche Theorie der Wahrheit auf dem endlichen Standpunkt des Bewusstseins, sondern er behauptet sogar, dass diese Theorie konstitutiv für die kognitive Relation des Bewusstseinsstandpunktes sei. Die Wahrheitsprätention des Wissens auf dem Bewusstseinsstandpunkt erzeuge – so die scharfsinnige Interpretation Cramers – den Gegenstand, als Geltungsnorm und Geltungsgrund. Da sich, wie wir gesehen haben, nie ein Ausgleich von Geltungsnorm und Geltungsgrund finden lässt, solange der Bewusstseinsstandpunkt affirmiert wird, muss die „Gewissheit" aushelfen. Gewissheit lässt sich über die verschiedenen Deutungen hinweg, die sich in der Philosophiegeschichte finden, als exklusives Selbstverhältnis eines Subjekts zu sich selbst verstehen (vgl. zu den Seiten 126ff. Hiltscher (23) S. 268ff.). Dieses Selbstverhältnisses der Gewissheit fungiert, immer wenn es gegeben ist, zugleich als Wahrheitsindikator. Descartes schloss z. B. aus der Unbezweifelbarkeit bestimmter Sätze auf deren Gewissheit – und in Folge von der Gewissheit dieser Sätze auf deren Wahrheit. Wahrheit und Gewissheit fallen jedoch auf dem Status des Bewusstseins auseinander. Die schönste Gewissheit kann letztlich unwahr sein – und es gibt Wahrheiten, von denen wir niemals eine Gewissheit erlangen können. Es könnte sicher einen Satz, der wahr wäre, darüber geben, wie viele Liter Rauchbier ich in meinem Leben getrunken habe. Niemals jedoch werde ich Gewissheit davon erlangen, wie dieser Satz lautet. Andererseits könnte mir durch Gehirnwäsche die Gewissheit vermittelt werden, ich würde nach meinem Tod als Marsmensch weiterleben. Dieser Gewissheit dürfte eher kein wahres Urteil entsprechen. Obgleich natürlich die philosophische Diskussion über Wahrheit und Gewissheit weitaus anspruchsvoller war, als diese Beispiele suggerieren, so machen diese Beispiele doch deutlich, dass Wahrheit und Gewissheit auf dem Bewusstseinsstandpunkt auseinanderfallen (können).

Der Grund für dieses Auseinanderfallen ist nach Hegel die Bewusstseinsspalte, die einen externen, unabhängigen Gegenstand als gnoseologische Notwendigkeit generieren muss. Diese Unabhängigkeit des Gegenstandes verunmöglicht es prinzipiell, Gewissheit als zureichenden Wahrheitsindikator auffassen zu können. Da aber die „Phänomenologie" den unabhängigen, externen Gegenstand ‚verabschiedet' hat, ist zu Beginn der ‚Logik' die Spalte zwischen Subjekt und Objekt beseitigt. Das einzige Thema des Wissens ist es selbst. Nach Hegel macht diese autonome Selbstreferenz des reinen Wissens, die nur bei sich bleibt und auf kein Externum gerichtet ist, die Vermittlung von Wahrheit und Gewisseit möglich. Da sich das reine Denken selbst das einzige und ausschließliche Thema sein soll, ergibt die Unterscheidung zwischen subjektiver Gewissheit des Denkens und „wahrhafter" Übereinstimmung des Denkens mit dem fremden Gegenstand keinen Sinn mehr. Denn das reine Denken ist eine absolute Selbstbezüglichkeit, die nicht von einem konkreten, endlichen Subjekt fundiert wird. Wegen dieser Elimination von konkreter Subjektivität konvergieren im reinen Wissen reiner Begriff und Inhalt des reinen Begriffes, Prinzipien und reflexiv entfaltete Prinzipien, Sache und Explikation, Methode und Selbstbegründung des Wissens, subjektive und objektive Ordnung.

Vermittlung von Wahrheit und Gewissheit im reinen Wissen

„Das reine Wissen, als in diese *Einheit zusammengegangen*, hat alle Beziehung auf ein Anderes und auf Vermittlung aufgehoben; es ist das Unterschiedslose; dieses Unterschiedslose hört somit selbst auf, Wissen zu sein; es ist *nur einfache Unmittelbarkeit* vorhanden." ((SL), S. 68) […] „Oder indem das reine Sein als die Einheit zu betrachten ist, in die das Wissen auf seiner höchsten Spitze der Einigung mit dem Objekte zusammengefallen, so ist das Wissen in diese Einheit verschwunden und hat keinen Unterschied von ihr und somit keine Bestimmung für sie übriggelassen. – Auch sonst ist nicht etwas oder irgendein Inhalt vorhanden, der gebraucht werden könnte um damit den bestimmteren Anfang zu machen." ((SL), S. 72 f.)

Vermittlung und Unmittelbarkeit

Am Anfang der Wissenschaft der Logik als der Wissenschaft von der Selbstexplikation des reinen Wissens *als* reinem Wissen *seiner selbst* soll eine absolute, einfache, logische Unmittelbarkeit vorliegen. Das reine Wissen sei vollständig bei sich selbst. Die absolute Unmittelbarkeit liegt u. a. zunächst deshalb vor, da nichts mehr dem reinen Wissen vorgegeben ist. Ein externer Gegenstand darf ganz offenkundig prinzipiell nicht vorgegeben sein, wenn der Anfang absolut sein soll. Aber auch das reine Wissen ist sich selbst nicht quasi ‚vorgegeben'. Es ist nicht etwa bezogen auf ein bestimmtes Thema seiner selbst – etwa ein bestimmtes Ausgangsprinzip das eine fortschreitende Prinzipienexplikation initiieren würde. Das reine Wissen macht am Anfang auch keinen Unterschied zwischen sich und sich als Thema seiner selbst. Das Wissen ist am Anfang ganz von sich – dem Totum seiner selbst – absorbiert.

(Im Grunde liegt hier sogar eine gewisse Ähnlichkeit mit Fichtes absolutem Ich vor, welches eine Art unentfalteter Prinzipieninbegriff sein sollte.) Um dies zu verstehen, können wir Christian Ibers erhellende Monographie zu Hegels Wesenslogik aufrufen (siehe exempl. Iber (29), bes. S. 103. S. 103 f., S. 104, S. 104/FN, S. 108, S. 108/FN, S. 118, S. 126, S. 152/FN). Iber legt Hegel als absoluten Relationstheoretiker aus, der Denken als ursprüngliches Relationieren fasse – wobei der Grundmodus und die Eigenbestimmtheit dieses Relationierens in der Negativität oder Negation zu sehen sei. Nun können wir uns keine Relation ohne Relata denken. Der Anfang der Seinslogik fasst jedoch das reine Wissen (das reine Denken) gerade als eine solche absolute und unmittelbare Relationalität auf (wie Iber ausführt), die keine Relate aufweist. Oder genauer gesagt: Am unmittelbaren logischen Anfang ist das reine Wissen, das unvermittelt bei sich ist, qua reiner absoluter Relationalität zugleich unmittelbares Relat seiner selbst. Die Differenz zwischen sich qua reine Relationalität und sich als „unmittelbarem Relat seiner selbst" kann es noch nicht machen und hat sie deshalb auch noch nicht gemacht. Relation seiner selbst und Relat seiner selbst des reinen Wissens koinzidieren am Anfang und fallen in Unmittelbarkeit im ‚Schwarzen Loch' des Anfangs zusammen. Bekanntlich nennt Hegel dieses ‚Schwarze Loch' „Reines Sein".

Konvergenz von Relation und Relat im ‚logischen Anfang'

Reine Negativität muss somit am absoluten Anfang zugleich als mit sich unvermitteltes Relat ihrer selbst verstanden werden, da die Seinslogik zu Beginn der Wissenschaft der Logik noch keine entwickelte (!) selbstreferentielle Negation kennt. In der Wesenslogik entfaltet Hegel eine selbstbezügliche Negation, die es den logischen Strukturen des reinen Denkens erlauben kann, sich auf sich als anderes zu beziehen (zu der wesenslogischen Konstruktion Hegels, die es erlaubt, dass sich logische Strukturen auf sich als Anderes beziehen können, vgl. Iber (29), a.a.O.; vgl. zum Status des Selbstbewusstseins in der Wissenschaft der Logik Iber (30), S. 51–75, (z.B. S. 63)). Die Relation [Negativität qua Vermittlung] kann deshalb in der Wesenslogik als eine Struktur gedacht werden, die sich auf sich *als* Relat [Unmittelbarkeit] und damit als anderes ihrer selbst bezieht. Dieses Als drückt logische Differenz, also Bestimmtheit und Unterschied aus. Die Seinslogik operiert methodisch aber noch ausschließlich mit der bestimmten Negation, an der die Selbstbezüglichkeit noch nicht entfaltet wurde. Deshalb fallen am logischen Anfang logische Struktur und ihr Anderes (ungeschieden durch ein reflexives Als) unmittelbar zusammen. Sie konvergieren: Relation qua Negativität [Vermittlung] und ihr Relat qua Unmittelbarkeit, das sie selbst „ist" [Sein]. Reine absolute Vermittlung ist reine absolute Unmittelbarkeit. Diese absolute Konvergenz von Vermittlung und Unmittelbarkeit unter dem „Dach der Unmittelbarkeit" nennt Hegel reines Sein. So erklärt sich auch der schon zitierte Satz:

> „[I]ndem das reine Sein als die Einheit zu betrachten ist, in die das Wissen auf seiner höchsten Spitze der Einigung mit dem Objekte zusammengefallen, so ist das Wissen in diese Einheit verschwunden und hat keinen Unterschied von ihr und somit keine Bestimmung für sie übriggelassen." ((SL), S. 72)

Die reine Negativität der Vermittlung (die Bestimmungsfunktion des Denkens qua reine Relationalität) ist zugleich unmittelbares und mithin unbestimmtes „Krypto-Relat" ihrer selbst im Medium der Seinslogik. Die reine vermittelnde Negativität der absoluten Relationalität fällt unterschiedslos mit dem reinen unbestimmten, unmittelbarem Sein des Relats (ihrer selbst) zusammen: Und mit diesem reinen Sein beginnt Hegel die Wissenschaft der Logik.

Trotz dieser Konstruktion eines absoluten logischen Anfangs durch Hegel, in welchem Vermittlung und Unmittelbarkeit innig vereint sind, ist der logische Anfang gleichwohl auch Ergebnis eines Vermittlungsprozesses. Das Resultat der Phänomenologie des Geistes bestand in der Aufhebung des Subjekt-Objekt-Gegensatzes. In dieser Funktion stellt die Phänomenologie eine Hinführung zum absoluten Standpunkt der Wissenschaft der Logik dar. Unter dieser ‚phänomenologischen Perspektive' ist der absolute Anfang auch vermittelt. Dies alles hat man sich vor dem Hintergrund der hegelschen Gesamtsystemarchitektur zu verdeutlichen. Diese Architektur vereinigt erkenntnistheoretische Strukturen, Theologoumena und Ontologismen miteinander. Die Wissenschaft der Logik ist Wissenschaft vom reinen Beisichsein des Geistes: Ihr Thema ist die Idee in ihrem An-und-für-sich. Natur ist nach Hegel die Idee in ihrem Anderssein. Die Phänomenologie des Geistes ist Wissenschaft von der Rückkehr des Geistes aus Natur und ‚schlechtem Bewusstsein' zu sich selbst. Nimmt man diesen Systemaufriss zur Kenntnis, wird klar, dass nicht nur die ‚Phänomenologie' in die ‚Logik' einleitet, sondern dass unter einer ontotheologischen Perspektive auch die „Wissenschaft der Logik" der „Phänomenologie des Geistes vorausliegt. Ein gewaltiger Kreislauf, der Immunisierungstendenzen beinhaltet (zu dieser systemischen Vermittlung von Vermittlung und Unmittelbarkeit Wagner (42), S. 339–S. 348).

Vermitteltheit des logischen Anfangs

Erkenntnistheoretisch gilt: Der Weg von der „Phänomenologie" zur „Logik" weist alle Themen der realphilosophischen Wissens als fundiert im absoluten, reinen Wissen nach, welches in der „Logik" entfaltet wird. Der Weg zurück von der „Logik" über die Naturphilosophie zur „Phänomenologie" weist die fundamentale Sinndifferenz aber auch die fundamentale „Entsprechung" zwischen ursprünglicher Geltungskonstitution des reinen Wissens und den Wissensgestalten der Realphilosophie nach (zum Begriff der „Entsprechung" vgl. Puntel (37), S. 83, S. 91, S. 93, S. 135, S. 145). Hegels Pointe besteht zunächst in der Behauptung, dass der rein logische Sinn des Anfangs-Begriffes nur gedacht werden kann, wenn er nicht nur Vorstellungsbegriff (subjektives Vorstellungsdenken) sei, der einen bestimmten Anfang vorstelle, sondern in diesem Begriff die Urmomente Sein und Nichts quasi rein verwoben seien. Der reine Begriffssinn des Anfangs ernötige schon seine Konstitutionsmomente Sein und Nichts, ohne jedoch auf einen bestimmten Seinsprozess bezogen zu sein. Gleichwohl sei strikt auszuschließen, dass der Begriff des absoluten Anfangs schon als ein analysierbares Disjunktionsverhältnis zwischen reinem Sein und reinem Nichts gedacht werden dürfe.

Gnoseologischer und geistphilosophischer Kreislauf

Zunächst sagt Hegel noch dies über den absoluten Anfang:

„Es ist noch Nichts, und es soll Etwas werden. Der Anfang ist nicht das reine Nichts, sondern ein Nichts, von dem Etwas ausgehen soll; das Sein ist also auch schon im Anfang enthalten. Der Anfang enthält also beides, Sein und Nichts; ist die Einheit von Sein und Nichts, – oder ist Nichtsein, das zugleich Sein, und Sein, das zugleich Nicht-sein ist. Ferner: Sein und Nichts sind im Anfang als *unterschieden* vorhanden; denn er weist auf etwas ande-

Wider eine Subjektivierung des absoluten Anfangs

res hin; – er ist ein Nichtsein, das auf das Sein als auf ein Anderes bezogen ist; das Anfangende ist noch nicht; es geht erst dem Sein zu. Der Anfang enthält also das Sein als ein solches, das sich von dem Nichtsein entfernt oder es aufhebt, als ein ihm Entgegengesetztes. Ferner aber *ist* das, was anfängt, schon; ebensosehr aber *ist* es auch noch *nicht*. Die Entgegengesetzten, Sein und Nichtsein, sind also in ihm in unmittelbarer Vereinigung; oder er ist ihre *ununterschiedene Einheit*. Die Analyse des Anfangs gäbe somit den Begriff der Einheit des Seins und des Nichtseins – oder, in reflektierterer Form, der Einheit des Unterschieden- und des Nichtunterschiedenseins – oder der Identität der Identität und Nichtidentität. Dieser Begriff könnte als die erste, reinste, d. i. abstrakteste Definition des Absoluten angesehen werden, – wie er dies in der Tat sein würde, wenn es überhaupt um die Form von Definitionen und um den Namen des Absoluten zu tun wäre." ((SL), S. 73 f.)

Dann aber macht er deutlich, dass der absolute Anfang sich jedoch gerade jeder Analyse entziehe. Dies sei nicht etwa deshalb der Fall, weil eine derartige Analyse verfehlt sei, sondern weil eine Analysis des Anfangs bereits ein Vermitteln darstellte, ein Vermitteln, welches nicht mehr als Unmittelbarkeit charakterisiert werden könne. Die zutreffende angeführte Analyse müsse somit als nachträgliche Analyse verstanden werden. Der logische Begriffssinn des absoluten Anfangs darf nämlich letztlich keine innere konkrete Gliederung in sich aufweisen. Denn dann wäre der Anfang in sich vermittelt. Eine solche Tendenz zu „anfangsunzulässiger" Vermittlung ergebe sich dann, wenn man bereits den Anfang als Einheit von Sein und Nichts definiere. Der Begriffs-Sinn des Anfangs und das, was er intendiert, wären dann sozusagen noch minimal gegeneinander unterscheidbar. Der absolute Anfang muss aber eine Art schwarzes Loch sein, in welchem Begriffssinn und das vom Begriffssinn Intendierte, untrennbar und unanalysiert zusammenfallen. Somit bleibe es nur übrig, den unentfalteten absoluten Anfang als reines Sein zu fassen.

„Hierin ist auch das Nähere enthalten, daß das, womit der Anfang zu machen ist, nicht ein Konkretes, nicht ein solches sein kann, das eine Beziehung *innerhalb seiner selbst* enthält. Denn ein solches setzt ein Vermitteln und Herübergehen von einem Ersten zu einem Anderen innerhalb seiner voraus, wovon das einfachgewordene Konkrete das Resultat wäre. Aber der Anfang soll nicht selbst schon ein Erstes *und* ein Anderes sein; ein solches, das ein Erstes *und* ein Anderes in sich ist, enthält bereits ein Fortgegangensein. Was den Anfang macht, der Anfang selbst, ist daher als ein Nicht-analysierbares, in seiner einfachen unerfüllten Unmittelbarkeit, also *als Sein*, als das ganz Leere zu nehmen." ((SL), S. 75)

So heißt es auch in § 86 der Enzyklopädie:

„Das *reine Sein* macht den Anfang, weil es sowohl reiner Gedanke als das unbestimmte, einfache Unmittelbare ist, der erste Anfang aber nichts Vermitteltes und weiter Bestimmtes sein kann." ((ENZ), S. 106)

4.2.2.2 Der Aufbau der Wissenschaft der Logik

Um zu verstehen, aus welchen Gründen Hegel das reine Wissen als absolute Relationalität qua Negativität fasst, sollte zunächst auf die klassische Urteilslehre und Hegels Kritik an dieser rekurriert werden.

"Das Urteil ist eine *identische* Beziehung zwischen Subjekt und Prädikat; es wird dabei davon abstrahiert, daß das Subjekt noch mehrere Bestimmtheiten hat als die des Prädikats, sowie davon, daß das Prädikat weiter ist als das Subjekt. Ist nun aber der Inhalt spekulativ, so ist auch das *Nichtidentische* des Subjekts und Prädikats wesentliches Moment, aber dies ist im Urteile nicht ausgedrückt." ((SL), S. 93)

Die Defizienzen der klassischen Urteilslehre

Kants Lehre vom Urteil unterscheidet die Prädikatfunktion der Begriffe von deren Subjektfunktion innerhalb eines Urteils (die unterschiedliche Funktion von Subjekts- und Prädikatsbegriff des Urteils zeigt auf Wagner (41), S. 92–105 (bes. S. 96)). Folgen wir der ‚impliziten Kantinterpretation' Wagners, so lässt sich der Funktionsunterschied wie folgt kennzeichnen (vgl. Hiltscher (23) S. 290–293 zu den nachfolgenden Passagen 131 f.). Während der Subjektbegriff des Urteils auf den externen Gegenstand referiert und diesen Gegenstand damit repräsentiert, bestimmt der Prädikatbegriff des Urteils den Subjektbegriff. Indem nun der Prädikatbegriff des Urteils den Subjektbegriff des Urteils weiterbestimmt, bestimmt dieser Prädikatbegriff uno actu auch den Gegenstand, den der Subjektbegriff ‚vertritt' (vgl. Wagner (41), a. a. O.). Im Kantteil war bereits einmal die Rede von der di(h) airetischen Eigenschaft des Urteils. Jede Verbindung von Begriffen im Urteil muss diese gerade bei der Verbindung auch unterscheiden. Fälle ich z. B. das Urteil „Sokrates ist Weintrinker", bestimme ich nicht nur Sokrates als Weintrinker, sondern muss auch die beiden „Termini" des Urteils unterscheiden, wenn das Urteil nicht tautologisch sein soll (inwiefern „Sokrates" wirklich als ein Begriff gedeutet werden kann und nicht als Eigenname, lasse ich hier für unser Beispiel unerörtert. Als tautologisch wäre das Urteil „Sokrates ist Sokrates" zu verstehen). Das Urteil „Sokrates ist Weintrinker" produziert aus der Sicht Hegels diesem Urteil entgegengesetzte Alternativurteile. So könnte man ja formulieren: „Sokrates ist nicht (nur) Weintrinker – sondern vielmehr auch Mensch, Grieche und Philosoph etc."

Das Urteil leistet in den Augen Hegels somit keine wirkliche Bestimmung, sondern verfängt sich stets auch in einer partiellen „Unbestimmung" des Gegenstandes. Eine unendliche Anzahl von gegenstandsgerichteten Urteilen, die kraft der bloßen Form des Urteils symmetrische Alternativurteile produzieren müssten, wenn dem Urteil wirklich eine eindeutige und präzise Bestimmungsfunktion zukommen solle, verunmöglichen eine echte Bestimmungsleistung des Urteils. Als Pointe ergibt sich hieraus aber am Anfang der Wissenschaft der Logik, dass mit dem Wegfall des externen Gegenstandes des Denkens ebenso die eigenständige Funktion des Subjektbegriffes des Urteils überflüssig wird.

Das Urteil als ungeeignetes Organon für die Erzeugung geltungsrelevanter Bestimmtheit

Mit dieser Operation zu Beginn der Wissenschaft der Logik behauptet Hegel implizit, reines Wissen habe einen ausschließlich prädikativen Charakter. Begriffe von der Welt erhalten ihre Inhaltsbestimmungen normalerweise durch unseren empirischen Kontakt mit der Wirklichkeit. Wir erkennen gemeinsame Merkmale von empirischen Gegenständen und wir formen diese gemeinsamen Merkmale zu abstrakten Allgemeinbegriffen, die sich auf potentiell unendlich viele Gegenstände beziehen können. Diese Art bestimmter Begriffsbildung scheidet hier natürlich aus den angedeuteten Gründen aus. Es gibt keine externen Gegenstände mehr, deren Eigenschaften verbegrifflicht werden könnten. Wie kann dann aber aus dem absoluten Anfang

Der prädikative Charakter des reinen Wissens – Die Bestimmungsfunktion des Wissens als Negativität

heraus sich eine absolute Bestimmungsfunktion des Denkens entwickeln? Es gibt nach Hegel eine ursprüngliche Bestimmungsfunktion des Denkens selbst, die völlig unabhängig von den Weltinhalten ist, auf die sich Wissen kontingenterweise bezieht: die Negation. Wir hatten bereits bei unserer Interpretation der „Phänomenologie" gesehen, wie die bestimmte Negation eine Sinnbestimmung erzielen kann, indem sie das bestimmende und bestimmte Andere eines Momentes erzeugt. Wir hatten das triviale Beispiel vom Begriffsmoment ‚Rechts' angeführt, dessen Sinn durch die (bestimmte) Negation des Begriffsmomentes ‚Links' erzeugt wird. Vollständig disjunkte Alternativen sind stets durch bestimmte Negation verbunden, d. h. miteinander relationiert. Auch Grund und Begründetes erhalten nur zusammen einen bestimmten Sinn. Ohne Grund kein Begründetes und vice versa. Die Bestimmtheit dieser Relation ist „negativ" konstituiert. Der Sinn des Grundes ist in der Relation eindeutig bestimmt, nicht das Begründete zu sein – und umgekehrt ist der Sinn des Begründeten eindeutig bestimmt, nicht der Grund zu sein. Immanuel Kant hatte in der Kritik der reinen Vernunft im Rahmen der Diskussion um den Grundsatz der Bestimmtheit gelehrt, jedes Ding müsse formal mit dem Universum aller möglichen Prädikate verglichen werden. Dabei kämen jedem Ding stets eines von zwei sich formal negativ (durch Widerspruch) ausschließenden Prädikaten zu. (B 599–B 611)

Beispiele:
   Ia) Der Stuhl ist hölzern oder er ist nicht hölzern.
   Ib) Der Stuhl ist hölzern oder nichthölzern.
   IIa) Das Gras ist grün oder es ist nicht grün.
   IIb) Das Gras ist grün oder nichtgrün.

In den Beispielen Ib) und IIb) [= nichthölzern/nichtgrün] wird eine formale Disjunktion zwischen einem Prädikat und dem Inbegriff aller formal möglichen Prädikate gebildet, die das Prädikat gerade nicht selbst ist. Das jeweils als Beispiel herangezogene Prädikat und das formale Universum aller anderen Prädikate, die das herangezogene Prädikat gerade nicht ist, stehen im Verhältnis einer komplementären ‚vollständigen Disjunktion'. Dementsprechend schließen sich ‚Beispielsprädikat' und Universum aller anderen Prädikate, die das Beispielsprädikat nicht ist, durch Widerspruch voneinander aus. Andererseits – und das ist hier besonders gewichtig – beinhaltet dieses Verhältnis die Möglichkeit der formalen Bestimmtheit jedes Prädikates. Nur weil ein Begriff, der als Prädikat fungiert, das formale Universum all jener Begriffe von sich ausschließt, die er nicht selbst ist, kann er überhaupt formal bestimmt sein (diese Prädikatendialektik legt dar: Wagner (41), S. 92–105 (bes. S. 96)). Bereits in der Transzendentalphilosophie Kants erweist sich die herausragende Bedeutung der Negation als Bestimmungsfunktion des Denkens. Freilich gilt für Kants Konzeption, dass es sich dabei um Begriffe handeln muss, deren Inhalte auch aus dem Weltbezug des Denkens entstehen.

Reine Negativität als Konsequenz der ‚Elimination' empirischer Begriffsinhalte

Die Wissenschaft der Logik kann diese Art der ‚partiellen empirischen Negativität' nicht strapazieren. Hegel definiert die genuine Bestimmungsfunktion des reinen Wissens ausnahmslos als Negativität, da nur die Negativität autonome bestimmtheitserzeugende Form des reinen Wissens selbst sein könne. Am absoluten logischen Anfang kann diese Bestimmungsfunktion der Negativität deshalb keine externen vorgegebenen Relate intendieren, anders als dies in den vorher angeführten Beispielen aus der kantischen Negativitätstheorie der Fall ist. „Bei Hegel" ist die reine Bestimmungsfunktion somit reine Negativität. Hegel kennzeichnet die reine Negativität zu Beginn der „Logik" als das Nichts. Wenn also das reine Denken am absoluten Anfang bei sich ist, ist es bei einer Relationalität, die an keine bestimmten Relate gebunden ist, deren wechselseitige Bestimmtheit gegeneinander sie stiften könnte. Das Nichts artikuliert die reine genuine und autarke Bestimmungsfunktion des reinen Wissens. Und weil die Negativität nach Hegel diejenige Form ist, die zusammengehörige Sinnmomente (wie trivialerweise links und rechts) relationiert, ist reine Negation qua reine Bestimmungsfunktion (ohne vorgegebene Relate) reine Relationalität. Eine reine Relationalität ohne Relate, so wie sie am Anfang der Seinslogik vorliegen muss, setzt aber den Wert der Bestimmungsfunktion des Denkens im Herrschaftsbereich der bestimmten Negation auf 0. (Hegel wird in der Wesenslogik eine selbstreferentielle Relation ohne Relate zu entfalten versuchen. Dies setzt aber einen weiteren, modifizierten Negationstyp voraus, wie wir noch sehen werden. Die Seinslogik orientiert sich an der bestimmten Negation!) Der Ausdruck Nichts deutet also an, dass die Bestimmungsfunktion am Anfang (der Seinslogik), weil sie den Wert 0 hat, dazu führt, dass Unbestimmtheit und Bestimmtheit zusammenfallen und einander wechselseitig substituieren können (vgl. hierzu Günther (14), S. 64 f., S. 68, S. 112). Vermittlung bedeutet zunächst im „seinslogischen Format", Relate durch Negation aufeinander zu beziehen (vgl. zur Darstellung der „leerlaufenden Vermittlung" auf den Seiten 133 ff. auch Hiltscher (26), S. 52 ff.). Die Vermittlung gibt sich somit selbst Bestimmtheit als Vermittlung, indem sie als Relation Relate vermittelt. Wenn aber diese Vermittlungsfunktion der Negation in der Domäne der bestimmten Negativität am Anfang der Seinslogik keine Relate besitzt, die sie vermitteln könnte, kann sie sich auch nicht als Vermittlung bestimmen. Sie fällt im Vermitteln mit der Unmittelbarkeit zusammen, bzw. bleibt ein ‚leerlaufendes' Vermitteln, das eben gerade qua ‚leerlaufendes Vermitteln' mit besagter Unmittelbarkeit konvergiert. Negation als reine Vermittlung ohne vermittelbare Relate ist selbst Unmittelbarkeit. Eine reine Vermittlung, die noch keine Sinnmomente erzeugt und vermittelt hat – und sich damit auch nicht in ihrem Sinn als Vermittlung bestimmen kann, artikuliert keine Vermittlung, sondern vielmehr Unmittelbarkeit.

Doch ist der logische Anfang in der Seinslogik bekanntlich nicht das letzte Wort. Aus ihm heraus werden von Hegel die seinslogischen Kategorien entwickelt. Im Fortgang der Seinslogik zeigt Hegel auf, wie sich (ausgehend von der ersten Triade im reinen Wissen) die seinslogischen Kategorien erzeugen lassen. Doch behalten diese Kategorien stets ein Moment in sich, welches sich noch eine gewisse Unabhängigkeit der seinslogischen Vermittlung qua bestimmte Negation gegenüber bewahrt. So können *etwas* und *anderes* einerseits zwar ausschließlich in negativer Relation aufeinander überhaupt sinnvoll bestimmte Momente sein. Ohne den Sinn von etwas ist der Sinn von anderes nicht fassbar und umgekehrt. Andererseits vermag die bestimmte Negation jedoch nicht eindeutig zu fixieren, welches der beiden Glieder sozusagen wesenhaft das Etwas oder wesenhaft das Andere ‚ansich' ist. Auch das Andere ist ein Etwas, zu welchem das Etwas sich als Anderes verhält. Dieses Moment, das sich als selbständig gegenüber der Vermittlung der seinslogischen Negation verhält, ist das Moment der Unmittelbarkeit.

Die seinslogische Kategorialität

In der klassischen Urteilslehre kann sich die bestimmende Kraft der Negation nicht am Subjektbegriff des Urteils entfalten

Wir hatten im Anschluss an Hans Wagner Kants Urteilslehre dahingehend gedeutet, dass der Subjektbegriff des Urteils sich auf einen externen Gegenstand bezöge, wohingegen der Prädikatsbegriff des Urteils, indem er den gegenstandsreferenten Subjektbegriff des Urteils bestimme, uno actu den Gegenstand bestimme. Aus der Sicht Hegels ist diese Doppelung der Funktion von Begriffen im Urteil verhängnisvoll. Denn die bestimmende Negativität des Denkens hat bei einer solchen Konstruktion keinen Einfluss auf den Inhalt des Subjektbegriffes des Urteils (vgl. Hiltscher (23) S. 291 f. zu den nachfolgenden Passagen 134 f.). Nehmen wir an, Frudolf bittet Otto, ihm eine Flasche Bier aus dem Kühlschrank zu holen. Auf die Frage Ottos, wo denn das Bier im Kühlschrank stehe, erwidert Frudolf „Ganz links neben dem Kühlschrank." Nach eingehender Inspektion des Sachverhaltes sagt Otto zu Frudolf „Falsch, das Bier steht rechts neben dem Kühlschrank". Sowohl Frudolf als auch Otto könnten aber in diesem Falle das „subjektiv Richtige" formuliert haben, je nach der räumlichen Stellung ihrer Leiber zum Kühlschrank. Als Fixierung des Ortes unter Weltstücken sind ‚links' und ‚rechts' keine Widersprüche, sondern eben höchst relative Kennzeichnungen eines ‚subjektiven Standpunktes'. Allerdings wird Negation und Widersprüchlichkeit durchaus auf der Ebene des Urteilsprädikates relevant. Denn wenn ich ‚rechts' prädiziere, ist dies nur möglich, wenn das Begriffsmoment ‚rechts' durch Negation eindeutig vom Begriffsmoment ‚links' unterschieden ist. Einzig die Prädikate von ‚links' und ‚rechts' verhalten sich negativ [= bestimmend-disjunkt] zueinander, nicht aber die Sachverhalte. Eine solche Wechselbestimmung durch Negation scheidet beim Subjektbegriff des Urteils, der sich direkt auf den konkreten Gegenstand bezieht, aus. Dem Subjektbegriff obliegt die bestimmungslogische Aufgabe, den ganzen Gegenstand, auf den er referiert, als Einheit in seiner Komplexität zu fassen. Wären nämlich auch schon für den referierenden Subjektbegriff des Urteils ‚links' und ‚rechts' Negationen, könnten sich z. B. niemals Personen mit unterschiedlicher Perspektive widerspruchsfrei eindeutig (!) mit Gedanken auf eine Hauswand mit linkem und rechtem Fenster beziehen. Denn urteilte ich von ‚Innen', wäre das von Außen als ‚links' zu bestimmende Fenster ‚rechts' (diese Hegelkritik an der Funktion des Subjektbegriffes rekonstruiert Günther (14), z. B. S. 64 f., S. 68 und S. 112). Der Subjektbegriff des Urteils ist das Band von Unterschiedenen, aber nicht von Widersprüchen (Heinrich Rickert hat allerdings genau aus diesen Gründen Hegel bestritten, dass die Negation ein ursprüngliches Prinzip des Denkens sei. Ursprünglich sei die Heterothesis, die Unterschiedenheit, siehe: Das Eine, die Einheit und die Eins. Bemerkungen zur Logik des Zahlbegriffs, Tübingen[2] 1924). Andererseits scheinen aber Negation und Widerspruch eine Bestimmtheit ermöglichende Funktion aufweisen. Genau diese Negations*un*betroffenheit der Funktion des Subjektbegriffes im Urteil wird Hegel deshalb zum bestimmungslogischen Problem, da offensichtlich die negationsfundierte Bestimmungsfunktion des Denkens für die „Aufgabe" des Subjektbegriffes im Urteil keine Relevanz aufweist. Denn wenn Bestimmtheit negationsfundiert ist, der Subjektbegriff des Urteils aber nicht von Negation betroffen sein darf, stellt sich die Frage nach seiner Notwendigkeit innerhalb einer echten Lehre von der Bestimmtheit. Genau diese mangelnde Bestimmungsleistung der Negativität am Subjektbegriff des Urteils veranlasst Hegel zu einer schon angesprochenen systematischen Operation. Hegel zieht aus dieser Unfähigkeit der Negation, auch die gegenstandsreferente Funktion des Subjektbegriffes des Urteils zu formen, die schon dargelegte Konsequenz: Die Eliminierung externer Gegenstände zu Beginn der „Logik" habe zugleich die Abschaffung der gnoseologischen eigenständigen Funktion des Subjektbegriffes als gegenstandssetzenden Terminus des Urteils zu bedeuten.

Hegels Wissenschaft der Logik kann somit als eine absolute Prädikatenlehre charakterisiert werden. Aber was ist eine absolute Prädikatenlehre? Die Bestimmungsfunktion ist nach Hegel ein Analogon der Prädikation, weil sie negationsgeformt ist. Allerdings ist auch diese Prädikatform von jedem Hauch zu befreien, der auch noch auf einen empirisch vorgegebenen Weltinhalt verweisen könnte. Reine Prädikatform ist reine Negativität. Die reine Negativität der Seinslogik qua reine prädikative Bestimmungsfunktion fällt mit sich als reinem Bestimmungsrelat ihrer selbst am Anfang der Wissenschaft der Logik in der von uns dargestellten Weise zusammen.

Seinslogik

„A. Sein// *Sein, reines Sein*, – ohne alle weitere Bestimmung. In seiner unbestimmten Unmittelbarkeit ist es nur sich selbst gleich und auch nicht ungleich gegen Anderes, hat keine Verschiedenheit innerhalb seiner noch nach außen. Durch irgendeine Bestimmung oder Inhalt, der in ihm unterschieden oder wodurch es als unterschieden von einem Anderen gesetzt würde, würde es nicht in seiner Reinheit festgehalten. Es ist die reine Unbestimmtheit und Leere. […] – Es ist ebensowenig etwas in ihm zu denken, oder es ist ebenso nur dies leere Denken. Das Sein, das unbestimmte Unmittelbare ist in der Tat *Nichts* und nicht mehr noch weniger als Nichts." ((SL), S. 82 f.)

„B. Nichts// *Nichts, das reine Nichts*; es ist einfache Gleichheit mit sich selbst, vollkommene Leerheit, Bestimmungs- und Inhaltslosigkeit; Ununterschiedenheit in ihm selbst. […] Nichts ist somit dieselbe Bestimmung oder vielmehr Bestimmungslosigkeit und damit überhaupt dasselbe, was das reine *Sein* ist." ((SL), S. 83)

„C. Werden – a. Einheit des Seins und Nichts// *Das reine Sein und das reine Nichts ist also dasselbe*. Was die Wahrheit ist, ist weder das Sein noch das Nichts, sondern daß das Sein in Nichts und das Nichts in Sein – nicht übergeht, sondern übergegangen ist. Aber ebensosehr ist die Wahrheit nicht ihre Ununterschiedenheit, sondern daß *sie nicht dasselbe*, daß sie *absolut unterschieden*, aber ebenso ungetrennt und untrennbar sind und unmittelbar *jedes in seinem Gegenteil verschwindet*. Ihre Wahrheit ist also diese *Bewegung* des unmittelbaren Verschwindens des einen in dem anderen: *das Werden*; eine Bewegung, worin beide unterschieden sind, aber durch einen Unterschied, der sich ebenso unmittelbar aufgelöst hat." ((SL), S. 83)

Auch die reine prädikative Bestimmungsfunktion des reinen Wissens muss jedoch bei dem ‚Zusammengehen mit sich' das reine Moment des Bestimmenden und das Moment desjenigen, das bestimmt wird, beinhalten – wenn auch im Sinne des Anfangs unentwickelt. Denn bereits der Satz ‚Das reine Sein und das reine Nichts sind also dasselbe' beinhaltet trotz der ‚Selbigkeitssetzung' von Sein und Nichts auch eine Unterscheidung von Sein und Nichts, soll er nicht bloß tautologisch sein. Diese Unterscheidung ist nichts anderes als die Unterscheidung der beiden Grundmomente der reinen prädikativen Bestimmungsfunktion, die sich als reine Bestimmungsfunktion im reinen Wissen selbst Thema wird. Die reine Bestimmungsfunktion unterscheidet am seinslogischen Anfang diese beiden Momente noch nicht als Momente (wie später die Wesenslogik), aber die Differenz zwischen dem bestimmenden Moment der Unbestimmtheit (Nichts) einerseits und dem Moment, das als unbestimmt bestimmt ist, (Sein) andererseits ist ihr notwendigerweise inhärent, da sie als reine Bestimmungsfunktion durch diese beiden Momente anfänglich vollständig definiert ist (freilich noch „unentwickelt", wie Hegel sagen würde). Indem die reine prädikative Bestimmungsfunktion als Relat ihrer selbst (Sein) mit dem Prädikat des Nichts, das sie selbst als Relation ihrer selbst ist, bestimmt wird, wird sie, indem sie als Unbestimmtheit bestimmt wird, gerade bestimmt. Mit dem Nichts kann die Bestimmungsfunktion sich aber nur dann als unbestimmt bestimmen, wenn diese Unbestimmtheit bestimmter Sinn ist. Bestimmter Sinn ist das Nichts qua Unbestimmtheit aber nur gegen das Sein. Denn das Sein, in welchem die reine Bestimmungsfunktion als Relat ihrer selbst gefasst wird, ist ja ironischerweise *bestimmt als unbestimmt*. Diese Bestimmtheit als unbestimmt hat jedoch das Nichts (also die reine Relationalität der Bestimmungsfunktion) dem Sein (= dem reinen Relat, das die Bestimmungsfunktion selbst ist) gegeben. Es entsteht das ständige werdende Übergehen des Seins in Nichts und des Nichts in Sein. Der kategoriale Bestimmungsprozess ist initiiert (dieses ‚Spiel' Hegels mit dem Bestimmtwerden des „Seins" durch das *bestimmte* Moment der Unbestimmtheit und der Wechselbestimmtheit gegeneinander von Unbestimmtheit und bestimmter Unbestimmtheit beim Übergang zur Kategorie des „Werdens" findet sich – wenn auch in etwas anderer Terminologie – gut dargestellt bei Fink-Eitel (47), S. 27–30).

„*Das reine Sein und das reine Nichts ist also dasselbe.* […] Ihre Wahrheit ist also diese Bewegung des unmittelbaren Verschwindens des einen in dem anderen: das Werden." ((SL), S. 83)

Die Wesenslogik   In der Wesenslogik wird der Gedanke der selbstreferentiellen Negation von Hegel durchgeführt. Die Negativität bezieht sich in negativer Weise auf sich – sie bezieht sich damit auf sich als Anderes (zu der wesenslogischen Konstruktion Hegels, die es erlaubt, dass sich logische Strukturen „auf sich als Anderes – als unmittelbares Relat – beziehen können" vgl. Iber (29), bes. S. 103, S. 103 f., S. 104, S. 104/FN, S. 108, S. 108/FN, S. 118, S. 126, S. 152/FN; zum Status des Selbstbewusstseins in der Wissenschaft der Logik vgl. Iber (30), S. 51–75 (z. B. S. 63); vgl. zur nachfolgenden Darstellung der Wesenslogik Hiltscher (24), S. 128–132, Hiltscher (25), S. 171–175 und Hiltscher (26), S. 54 ff.). Negativität bedeutet nach Hegel Vermittlung. In der Seinslogik fielen reine Vermittlung und reine Unmittelbarkeit am Anfang zusammen In der Wesenslogik konstituiert sich nun ein reflexives Verhältnis. Indem nämlich die Negativität sich auf sich als Anderes in einer bestimmtreflexiven Weise bezieht, negiert sie zugleich ihren Status als Vermittlung qua Negativität – und bezieht sich auf sich *als* Unmittelbarkeit. Denn Unmittelbarkeit ist das negativ-komplementäre Andere der Vermittlung. Es entsteht eine reflexive, bestimmte Differenz zwischen reiner Vermittlung und reiner Unmittelbarkeit (zur wesenslogischen Konstruktion, die es erlaubt, dass sich logische Strukturen „auf sich als Anderes beziehen können" vgl. Iber (29), a. a. O., zum ‚logischen Status' des Selbstbewusstseins vgl. Iber (30), a. a. O.). Wenn man diese Struktur im Übergang von der Seinslogik richtig verstehen will, so sollte man sich einige Dinge vergegenwärtigen: Die selbstbezügliche Negation, die Hegel in der Wesenslogik durchführt, ist eine Transformation der Selbstbewusstseinslehre Kants. Als Gewährsleute für diese Deutung sollen hier nur Henrich (19) und Iber (30) angeführt werden. Wir hatten sehen können, dass es in Kants Lehre von der „Apperzeption" eine systematische Spannung zwischen Selbstbewusstseinstheorie einerseits und Lehre von der funktionalen Reflexivität andererseits gibt.

Der Kern der Selbstbewusstseinstheorie, die nach Hegel ein endliches Subjekt betrifft, artikuliert sich besonders schön in einem Abschnitt aus dem Paralogismenkapitel, den wir schon zitiert hatten. Hier sagt Kant ja nichts anderes, als dass das „Ich" eine leere Vorstellung sei, die nur von ihren gehabten Gedanken bestimmt werde. Obwohl die Ichvorstellung – so jedenfalls Hegels Deutung – das Medium aller Bestimmung (nämlich das denkende Subjekt) vorstelle, bleibe sie ohne Fremdvorstellungen leer und unbestimmt. Genau diese Struktur rekonstruiert die seinslogische Form der Negation am Anfang der Seinslogik. Hegel hat ja gezeigt, dass der seinslogischen Negation am Anfang die Relate fehlten, sodass sie reflexiv ungeschieden mit sich als Relat ihrer selbst zusammenfalle. Die seinslogische Negation erzeugt zu Beginn der Wissenschaft der Logik eine systematische Situation, in der die vermittelnde Negativität mit ihrer eigenen relatlosen Unmittelbarkeit zusammenfällt. Hegel rekonstruiert also Kants leeres Ichbewusstsein des Paralogismuskapitels mit der Funktion der seinslogischen Negation. Oder anders gesagt: Es ist eine der vielen Pointen des seinslogischen Anfangs, dass Hegel die Funktion des einzelnen zu sich „Ich" sagen könnenden, endlichen Subjekts kantischer Prägung als Moment einer Negationstheorie deuten kann.

Seinslogische Negation als Rekonstruktion des exkludierenden „Ich" von Kants Paralogismuskapitel

Nun verfügt Kant aber auch über das andere Konzept der funktionalen Reflexivität des Denkens, das das systematisch gewichtigere gegenüber dem bloßen Selbstbewusstseinstheorem ist. Im Sinne dieses Konzeptes kann Denken seinen Charakter als reine Funktionalität nur dann ausweisen, wenn es von sich einen Begriff zu bilden vermag, der unabhängig von den jeweiligen Instantiierungen des Denkens in Gedanken, Gegenstandsbezügen und einzelnen Subjekten ist. Denken muss sich auf sich beziehen können und in der Lage sein, seine Prinzipien zu entfalten, wenn es die invariante Funktion aller Gedanken sein soll. Wir hatten das im Kant- und Fichteteil ausführlich dargelegt. Die Wesenslogik rekonstruiert nun diese funktionale Reflexivität. Denn indem sich die selbstbezügliche Negation auf sich als anderes bezieht, ist sie keine Parallelform des „Ich" des kantischen Paralogismuskapitels mehr, die nur durch fremde Gedanken Bestimmung finden kann, sondern entspricht der Fähigkeit zur funktionalen Prinzipienexplikation des Denkens selbst, so wie es Kant z. B. in § 18 der B-Deduktion darlegt.

Die selbstbezügliche Negativität der Wesenslogik ermöglicht eine aus sich bestimmte Prinzipienselbstexplikation des Denkens, die nicht an bestimmte Weltgedanken und Weltsubjekte geknüpft ist – in Parallelität zu Kants funktionaler Reflexivität. Denn die selbstbezügliche Negation kann sich qua reine Relationalität gleichwohl reflexiv bestimmt und innerlich unterschieden (im Unterschied zur seinslogischen Negation) auf sich *als* Anderes, d. h. auf sich *als* Relat ihrer selbst beziehen.

Selbstbezügliche Negation der Wesenslogik als Rekonstruktion der funktionalen Reflexivität bei Kant

„Diese sich auf sich beziehende Negativität ist also das Negieren ihrer selbst. Sie ist somit überhaupt sosehr *aufgehobene* Negativität, als sie Negativität ist. Oder sie ist selbst das Negative und die einfache Gleichheit mit sich oder Unmittelbarkeit. Sie besteht also darin, *sie selbst* und *nicht sie selbst,* und zwar in *einer* Einheit zu sein." ((WEL), S. 25)

Relatlose absolute Relationalität qua Negativität, die sich in negativer Selbstreferenz selbst zu einem *reflexiven* Relat macht, bleibt auch als negierte Negativität gleichwohl als Negativität erhalten. Sie bleibt auch als Relat ihrer selbst reine Relationalität. Sie ist selbstbezügliche vermittelnde Negativität, die sich in ihrem negativen Verhältnis zu sich als Unmittelbarkeit erzeugt (vgl. zu der wesenslogischen Konstruktion Hegels, die es erlaubt, dass sich logische Strukturen auf sich als Anderes, als unmittelbares Relat, beziehen können, die treffenden Analysen von Iber (29), bes. S. 103. S. 103f., S. 104, S. 104/FN, S. 108, S. 108/FN, S. 118, S. 126, S. 152/FN); vgl. zum Status des Selbstbewusstseins in der Wissenschaft der Logik Iber (30), S. 51–75 (z. B. S. 63)). M.a.W: Relatlose absolute Relationalität qua Negativität bezieht sich deshalb auch in ihrer negativen Selbstreferenz als negierte Negativität ursprünglich nur auf sich – aber auf sich *als* Anderes wie Iber trennscharf darlegt. Wenn Negativität für Vermittlung und Relationalität steht und wenn gilt: Das Andere der Vermittlung ist Unmittelbarkeit – das Andere der Relationalität ist das Relat. Dann ergibt sich: Negativität, die sich auf sich negativ bezieht, muss sich somit auf sich als unmittelbares Relat beziehen (vgl. Iber (29+30), a. a. O.). Die Wesenslogik zeigt also, dass die reine Negativität qua reine Bestimmungsfunktion des Denkens *sich selbst* zu einer *innerlich* bestimmten und bestimmenden Struktur formt. Gegenüber der *selbstbezüglichen* Negativität ist die Unmittelbarkeit kein sich gegen die Negation erhaltendes Moment (wie das in der Seinslogik der Fall ist), sondern die Negativität, die sich negativ auf sich bezieht, erzeugt vielmehr ihre eigene Unmittelbarkeit – wie u. a. auch Iber ((29), a. a. O) ausführt.

Die Begriffslogik

Die Begriffslogik ist nun der eigentliche Kern des „Absoluten Idealismus". Erst in ihr wird endgültig deutlich, dass das Denken all seine Kategorien (ausgehend vom absoluten Anfang) selbst erzeugt – und die Wissenschaft der Logik nicht eine rekonstruktive Wissenschaft ist, sondern eine Wissenschaft der Ursprungsgenesis. Die Begriffslogik konstruiert mit der Absoluten Idee – um Wolfgang Wieland zu strapazieren – eine logische, intentionale Struktur, welche sich selbst meint (Wieland (43) zeigt sehr schön den Status der absoluten Idee auf als „einen Begriff, der das selbst ist, was er intendiert", a. a. O., S. 199). Über diese absolute Idee schreibt Hegel in der Enzyklopädie:

> „Die Idee selbst ist nicht zu nehmen als eine Idee von irgendetwas, sowenig als der Begriff bloß als bestimmter Begriff. Das Absolute ist die allgemeine und eine Idee, welche als *urteilend* sich zum *System* der bestimmten Ideen besondert, die aber nur dies sind, in die Eine Idee, in ihre Wahrheit zurückzugehen. Aus diesem Urteil ist es, daß die Idee *zunächst* nur die eine, allgemeine *Substanz* ist, aber ihre entwickelte, wahrhafte Wirklichkeit ist, daß sie als *Subjekt* und so als Geist ist." ((ENZ), S. 182)

In der Begriffslogik heißt es:

> „Sie [= die absolute Idee] ist der einzige Gegenstand und Inhalt der Philosophie. Indem sie *alle Bestimmtheit* in sich enthält und ihr Wesen dies ist, durch ihre Selbstbestimmung oder Besonderung zu sich zurückzukehren,

so hat sie verschiedene Gestaltungen, und das Geschäft der Philosophie ist, sie in diesen zu erkennen." ((BGL), S. 549)

Normalerweise erzeugt sich intentionale rationale Bestimmtheit dadurch, dass die intendierende Bestimmtheit grundsätzlich etwas anderes als sich selbst meint. Nur durch dieses Meinen einer anderen Bestimmtheit konstituiert sich die meinende Bestimmtheit selbst als meinende Bestimmtheit. Unter endlichen Bedingungen der Bewusstseinsphilosophie gilt z. B, dass der Begriff ‚grün' GRÜN meint, aber nicht selbst den Begriff ‚grün' (von Paradoxien soll abgesehen werden). Auch der Begriff ‚Pegasus' meint PEGASUS und eben nicht den Begriff ‚Pegasus' (vgl. Wieland (43), S. 199). Diese intentionale Struktur hat also keineswegs etwas mit ‚Existenz' oder ‚Nichtexistenz' zu tun. Der „Begriff" Hegels oder die absolute Idee sind Strukturen, die sich ausschließlich selbst intendieren. Einziges Thema der Idee ist sie selbst (vgl. zu den nachfolgenden Passagen 139 f. Hiltscher (23), S. 293 ff. und Hiltscher (26), S. 55 f.). Die Idee intendiert ausschließlich sich selbst und in dieser Referenz wird ein Bestimmtheitsverhältnis konstituiert, gemäß dem einerseits meinende Struktur und gemeinte Struktur als unterschiedene und wirklich reflexiv bestimmte Momente gefasst werden können, aber gleichwohl andererseits beide Momente in eine strikte gemeinsame Identität miteinander „zurückgehen". Indem die Idee sich selbst intendiert, erzeugt sie also zunächst die Differenz zwischen sich als Ausgang der Intention und sich als intendierter Struktur ihrer selbst. Nun muss sich die Idee, wenn sie sich in der bezeichneten Struktur von sich unterscheiden können soll, nach Hegel auch in sich unterscheiden. Dies geschieht dadurch, dass die intendierte Idee sich in einander wechselseitig disjungierende (Bestimmung verleihende) Teilideen spezifiziert. Oder anders: Die sich intendierende Idee kann sich nur selbst von sich unterscheiden, indem sie das intendierte Relat ihrer selbst in sich wechselseitig bestimmende Teilmomente spezifiziert. Da unter endlichen Bedingungen gilt, dass die intendierende rationale Struktur ihre eigene Bestimmtheit erzeugt, indem sie gerade eine andere Bestimmtheit als sich selbst meint, ist im absoluten Selbstbezug der Idee eine systematische Transformation dieses Bestimmungsverhältnisses vorzunehmen.

Da die absolute Idee sich nur auf sich bezieht, wird dieses intentionale Verhältnis des Bewusstseinsstandpunktes in ein Selbstbesonderungsverhältnis transformiert. In einer absoluten Selbstreferenz gibt die absolute Idee also sich selbst Bestimmtheit, indem sie sich in sich besondert. Die „Idee" erzeugt also völlig autonom selbst ihre Bestimmtheit, indem sie sich spezifiziert. In dieser Rücksicht gibt es eine notwendige Bestimmtheit generierende Differenz zwischen besondernder Idee und in Teilmomente besonderter Idee. Da indes beide Quasirelate miteinander identisch sind, haben wir hier das Konstrukt einer absoluten Selbst-Bestimmung qua Selbsterzeugung vor uns. Die absolute Idee ist nichts anderes als die nicht substantialistisch zu denkende Disjunktion ihrer Teilideen, eine Disjunktion, die sie selbst erzeugt hat, um sich einerseits von dieser inneren Disjunktion ihrer selbst unterscheiden zu können, aber andererseits sich auch mit dieser Disjunktion identifizieren zu können. In ihrer Selbstreferenz differenziert sich die absolute Idee in ihre Momente und gibt sich hierdurch ursprünglich innere Bestimmtheit als besondernde und besonderte Idee ihrer selbst. Indem sie sich

Das Konzept eine absoluten, sich ausschließlich selbst meinenden Intentionalität

Selbstbezug als Selbstbesonderung

in besonderte Ideen besondert, unterscheidet sie sich von sich selbst, indem sie sich in sich unterscheidet. Diese beiden negationsgesteuerten Aspekte der „Idee" erzeugen nach Hegel absolute Bestimmtheit des Denkens und sind alles andere als nur rekonstruktiv zu verstehen. In den Momenten ihrer Partialideen ist die absolute Idee das Andere ihrer selbst. Insofern aber die Partialideen nur Momente der absoluten Idee sind, bezieht sich die absolute Idee in ihrer Besonderungsbeziehung auf die Teilideen zugleich in ruhiger Identität auf sich selbst. Damit gibt sie sich selbst in dieser Besonderungsbeziehung eine absolute Bestimmtheit (diese absolute Bestimmtheit macht Wagner (41), S. 92–137, *bes.* S. 132–137) für seine eigenen Ansätze fruchtbar). Die absolute Idee ist ein letzter Grund, in welchem Grund und Begründetes konvergieren, ohne hierdurch die Bestimmtheit zu verlieren, wie das noch in der Seinslogik der Fall war. Allerdings wäre es völlig verfehlt, in der absoluten Idee eine Art Behälter zu sehen, in welchem sich die logischen Teilsinnmomente nur „befänden". Die absolute Idee ist nichts anderes als das System ihrer Teilmomente. Sie führt keine „Eigenleben" im Unterschied zu ihren Teilsinnmomenten. Sie ist – um es pathetisch zu formulieren – die sich selbst erzeugende reine und absolute Relationalität, sie ist die strukturelle Selbsterzeugung der Geltungs- und Sinnverfasstheit des Denkens.

Abschließender Exkurs

Wie fundieren nun die kategorialen Strukturen des reinen Wissens, das die ‚Logik' entfaltet, die Realphilosophie? Dies können wir an der Parallelkonstruktion von logischem Anfang und „Sinnlicher Gewissheit" dartun (zu diesem abschließenden Exkurs vgl. Günther (43), S. 64f., S. 68 und S. 112. Günther legt dar, dass jeder Gedanke immer zugleich Sinnmomente der Reflexion und der Weltreferenz besitzen müsse. Kein Gedanke könne ausschließlich reflexiv, bzw. ausschließlich objektreferent sein). Wir hatten angemerkt, dass der Gang der Phänomenologie des Geistes zur Wissenschaft der Logik zeigen müsse, dass die Geltung jeder Bewusstseinsgestalt ihre Fundierung in der „Logik" haben müsse. Laut Bruno Puntel bedeutet diese Fundierungsrelation ein Entsprechungsverhältnis (vgl. Puntel (37), S. 83, S. 91, S. 93, S. 135, S. 145). Dies bedeutet, bezogen auf den Anfang der „Logik", dass dieser zugleich den Bewusstseins- und Gegenstandstyp der ersten Stufe der „Phänomenologie" fundieren müsse. Diese erste Stufe der Phänomenologie bezeichnet Hegel als die Sinnliche Gewissheit (die abschließenden Überlegungen habe ich bereits in Hiltscher (23), S. 296–303 vorgelegt). Zu ihr kehren wir zurück: Gemäß der schon mehrfach angedeuteten unterschiedlichen Funktion der Begriffe im Urteil, so wie diese die klassische, vorhegelsche Urteilslehre annahm, hat der Subjektbegriff des Urteils vor allem die Aufgabe den „Weltgegenstand" als Gegenstand zu fixieren. Der Subjektbegriff muss den gegebenen Gegenstand nur in eine minimale Bestimmung versetzen, sodass der Gegenstand kraft der Bestimmung des Subjektbegriffes durch den Prädikatbegriff überhaupt weiter bestimmt werden kann. Im Extremfall geschieht die minimalbestimmende Fixierung des zu bestimmenden Gegenstandes im Urteil durch deiktische Ausdrücke wie ‚dies', ‚hier', ‚jetzt' etc. Hierdurch wird der ansonsten unbestimmte Gegenstand wenigstens durch räumlich-zeitliche „Lokalisierung" bestimmt. Genau diese ursprüngliche, allererste Zuwendung zu einem fremden Gegenstand war Thema des Kapitels der Sinnlichen Gewissheit in der Phänomenologie. Wie wir gesehen haben, destruiert Hegel in diesem Kapitel den Anspruch der sinnlichen Gewissheit darauf, einen Gegenstand unverstellt, d. h. unvermittelt, in seiner gänzlichen Fülle präsentiert zu bekommen. Begriffliche Bestimmung – so der Trugschluss der Sinnlichen Gewissheit – bedeute immer eine Selektion der Merkmale des Gegenstandes. Verhielten wir uns aber „aufnehmend" ohne denkbestimmte Einengung, so müsste doch der gesamte „Reichtum" des Gegenstandes verfügbar sein. Hegel weist nach, dass der Anspruch der Sinnlichen Gewissheit darauf, unvermittelt Gegenständlichkeit zu „empfangen", verfehlt ist. Gegenstandsvereinzelung sei vielmehr eine Leistung vermittelnder Allgemeinheit. Im Rahmen der Bewusstseinsphilosophie obliegt dem Subjektterm des Urteils die Aufgabe, den zu bestimmenden Gegenstand mit Mitteln des Denkens, zu denen auch schlichtes „Hindeuten" gehört, räumlich und zeitlich gegenüber der „Raum-Zeit-Umwelt" zu separieren. Im Extremfall geschieht dies eben mit Ausdrücken wie Hier und Dies, die an der Subjektstelle des Urteils stehen. Das heißt anlässlich der allerersten Präsentation eines unbekannten Gegenstandes, dass dieser überhaupt erst durch an Subjektstelle des Urteils stehenden Termini wie „Hier", Jetzt" oder „Dies" etc. als bestimmungsfähiger Gegenstand identifiziert wird. Das Denken, das unter Bedingungen der Bewusstseinsphilosophie mit dem Subjektbegriff auf einen externen Gegenstand Bezug nimmt, muss diesen Gegenstand dadurch vereinzeln, indem es diesen Gegenstand letztlich als Identität mit sich fasst und von seiner ‚raumzeitlichen Umwelt' eindeutig abgrenzt (vgl. zu dieser „Setzungsfunktion" der „Identität" Günther (14), z. B. S. 64 f., S. 68, S. 112). Dabei muss der Sinn der Zuwendung zum Gegenstand, der bei der ersten und ursprünglichen Zuwendung nur in „Hier" oder „Dies" oder „Jetzt" bestehen kann, von allen weiteren prädikativ zu ‚lesenden Bestimmungen' abstrahiert sein (vgl. Günther (14), a. a. O.). In der ersten ursprünglichen Zuwendung kann es durch den Subjektterm des Urteils keine andere Präsentation des Gegenstandes geben als „Hier" und „Dies" etc. Das bedeutet aber auch, dass alle räumlich und zeitlich mit „Dies" oder „Hier" lokalisierten und gesetzten Gegenstände keine weiteren unterschiedlichen Setzungsbestimmungen gegeneinander aufweisen können. Oder anders gesagt: Jeder konkrete Gegenstand hat bei seiner ersten Setzung über die räumlich-zeitliche Lokalisierung hinaus einen identischen Sinn: Unbestimmtheit. Denn alle elementaren Gegenstände haben über die räumlich-zeitlichen Lokalisierungsbestimmungen wie „Hier", „Da", „Jetzt", „Nun" etc. keine anderen Charakterisierungen für das Denken. Denn sonst läge ja nicht die allererste Zuwendung zum Gegenstand vor. Ohne das räumliche und ohne das zeitliche Medium wären die elementaren Gegenstände bei der Erstzuwendung zu ihnen nicht voneinander zu unterscheiden. Über die räumlich zeitliche Lokalisierung hinaus sind alle Gegenstände, denen das Denken im Rahmen der Bewusstseinsphilosophie „erstmals und ursprünglich" begegnet, unbestimmt. Nun eliminiert die Wissenschaft der Logik den die externen Gegenstände setzenden Subjektbegriff des Urteils. Nur der Subjektbegriff des Urteils referiert nach der Lehre der ‚Tradition' direkt auf räumlich-zeitliche Strukturen (im Fall der allerersten Referenz als „hier" oder „jetzt"). Der Prädikatbegriff, der allenfalls Begriff von räumlich-zeitlichen Strukturen sein kann, hat keinen ‚direkten Kontakt' mit Dingen in Raum und Zeit. Gegenstände bestimmt der Prädikatbegriff nur, indem er den gegenstandsreferenten Subjektbegriff bestimmt. Aus der Sicht Hegels soll nun aber gerade der Subjektbegriff des Urteils seine Funktion einbüßen. Da die Begriffe von Raum und Zeit nicht Raum und Zeit selbst sind, verfügen sie auch nicht über Stellen wie Raum und Zeit selbst. Nun ist es hierdurch eindeutig klar, dass nur in räumlich-zeitlichen Strukturen selbst eine Lokalisierung der elementaren Gegenstände möglich ist, weil nur diese ‚Strukturen' Stellen besitzen, die eine Lokalisierung erlauben. In den Begriffen von Raum und Zeit hingegen kann man keine elementaren Gegenstände lokalisieren, weil die Begriffe von Raum und Zeit keine Stellen besitzen, sondern solche nur denken. Hegel verkündet konsequenterweise mit Blick auf die Zeit deren Überführung in der Begriff der Zeit:

> „Die *Zeit* ist der *Begriff* selbst, der *da ist* und als leere Anschauung sich dem Bewußtsein vorstellt; deswegen erscheint der Geist notwendig in der Zeit, und er erscheint so lange in der Zeit, als er nicht seinen reinen Begriff erfaßt, d. h. nicht die Zeit tilgt. Sie ist das *äußere* angeschaute, vom Selbst *nicht erfaßte* reine Selbst, der nur angeschaute Begriff; indem dieser sich selbst erfaßt, hebt er seine Zeitform auf, begreift das Anschauen und ist begriffenes und begreifendes Anschauen." ((PH), S. 524 f.)

Der prädikative Sinn der ursprünglichen Gegenstandssetzung ist also bei allen gesetzten Gegenständen gleichermaßen = 0. Wir sehen also, inwiefern der Sinn des logischen Anfangs in der Wissenschaft der Logik eine ‚Puntelsche Entsprechungsstufe' zur Sinnlichen Gewissheit der „Phänomenologie" darstellt – und wie der Anfangssinn der „Logik" den Sinn dieser Stufe konstituiert. Denn der immanente prädikative Sinn des Denkens, den dieses bei der ersten Gegenstandszuwendung hat, ist = 0. Sein Sinn ist das Nichts. Diesen prädikativen Null-Sinn der ursprünglichen Gegenstandssetzung fundiert der absolute Anfang der Wissenschaft der Logik.

Zitierte Primärliteratur

Die von mir behandelten Primärtexte werden nach den unten aufgeführten Siglen zitiert. Kants Kritik der reinen Vernunft wird (wie üblich) nach ‚A' (= Paginierung der Erstauflage) und ‚B' (= Paginierung der Zweitauflage) zitiert.

Immanuel Kant (‚Akademieausgabe' = Kants Werke. Akademie-Textausgabe. Unveränderter photomechanischer Abdruck des Textes der von der Preußischen Akademie der Wissenschaften 1902 begonnenen Ausgabe von Kants gesammelten Schriften).

- (A) Kritik der reinen Vernunft. Erste Auflage (1781). AA (Bd. IV).
- (B) Kritik der reinen Vernunft. Zweite Auflage (1787). AA (Bd. III).
- (ENT) Über eine Entdeckung nach der alle Kritik der reinen Vernunft durch eine ältere entbehrlich gemacht werden soll (1790). AA (Bd. VIII).
- (EE) Erste Einleitung in die Kritik der Urteilskraft (1790) AA (Bd. XX).
- (ZE) Zweite Einleitung in die Kritik der Urteilskraft (1793) AA (Bd. V).
- (PR) Welches sind die wirklichen Fortschritte, die die Metaphysik seit Leibnizens und Wolff's Zeiten in Deutschland gemacht hat? (1804) AA (Bd. XX).
- (BR) Immanuel Kant. Briefe. Herausgegeben und eingeleitet von Jürgen Zehbe. Göttingen 1970.

Johann Gottlieb Fichte (Fichtes Werke. Herausgegeben von Immanuel Hermann Fichte. (Fotomechanischer Nachdruck) Berlin 1971).

- (BG) Über den Begriff der Wissenschaftslehre oder der sogenannten Philosophie (1794). (Bd. I).
- (WL) Grundlage der gesamten Wissenschaftslehre (1794). (Bd. I).
- (ZEL) Zweite Einleitung in die Wissenschaftslehre (1797). (Bd. I).

Friedrich Wilhelm Joseph Schelling. Schriften von 1794–1798. Darmstadt 1980.

- (I) Vom Ich als Princip der Philosophie – oder über das Unbedingte im menschliche Wissen (1795).

Schriften von 1799–1801. Darmstadt 1982.

- (EN) Erster Entwurf eines Systems der Naturphilosophie (1799).
- (TR) System des transscendentalen Idealismus (1800).
- (WBN) Ueber den wahren Begriff der Naturphilosophie und die richtige Art ihre Probleme zu lösen (1801).

Georg Wilhelm Friedrich Hegel.

- (PH) Phänomenologie des Geistes (1807). Neu herausgegeben von Hans-Friedrich Wessels und Heinrich Clairmont. Mit einer Einleitung von Wolfgang Bonsiepen. Hamburg 1988.
- (SL) (Seinslogik, 2. Auflage): Wissenschaft der Logik. G.W.F. Hegel: Werke in 20 Bänden (Bd. 5). Redaktion Eva Moldenhauer und Karl Markus Michel. Frankfurt/Main 1978.
- (WEL) Wesenslogik: Wissenschaft der Logik. G.W.F. Hegel: Werke in 20 Bänden (Bd. 6). Redaktion Eva Moldenhauer und Karl Markus Michel. Frankfurt/Main 1978.
- (BGL) Begriffslogik: Wissenschaft der Logik. G.W.F. Hegel: Werke in 20 Bänden (Bd. 6). Redaktion Eva Moldenhauer und Karl Markus Michel. Frankfurt/Main 1978.
- (ENZ) Georg Wilhelm Friedrich Hegel: Enzyklopädie der philosophischen Wissenschaften (1830). Herausgegeben von Friedrich Nicolin und Otto Pöggeler. Philosophische Bibliothek Meiner (Bd. 33). Hamburg 1991.

Zitierte Sekundärliteratur

(1) Aristoteles: *Metaphysik (Griechisch-Deutsch)*: Bücher IA–VI. Neuberarbeitung der Übersetzung von Hermann Bonitz mit Einleitung und Kommentar von Horst Seidl. Hamburg 1989.

(2) Aschenberg, Reinhold: *Der Wahrheitsbegriff in Hegels Phänomenologie des Geistes*, in Hartmann, Klaus (Hg.): Die ontologische Option. Studien zu Hegels Propädeutik, Schellings Hegel-Kritik und Hegels Phänomenologie des Geistes. Berlin/New York 1976.

(3) Aschenberg, Reinhold: *Sprachanalyse und Transzendentalphilosophie*. Stuttgart 1982.

(4) Baumgarten, Alexander Gottlieb: *Metaphysica (Editio VII.)*, Hallae/Magdeburgicae 1779, Nachdruck Hildesheim/New York 1982.

(5) Cramer, Konrad: *Zur systematischen Differenz von Apriorität und Reinheit in Kants Lehre von den synthetischen Urteile a priori*, in Henrich, Dieter/Wagner, Hans (Hg.): Subjektivität und Metaphysik. Festschrift für Wolfgang Cramer. Frankfurt/Main 1966.

(6) Cramer, Konrad: *Nicht-reine synthetische Urteile a priori. Ein Problem der Transzendentalphilosophie Immanuel Kants*. Heidelberg 1985.

(7) Cramer, Konrad: *Bemerkungen zu Hegels Begriff vom Bewusstsein in der Einleitung zur Phänomenologie des Geistes*, in Horstmann, Rolf-Peter (Hg.): Seminar: Dialektik in der Philosophie Hegels. Frankfurt/Main z. B. 1989.

(8) Flach, Werner: *Fichte über Kritizismus und Dogmatismus*, in Zeitschrift für Philosophische Forschung (18) 1964).

(9) Flach, Werner: *Das Problem der transzendentalen Deduktion: Seine Exposition in der Kritik der reinen Vernunft und seine Wiederaufnahme im Neukantianismus der Südwestdeutschen Schule*, in Ollig, Hans-Ludwig (Hg.): Materialien zur Neukantianismusdiskussion. Darmstadt 1987.

(10) Flach, Werner: *Das Kategorienkonzept der kritischen Philosophie Kants und seine Revision in der Erkenntnislehre des Marburger Neukantianismus*, in Koch, Dietmar/Bort, Klaus (Hg.): Kategorie und Kategorialität. Historisch-systematische Untersuchungen zum Begriff der Kategorie im philosophischen Denken. Würzburg 1990.

(11) Fulda, Hans Friedrich: *Das Problem einer Einleitung in Hegels Wissenschaft der Logik*. Frankfurt/Main ²1975.

(12) Gloy; Karen: *Die Naturauffassung bei Kant, Fichte und Schelling*, in Fichte-Studien Bd. 6, S. 253–275, Amsterdam 1994.

(13) Graubner, Hans: *Form und Wesen. Ein Beitrag zur Deutung des Formbegriffs in Kants Kritik der reinen Vernunft*. Bonn 1972.

(14) Günther, Gotthard: *Grundzüge einer neuen Theorie des Denkens in Hegels Logik*. Wiederabdruck Hamburg 1978.

(15) Heidegger, Martin: *Kant und das Problem der Metaphysik*. Frankfurt/Main, u. a. 1973.

(16) Heinrichs, Johannes: *Die Logik der Phänomenologie des Geistes*. Bonn 1974.

(17) Henrich, Dieter: *Fichtes ursprüngliche Einsicht*, in Henrich, Dieter/Wagner, Hans (Hg.): Subjektivität und Metaphysik. Festschrift für Wolfgang Cramer. Frankfurt/Main 1966.

(18) Henrich, Dieter: *Identität und Objektivität*. Heidelberg 1976.

(19) Henrich, Dieter: *Die Formen der Negation in Hegels Logik*, in Horstmann, Rolf-Peter (Hg.): Seminar: Dialektik in der Philosophie Hegels. Frankfurt/Main u. a. 1989.

(20) Hiltscher, Reinhard: *Einige Anmerkungen zu Kants Lehre von Reflexion, Selbstbewußtsein und Subjektivität*, in Hiltscher, Reinhard/Georgi, Andre (Hg.): Perspektiven der Transzendentalphilosophie im Anschluß an die Philosophie Kants. Freiburg 2002.

(21) Hiltscher, Reinhard: *Einheit der Anschauung vom Gegenstand und Einheit des Gegenstandes der Anschauung in Kants Transzendentaler Deduktion*, in Krijnen, Christian/Zeidler, Walter (Hg.): Gegenstandsbestimmung und Selbstgestaltung. Transzendentalphilosophie im Anschluss an Werner Flach. Würzburg 2011.

(22) Hiltscher, Reinhard: *Deutscher Idealismus*, in Breitenstein, Peggy H./Rohbeck, Johannes (Hg.): Philosophie. Disziplinen. Kompetenzen. Stuttgart 2011.

(23) Hiltscher, Reinhard: *Wahrheit und Reflexion*. Bonn 1998.

(24) Hiltscher, Reinhard: *Hegels Bestimmung des Verhältnisses von Geltung und Gegenstandskonstitution in der Einleitung zur Phänomenologie des Geistes. Eine geltungstheoretische Kantkritik*, in Hiltscher, Reinhard/Klingner, Stefan (Hg.): Georg Wilhelm Friedrich Hegel. Neue Wege der Forschung. Darmstadt 2012.

(25) Hiltscher, Reinhard: *Geltung und Bestimmtheit. Hegels implizite Kantkritik in der Einleitung zur Phänomenologie des Geistes*, in Gerten, Michael (Hg.): Hegel und die Phänomenologie des Geistes. Neue Perspektiven und Interpretationsansätze. Würzburg 2012.

(26) Hiltscher, Reinhard: *Gegenstandsbegriff und funktionale Reflexivität in Kants transzendentaler Deduktion*, in Hüning, Dieter/Klingner, Stefan et al. (Hg.): Das Leben der Vernunft. Beiträge zur Philosophie Kants. Festschrift für Bernd Dörflinger. Berlin/New York 2013.

(27) Hume, David: *Eine Untersuchung über den menschlichen Verstand. Übersetzt von Raoul Richter*. Mit einer Einleitung herausgegeben von Jens Kulenkampff. Hamburg 1993.

(28) Iber, Christian: *Schellings Ontologisierung von Fichtes Transzendentalphilosophie: Der Ichbegriff der §§ 1–3 der Ichschrift von 1795*, in Iber, Christian: Subjektivität, Vernunft und ihre Kritik. Prager Vorlesungen über den Deutschen Idealismus. Frankfurt/Main 1999, S. 63–81.

(29) Iber, Christian: *Metaphysik absoluter Relationalität*. Berlin/New York 1990.

(30) Iber, Christian: *In Zirkeln ums Selbstbewußtsein*, in Hegel-Studien 35 (2000) – erschienen 2002.

(31) Königshausen, Johann Heinrich: *Kants Theorie des Denkens*. Amsterdam 1976.

(32) Krijnen, Christian: *Philosophie als System*. Würzburg 2007.

(33) Martin, Gottfried: *Immanuel Kant. Ontologie und Wissenschaftstheorie*. Berlin 1969.

(34) Plaass, Peter: *Kants Theorie der Naturwissenschaft*. Göttingen 1965.

(35) Prauss, Gerold: *Erscheinung bei Kant. Ein Problem der Kritik der reinen Vernunft*. Berlin 1971.

(36) Prauss, Gerold: *Kant und das Problem der Dinge an sich*. Bonn 1974.

(37) Puntel, Bruno: *Darstellung, Methode und Struktur. Untersuchungen zur Einheit der systematischen Philosophie G.W.F. Hegels*. Bonn 1973.

(38) Radermacher, Hans: *Zum Problem der transzendentalen Apperzeption bei Kant*, in Zeitschrift für Philosophische Forschung (24) 1970.

(39) Theunissen, Michael: *Sein und Schein. Die kritische Funktion der Hegelschen Logik*. Frankfurt/Main 1978.

(40) Theunissen, Michael: *Begriff und Realität. Hegels Aufhebung des metaphysischen Wahrheitsbegriffes*, in Horstmann, Rolf-Peter (Hg.): Seminar: Dialektik in der Philosophie Hegels. Frankfurt/Main u. a. 1989.

(41) Wagner, Hans: *Philosophie und Reflexion*. München/Basel ³1980.

(42) Wagner, Hans: *Hegels Lehre vom Anfang der Wissenschaft*, in Zeitschrift für Philosophische Forschung (23) 1969.

(43) Wieland, Wolfgang: *Bemerkungen zum Anfang von Hegels Logik*, in Horstmann, Rolf-Peter (Hg.): Seminar: Dialektik in der Philosophie Hegels. Frankfurt/Main u. a. 1989.

(44) Wolff, Christian: *Philosophia Prima sive Ontologia*, in Ecole, Jean (Hg.): Christian Wolff Gesammelte Werke, II. Abt. Bd. 3, Nachdruck Hildesheim/New York 1977.

(45) Wolff, Michael: *Die Vollständigkeit der kantischen Urteilstafel. Mit einem Essay über Freges Begriffsschrift*. Frankfurt/Main 1995.

(46) Zocher, Rudolf: *Kants Grundlehre. Ihr Sinn, ihre Problematik, ihre Aktualität*. Erlangen 1959.

(47) Fink-Eitel, Hinrich: *Dialektik und Sozialethik. Kommentierende Untersuchungen zu Hegels „Logik"*. Meisenheim am Glan 1978.

(48) Sellars Wifrid: *Hat empirisches Wissen ein Fundament?*, in Peter Bieri (Hg.): Analytische Philosophie der Erkenntnis, Meisenheim u. a. 1987.

Auswahlbibliographie

Allison, H. E. (2011). *Kant's Groundwork für the Metaphysics of Morals*. New York: Oxford university press.
Arndt, A. (kein Datum). *Die anfangende Reflexion. Anmerkungen zum Anfang der Wissenschaft der Logik*.
Bartuschat, W. (1972). *Zum systematischen Ort von Kants Kritik der Urteilskraft*. Frankfurt am Main: Vittorio Klostermann.
Baumanns, P. (1965). *Das Problem der organischen Zweckmässigkeit*. Bonn: Bouvier.
Baumanns, P. (1972). *Fichtes ursprüngliches System. Sein Standort zwischen Kant und Hegel*. Stuttgart-Bad Cannstatt: Frommann & Holzboog.
Baumanns, P. (1974). *Fichtes Wissenschaftslehre. Probleme ihres Anfangs. Mit einem Kommentar zu § 1 der Grundlage der gesamten Wissenschaftslehre*. Bonn: Bouvier.
Baumanns, P. (1997). *Kants Philosophie der Erkenntnis*. Würzburg: Königshausen & Neumann.
Beaufort, J. (1983). *Die drei Schlüsse. Untersuchungen zur Stellung der Phänomenologie in Hegels System der Wissenschaften*. Würzburg: Königshausen & Neumann.
Beck, L. (1974). *Kants „Kritik der Praktischen Vernunft" Ein Kommentar*. München: Wilhelm Fink Verlag.
Bickmann, C. (2009). Der Gigantenstreit zwischen Schelling und Hegel. Widersacher im eigenen Lager. In M. Pfeifer & S. Rapic. *Das Selbst und sein Anderes*, S. 136–160. Freiburg im Breisgau: Karl Alber Verlag.
Binkelmann, Ch. (2007). *Theorie der praktischen Freiheit*. Fichte – Hegel. Berlin/New York: de Gruyter
Bojanowski, J. (2006). *Kants Theorie der Freiheit: Rekonstruktion und Rehabilitierung*. Berlin/New York: de Gruyter.
Bonsiepen, W. (1997). *Die Begründung einer Naturphilosophie bei Kant, Schelling, Fries und Hegel. Mathematische versus spekulative Naturphilosophie*. Frankfurt am Main: Verlag Vittorio Klostermann.
Bowie, A. (1993). *Schelling an Modern European Philosophy*. London: Rontledge.
Brandom, R.B. (z. B. 2000). *Expressive Vernunft. Begründung, Repräsentation und diskursive Festlegung*. Übersetzt von Eva Gilmer und Herrmann Vetter. Frankfurt am Main: Suhrkamp.
Breazeale, D. (2013). *Thinking through the Wissenschaftslehre. Themes from Fichte's early Philosophy*. New York: Oxford university press.
Buchheim, T. (1992). *Eins von Allem. Die Selbstbescheidung des Idealismus in Schellings Spätphilosophie*. Hamburg: Meiner.
Cassirer, Ernst (1980). *Substanzbegriff und Funktionsbegriff: Untersuchungen über die Grundfragen der Erkenntniskritik (Reprografischer Nachdruck der 1. Auflage, Berlin 1910)*. Darmstadt: WBG.
Cramer, K. (1966). Zur systematischen Differenz von Apriorität und Reinheit in Kants Lehre von den synthetischen Urteilen a priori. In D. Henrich & H. Wagner, *Subjektivität und Metaphysik Festschrift für Wolfgang Cramer*. Frankfurt am Main: Vittorio Klostermann.
Cramer, K. (1985). *Nicht-reine synthetische Urteile a priori. Ein Problem der Transzendentalphilosophie*. Heidelberg: Universitätsverlag Winter GmbH.
Düsing, K. (1995). *Das Problem der Subjektivität in Hegels Logik*. Bonn: Hegel-Studien Beiheft.
Erhardt, W. (1977). *Nur ein Schelling*. Studi Urbinati 51 B.
Fink-Eitel, H. (1978). *Dialektik und Sozialethik. Kommentierende Untersuchungen zu Hegles „Logik"*. Meisenheim am Glan: Hein Verlag.
Flach, W. (1959). *Negation und Andersheit*. München/Basel: Ernst Reinhard Verlag.
Flach, W. (1964). Fichte über Kritizismus und Dogmatismus. In *Zeitschrift für Philosophische Forschung* 18, S. 585–596.
Flach, W. (1976). Zum Vorbegriff der kleinen Logik Hegels. In U. Guzzoni, *Der Idealismus und seine Gegenwart*.
Flach, W. (1990). Das Kategorienkonzept der kritischen Philosophie Kants und seine Revision in der Erkenntnislehre des Marburger Neukantianismus. In Koch/Bort, *Kategorie und Kategorialität. Historisch-systematische Untersuchungen zum Begriff der Kategorie im philosophischen Denken*. Würzburg: Königshausen & Neumann.
Flach, W. (2002). *Immanuel Kant: Die Idee der Transzendentalphilosophie*. Würzburg: Königshausen & Neumann.
Frank, M. (1995). *Einführung in Schellings Philosophie*. Frankfurt am Main: Suhrkamp.
Franken, M. (1993). *Transzendentale Theorie der Einheit und systematische Universalontologie. Studien zur Kategorienlehre Kants und Fichtes*. Amsterdam Atlanta: Rodopi.
Freudiger, J. (1993). *Kants Begründung der praktischen Philosophie*. Bern, Stuttgart, Wien: Verlag Paul Haupt.
Fulda, H.-F. (1975). *Das Problem einer Einleitung in Hegels Wissenschaft der Logik*. Frankfurt am Main: Verlag Vittorio Klostermann.
Gerten, M. (2001). *Wahrheit und Methode bei Descartes*. Hamburg: Meiner.
Gloy, K. (1990). *Studien zur theoretischen Philosophie Kants*. Würzburg: Königshausen & Neumann.
Goy, I. & Watkins, E. (2014). *Kant's Theory of Biology*. Berlin/Boston, Mass.: de Gruyter.
Grau, A. (2001). *Ein Kreis von Kreisen*. Paderborn: Meatis.
Günther, G. (1978). *Grundzüge einer neuen Theorie des Denkens in Hegels Logik*. Hamburg: Meiner.
Guyer, Paul. (2010). *The Cambridge companion to Kant's*

Critique of pure reason. Cambridge: Cambridge universitiy press.

Habermas, J. (z. B. 1977). *Erkenntnis und Interesse.* Frankfurt am Main: Suhrkamp.

Hanna, R. (2006). *Kant, science, and human nature.* New York: Oxford university press.

Heidegger, M. (1973, 4. Auflage). *Kant und das Problem der Metaphysik.* Frankfurt am Main: Vittorio Klostermann.

Heinrichs, J. (1974). *Die Logik der Phänomenologie des Geistes.* Bonn: Bouvier.

Henrich, D. (1960). *Der ontologische Gottesbeweis.* Tübingen: Mohr Siebeck.

Henrich, D. (1966). Fichtes ursprüngliche Einsicht. In D. Henrich, & H. Wagner, *Subjektivität und Metaphysik Festschrift für Wolfgang Cramer.* Frankfurt am Main: Vittorio Klostermann.

Henrich, D. (1973). Der Begriff der sittlichen Einsicht und Kants Lehre vom Faktum der Vernunft. In G. Prauss, *Kant. Zur Deutung seiner Theorie von Erkennen und Handeln.* Köln. Kiepenheuer & Witsch.

Henrich, D. (1976). *Identität und Objektivität.* Heidelberg: Universitätsverlag Winter GmbH.

Henrich, D. (2010). *Hegel im Kontext.* Frankfurt am Main: Suhrkamp.

Hiltscher, R. (1996). Zur systematischen Stellung des Bösen in Kants Moralphilosophie. In R. Hiltscher & A. Riebel, *Wahrheit und Geltung.* Würzburg: Königshausen & Neumann.

Hiltscher, R. (1998). *Wahrheit und Reflexion.* Bonn: Bouvier.

Hiltscher, R. (2004). Kants Lehre vom „Faktum der Vernunft". In G. Schönrich, *Normativität und Faktizität. Skeptische und transzendentalphilosophische Positionen im Anschluß an Kant* (S. 163–177). Dresden: Thelem.

Hiltscher, R. (2006). *Der ontologische Gottesbeweis als kryptognoseologischer Traktat.* Hildesheim: Georg Olms Verlag.

Hiltscher, R. (2011). Deutscher Idealismus. In P. Breitenstein, *Philosophie. Geschichte-Disziplinen-Kompetenzen* (S. 70–84). Stuttgart/Weimar: Metzler.

Hiltscher, R. (2011). Einheit der Anschauung vom Gegenstand und Einheit des Gegenstandes der Anschauung in Kants Transzendentaler Deduktion. In C. Krijnen & K. W. Zeidler, *Gegenstandsbestimmung und Selbstgestaltung Transzendentalphilosophie im Anschluss an Werner Flach* (S. 123–159). Würzburg: Königshausen & Neumann.

Hiltscher, R. (2012). Kant als Materialist. In R. Hiltscher, & S. Klingner, *Kant und die Religion – die Religion und Kant.* Hildesheim: Georg Olms Verlag.

Hiltscher, R. & Klingner, S. (2012). *Friedrich Wilhelm Joseph Schelling – Neue Wege der Forschung.* Darmstadt: WBG.

Hiltscher, R. & Klingner, S. (2012). *Georg Wilhelm Friedrich Hegel – Neue Wege der Forschung.* Darmstadt: WBG.

Hirschberger, J. (1976). *Geschichte der Philosophie. II. Teil. Neuzeit und Gegenwart.* Frankfurt/Basel/Wien: Herder.

Höffe, O. (2003). *Kants Kritik der reinen Vernunft. Die Grundlegung der Modernen Philosophie.* München: C. H. Beck.

Höffe, O. (2012). *Kants Kritik der praktischen Vernunft. Eine Philosophie der Freiheit.* München: C. H. Beck.

Hogrebe, W. (1989). *Prädikation und Genesis.* Frankfurt am Main: Suhrkamp.

Hösle, V. (1988). *Hegels System.* Hamburg: Meiner.

Hühn, L. (2011). *Fichte und Schelling oder über die Grenze menschlichen Wissens.* Stuttgart-Bad Cannstatt: Frommann & Holzboog.

Iber, C. (1990). *Metaphysik absoluter Relationalität.* Berlin New York: de Gruyter.

Jaeschke, W. (1978). Äußerliche Reflexion und immanente Reflexion. Eine Skizze der systematischen Geschichte des Reflexionsbegriffs in Hegels Logik-Entwürfen. In: *Hegelstudien 13*, S. 85–117.

Janke, W. (1970). *Fichte.* Berlin: de Gruyter.

Janke, W. (2009). *Die dreifache Vollendung des deutschen Idealismus. Schelling, Hegel und Fichtes ungeschriebene Lehre.* Amsterdam/New York: Rodopi.

Klingner, St. (2013). *Technische Vernunft. Kants Zweckbegriff und das Problem einer Philosophie der technischen Kultur.* Berlin/New York: de Gruyter.

Konhardt, K. (1979). *Die Einheit der Vernunft. Zum Verhältnis von theoretischer und praktischer Vernunft in der Philosophie Immanuel Kants.* Königstein/Ts.: Anton Hains Meisenheim GmbH.

Königshausen, J. (1977). *Kants Theorie des Denkens.* Amsterdam: Rodopi.

Krijnen, C. (2008). *Philosophie als System.* Würzburg: Königshausen & Neumann.

Kroner, R. (1977, 2. Auflage). *Von Kant bis Hegel.* Tübingen: Mohr Siebeck.

Lauth, R. (1983). Transzendentales und absolutes Denken in Fichtes System. In D. Henrich, *Kant oder Hegel? Über Formen der Begründung in der Philosophie.* Stuttgart: Klett Cotta.

Longuenesse, B. (2000). *Kant and the capacity to judge.* Oxfordshire: Princeton University Press.

Lütterfelds, W. (1989). *Fichte und Wittgenstein. Der Thetische Satz.* Stuttgart: Klett Cotta.

Martin, G. (1969). *Immanuel Kant: Ontologie und Wissenschaftstheorie.* Berlin: de Gruyter.

Marx, W. (1972). *Hegels Theorie logischer Vermittlung.* Stuttgart-Bad Cannstatt: Frommann & Holzboog.

Menke, Ch. (1992). Der Wendepunkt des Erkennens. Zu Begriff, Recht und Reichweite der Dialektik. In Ch. Demmerling & F. Kambartel, *Vernunftkritik nach Hegel* S. (9–66). Frankfurt am Main: Suhrkamp.

Paimann, R. (2006). *Die Logik und das Absolute. Fichtes Wissenschaftslehre zwischen Wort, Begriff und Unbegreiflichkeit.* Würzburg: Königshausen & Neumann.

Pippin, R.B. (2008). *Hegel's Practical Philosophy.* Cambridge: Cambridge University Press.

Plaass, P. (1965). *Kants Theorie der Naturwissenschaft.* Göttingen. Vandenhoeck & Ruprecht.

Popper, K.R. (1979). *Die beiden Grundprobleme der Erkenntnistheorie.* Tübingen: Mohr Siebeck.

Prauss, G. (1971). *Erscheinung bei Kant. Ein Problem der Kritik der reinen Vernunft.* Berlin: de Gruyter.

Prauss, G. (1983). *Kant über Freiheit als Autonomie*. Frankfurt am Main: Vittorio Klostermann.
Pries, C. (1995). *Übergänge ohne Brücken. Kants Erhabenes zwischen Kritik und Metaphysik*. Berlin: Akademie Verlag.
Puntel, B. (1981). *Darstellung, Methode und Struktur*. Bonn: Bouvier.
Quante, M. (1993). *Hegels Begriff der Handlung*. Stuttgart-Bad-Cannstatt: Frommann & Holzboog.
Radermacher, H. (1970). *Fichtes Begriff des Absoluten*. Frankfurt am Main: Verlag Vittorio Klostermann.
Reich, K. (1986). *Die Vollständigkeit der kantischen Urteilstafel*. 3. Auflage, Nachdruck d. 2. Auflage, Berlin: Schoetz 1948. Hamburg: Felix Meiner Verlag.
Richter, L. (1985). *Hegels begreifende Naturbetrachtung als Versöhnung der Spekulation mit der Erfahrung*. Würzburg: Königshausen & Neumann.
Rickert, H. (1924). *Das Eine, die Einheit und die Eins. Bemerkungen zur Logik des Zahlbegriffs*. Tübingen: Mohr Siebeck.
Riebel, A. (1992): *Zur Prinzipienlehre bei Heinrich Rickert. Eine Untersuchung zur Stufung der Denk- und Erkenntnisprinzipien*. Würzburg (Dissertationsdruck).
Rockmore, T. (2005). *Hegel, Idealism, and Analytic Philosophy*. New Haven: Yale University Press.
Rohs, P. (1982). *Form und Grund*. Bonn: Hegel-Studien Beiheft 6, 3. Auflage.
Sandkaulen-Bock, B. (1990). *Ausgang vom Unbedingten. Über den Anfang in der Philosophie Schellings*. Göttingen: Vandenhoeck & Ruprecht.
Schadow, S. (2013). *Achtung für das Gesetz*. Berlin u. a.: de Gruyter.
Schäfer, R. (2001). *Die Dialektik und ihre besonderen Formen in Hegels Logik*. Hamburg: Hegel-Studien Beiheft 45.
Schick, F. (1994). *Hegels Wissenschaft der Logik. Metaphysische Letztbegründung oder Theorie logischer Formen*. Freiburg/München: Alber.
Schick, S. (2010). *Contradictio est regula veri. Die Grundsätz des Denkens in der formalen, transzendentalen und spekulativen Logik*. Hamburg: Hegel-Studien Beiheft 53.
Schönrich, G. (1981). *Kategorien und transzendentale Argumentation*. Frankfurt am Main: Suhrkamp.
Schwenzfeuer, S. (2011). *Natur und Subjekt. Die Grundlegung der Schellingschen Naturphilosophie*. Freiburg/München: Alber.
Stekeler-Weithofer, P. (1992). *Hegels analytische Philosophie. Die Wissenschaft der Logik als kritische Theorie der Bedeutung*. Paderborn: Schöningh.
Stolzenberg, J. (1986). *Fichtes Begriff der intellektuellen Anschauung*. Stuttgart: Klett Cotta.
Theunissen, M. (1978). *Sein und Schein. Zur kritischen Funktion von Hegels Logik*. Frankfurt am Main: Suhrkamp.
Theunissen, B. (2014) *Hegels Phänomenologie als metaphilosophische Theorie*. Hamburg: Meiner.
Vos, L. de (1983). *Hegels Wissenschaft der Logik. Die absolute Idee*. Bonn: Bouvier.
Wagner, H. (1980, 3. Auflage). *Philosophie und Reflexion*. München: Enst Reinhard Verlag.
Wenzel, C. H. (2000). *Subjektive Allgemeingültigkeit des Geschmacksurteils bei Kant*. Berlin/New York: de Gruyter.
Wolff, M. (1995). *Die Vollständigkeit der kantischen Urteilstafel*. Frankfurt am Main: Vittorio Klostermann.
Wolff, M. (2010). *Der Begriff des Widerspruchs. Eine Studie zur Dialektik Kants und Hegels*. Frankfurt am Main: Frankfurt University Press.
Zocher, R. (1959). *Kants Grundlehre*. Erlangen: Universitätsbund Erlangen e.V.

Empfohlene Studienausgaben

Immanuel Kant: Werke in sechs Bänden. Herausgegeben von Wilhelm Weischedel. Darmstadt (WBG) 2011
Johann Gottlieb Fichte: Ausgewählte Werke in sechs Bänden. Herausgegeben von Fritz Medicus. Darmstadt (WBG) 2013
Friedrich Wilhelm Joseph Schelling: Schriften von 1794–1798. Darmstadt (WBG) 1980 und Schriften von 1799–1801. Darmstadt (WBG) 1982
G.W. F. Hegel. Hauptwerke in sechs Bänden. Darmstadt (WBG) 1999

Sachregister

A posteriori 18
A priori 13–27
Absolutes 9f., 70, 73f., 77, 87, 92f., 95f., 101–104, 106, 108, 118, 126ff., 129, 131, 138f., 140
Algebra 24f.
Anfang 13, 78, 124, 129–133, 135–138, 140, 142
Anschauung, empirische 16, 18, 31f., 37, 39f., 47f., 50–54, 96f., 99, 119
Anschauung, intellektuelle 10, 64, 66f., 69, 71, 85, 90, 96, 108
Anschauung, reine 21–24, 29, 41, 43, 58
Anschauungsformen, reine 21, 24, 29, 41, 43, 52, 54, 58, 76f., 111
Ansich 10, 53, 101, 103, 108, 112–117, 119–123, 133
Ansich-für-es 113–123
Apperzeption, reine 44–52, 60, 64, 69, 70ff., 108f., 136ff.
Apperzeption, transzendentale 44–52, 60, 64, 69, 70ff., 108f., 136ff.
Apperzeption, ursprüngliche 44–52, 60, 64, 69, 70ff., 108f., 136ff.
Apperzeption, ursprünglich-synthetische Einheit 44–52, 60, 64, 69, 70ff., 108f., 136ff.
Arithmetik 24f.

Begriff, reiner 28ff., 34f., 38–41, 43, 49
Begriff, empirischer 14, 15, 17ff., 28f., 31–34
Begriffslogik 138
Begründetes 75, 132, 140
Bewusstsein 44f. 47ff., 52, 54f., 61, 65, 70, 77, 79, 81–85, 90, 95, 96, 98, 107, 110–120, 122ff., 126f., 129, 139ff.

Chemie 13

Ding an sich 52–55

Eigenbestimmtheit 17, 21f., 28f., 35, 40, 46, 50, 57, 64, 70, 93, 105, 111, 128
Einheit, synthetische 36, 46, 48–52, 70, 91, 94
Elenktik 112, 117f.
Empfindung 54f.
Erfahrung 13–20, 28ff., 38, 40, 42ff., 49, 57, 63, 68, 96, 98, 100, 107, 109, 117, 123ff.
Erkenntnisgrund 125

Funktion, Funktionalität 21, 27, 32, 34ff., 38f., 39, 41, 46–53, 58, 60–64, 66f., 70–77, 79, 82ff., 90, 92–96, 101, 104–107, 110f., 113, 115, 120, 125, 128, 129, 131–138, 140f.
Für-es 123f.
Für-uns 123f.

Gegenstand 10, 12, 13, 15, 17–23, 27–34, 37–45, 49, 51–54, 65ff., 75ff., 80, 86–91, 93–97, 99, 100, 105f., 109, 111, 113–127, 131, 133ff., 137f., 140ff.
Gegenständlichkeit, besondere 10, 96–101, 109, 114, 119
Gegenstandskonstitution 10, 109, 111
Geltung 10, 116, 25, 36, 40, 45, 49f., 63, 70, 74f., 78ff., 82–86, 90, 93ff., 107ff., 111–114, 116ff., 121f., 140
Geltungsanspruch/Geltungsprätention 39, 63, 80, 112, 114–118, 120ff.
Geltungsdifferenz 9, 49, 76, 79, 93f.
Geltungskonstitution 10, 109, 129
Geometrie 22f.
Gewissheit 110, 119–122, 124–127, 140–142
Gewissheit, sinnliche 119ff., 140ff.
Grund 59, 70, 72, 74–82, 85f., 88f., 92f., 95, 100, 103, 106, 110, 113–118, 120, 121f., 124ff., 132, 141
Grundsatz, erster 73–86

Grundsatz, zweiter 86–88
Grundsatz, dritter 88–91
Grundsätze des reinen Verstandes 38–44

Handlung, Handlungsart 58–62, 73ff., 77–80, 84–89, 95, 102, 106

Ich denke 44f., 47–51, 61–73, 84, 110
Ich, absolutes 71, 74, 77, 87, 92f., 96, 101–104
Ich, teilbares 70, 82, 89ff.
Idee, absolute 9, 129, 138ff.

Kategorien 10, 34f., 38, 44, 47, 49, 51f., 96f., 133, 138
Kategorientafel 35

Logik, formale 16f., 26, 39, 58, 63, 75f., 80, 82f.
Logik, transzendentale 33–44, 73–86

Materie 42ff.
Mathematik 20, 21ff., 25, 28f., 58

Natur 9f., 13, 17, 20, 25, 27, 29, 42f., 73, 92f., 96–107, 124f., 129
Negation 35, 89f., 104, 106, 118f., 121, 123, 128, 131–138, 140
Negation, bestimmte 18, 119, 121, 123, 128, 131f., 133
Negation, selbstbezügliche 136–138
Nicht-Ich 70, 82, 88–92
Nichts 132–136
Noema 93f.
Noesis 93f.

Physik 13, 17, 20, 25ff.
Prinzip 7, 9f., 12, 16ff., 21f., 24ff., 29, 35, 43f., 46–52, 58ff., 63f., 66–79, 82–97, 99–102, 104–112, 123ff., 127, 134
Prinzipiat 74–79, 81–86, 93f., 104, 106

Raum 121 ff., 29, 41, 47, 54 f., 58, 67, 69, 76 f., 80 f., 89, 111, 113, 119 f., 120, 141 f.
Reflexion, Reflexivität 10 f., 29, 34, 46, 52, 57–60, 62–80, 82, 85, 89 ff., 95, 99, 102 ff., 107–111, 123, 125, 127 f., 136 f., 139
Relat 32, 110, 113 f., 121, 128, 132, 135–139
Relation 26, 34–36, 41, 50, 68 ff., 72 ff., 92, 102 f., 110, 113 f., 126 f., 128, 130, 132 f., 136 ff., 140

Sachgrund 124 f.
Schema 32, 40–43
Sein, reines 127–130, 134–136
Seinslogik 128, 133, 135–138, 140
Selbstbewusstsein, reines 44–52, 60, 64, 69–72, 108 f., 136 ff.
Selbstbewusstsein, transzendentales 44-52

Sinnesdatum 52 ff.
Skeptizismus 118, 124
Synthesis 19, 23, 31, 36 f., 45, 47, 49 ff., 54

Tathandlung 74 f., 78 f., 85 f., 95 f., 106
Teilbarkeit 89 ff.

Unvermittelt, unmittelbar 47, 67, 71, 75, 85, 90, 96, 105, 110, 118–122, 124, 127–130, 133, 135–138, 140 ff.
Urteil, analytisches 18–25, 28 f., 38, 43 f.
Urteil, synthetisches 18–25, 28 f., 38, 43 f.
Urteilsformen 34 f., 58
Urteilsfunktionen 58, 70, 76
Urteilstafel 34

Vermittelt 47, 66, 115 f., 121, 124, 126, 129 f., 133

Verstand, reiner 30, 34, 38, 40, 46, 50, 51 f.

Wahrheit 58, 60, 63, 80 f., 85, 89, 100, 108, 110, 114, 118, 120 f., 124–127, 135 f.
Wahrheitsdifferenz 9, 49, 76, 79, 93 f.
Wahrnehmung 13 f., 22, 24, 29–34, 38–44, 47, 53 f., 91, 98 f., 109, 122
Werden 135 f.
Werk 122 f.
Wesenslogik 127 f., 133, 135 f., 138

Zeit 13, 21 f., 24, 29–34, 37, 39, 41–43, 47, 54, 55, 58, 61, 63 f., 67, 76 f., 85 f., 111, 113, 120 f., 141 f.